智能制造企业数字创新生态系统研究

段文鹏◎著

中国海洋大学出版社

·青岛·

图书在版编目（CIP）数据

智能制造企业数字创新生态系统研究／段文鹏著 . —青岛：中国海洋大学出版社，2023.6

ISBN 978-7-5670-3144-9

Ⅰ . ①智… Ⅱ . ①段… Ⅲ . ①智能制造系统－制造工业－企业创新－研究－中国 Ⅳ . ① F426.4

中国版本图书馆 CIP 数据核字（2022）第 070598 号

出版发行	中国海洋大学出版社			
社　　址	青岛市香港东路 23 号		**邮政编码**	266071
网　　址	http : //pub.ouc.edu.cn			
出 版 人	刘文菁			
责任编辑	矫恒鹏		**电　话**	0532-85902349
电子信箱	2586345806@qq.com			
印　　制	青岛国彩印刷股份有限公司			
版　　次	2023 年 6 月第 1 版			
印　　次	2023 年 6 月第 1 次印刷			
成品尺寸	170 mm × 230 mm			
印　　张	15.5			
字　　数	229 千			
印　　数	1—1000			
定　　价	68.00 元			
订购电话	0532-82032573（传真）			

发现印装质量问题，请致电0532-58700166，由印刷厂负责调换。

前言

　　当前，新一轮科技革命和产业变革正在蓬勃兴起，全球工业技术体系、发展模式和竞争格局迎来重大变革，以新一代信息技术为基础的数字经济日益成为推动经济发展的重要动力。在此背景下，借助最新一轮的科技革命来重塑创新格局，构建新型创新生态系统，已成为世界大国在全球经济竞争中占据高地的重要方式。

　　制造业是支撑中国经济实现更高层次、高质量发展的核心力量，而深度融合了最先进的数字信息技术和智能制造技术的智能制造是驱动新一代工业革命的核心力量，也是打造中国制造强国的主攻方向。在我国一系列政策的推进下，智能制造产业迅速发展，产业体系不断完善，产业结构不断优化，产业创新平台日趋多元化，并逐步形成中国智能制造的产业生态系统。但我国智能制造企业大多位于全球产业链低端，缺乏自主创新能力，企业竞争力不强，加之企业普遍缺少对制造规划、管理和组织变革的创新，因此，如何以创新驱动中国智能制造高质量发展尤为重要。数字经济时代，以人工智能、大数据等为主导的技术不仅推进了制造业的转型升级，还改变了企业创新资源的整合方式和创新过程，但数字赋能智能制造的潜力和作用还是没有充分利用和发挥出来。基于此，思考如何在数字新技术的赋能、融合与渗透下，构建多元利益主体优势互补和资源共享的数字创新生态系统对推动中国智能制造实现全球价值链的攀升不可阙如。

　　数字时代，站在世界看中国，数字创新成为中国经济发展的新动力。本书立足于相关理论，将定性研究与定量研究结合，从理论分析到实证分析，梳理中国智能制造企业数字创新的现状与问题，系统研究智能制造企业数字创新生态系统的构建、价值共创和治理机制，提出加速智能制造企业数字创新的支撑体系，对于完善对数字创新生态系统的理论研究起到重要作用，也为中国智能制造企业加速数字创新进行了理论探索。

由于作者水平能力所限，书中还有诸多不足之处，敬请专家批评指正。

目录
CONTENTS

1

智能制造企业数字创新生态系统研究

绪　论

1.1 选题背景、研究目的及研究意义

1.1.1 选题背景

世界百年未有之大变局叠加新冠疫情，为国际政治和经济格局带来极大冲击，在全球经济环境的重大变迁下，如何借助最新一轮的科技革命来重塑创新格局，构建新型的创新生态系统，已成为世界大国在全球经济竞争中占据高地的重要方式。中国经济正迈向更高层次的高质量发展，制造业是支撑中国经济实现更高层次高质量发展的核心力量，而深度融合了最先进的信息技术和制造技术的智能制造是驱动新一代工业革命的核心力量，要实现中国制造业的创新升级，智能制造的发展不可阙如。

数字经济时代，数字创新成为创新理论的新热点。[1]数字创新将数据技术要素引入创新过程，影响了企业的创新行为，改变了企业创新资源的整合方式和创新的过程，[2]也为企业带来了商业模式的创新。数字创新既是驱动全球制造业转型升级的重要力量，也是提升中国制造业核心竞争力的必经之路。中国最开始通过运用互联网平台和信息技术等初步数字化手段来探索"数字的产业化"方向，随着数字创新的深入，中国数字经济也开始迈向深度数字化阶段，如今，以人工智能、大数据等为主导的技术开始深入地融合到实体产业的转型升级发展中，推动中国经济迈向"产业的数字化"阶段。[3]在数字新技术的"赋能""融合"与"渗透"下，中国传统制造业也加速了数字化进程，逐步向智能制造跨步。

在中国智能制造业的发展中，创建以数字创新为核心的创新生态系统已经成为世界制造大国抢占智能制造价值链高端的重要手段。越来越多的制造业企业开始利用数字平台搭建多元化、丰富的创新生态系统，探索企业生态系统创新发展的"技术驱动机制""平台主导机制"和"数据推动机

制",[4]融通不同利益主体的多元化发展，实现优势互补和与资源共享，加速了智能制造创新从量变到质变的巨大跨越，比如海尔集团打造了以用户为中心的COSMO平台系统、沈阳机床集团搭建的iSESOL平台系统，这些平台的搭建逐渐形成了中国智能制造创新的平台体系，对于中国制造业转型升级的影响不言而喻。

数字创新不仅带来了产业的转型升级，[5]还拓展和完善了现有的创新生态系统理论，促使创新主体之间实现数字化的关键资源互补和知识共享，进而实现创新主体之间价值共创方式的重塑，因此，数字创新生态系统的研究也成为一个重要研究趋势。当前，对数字创新生态系统的研究主要集中在内涵和特征的探讨、内容框架的构建、价值创造和组织活动的基本逻辑分析以及数字创新平台的架构等方面，然而，在数字信息技术的深度融入的背景下，创新主体和创新要素之间的相互作用机制、深度、频率都发生了很大的变化，现有的大部分研究对数字要素是如何参与和深入价值共创中的、如何建立数字创新生态系统的形成机制和治理体系等问题还亟需深入的研究和探讨。

1.1.2 研究目的

后疫情时代，全球制造业供应链的紧缩加之新兴数字信息技术的发展，全球制造业产业链逐步向数字化、智能化、生态化和平台化等方向转变和重构。中国制造业的发展也同样面临着外部全球市场的极大不确定性，供应链的中断、用户需求个性化和多样化、产品和服务周期不断缩短等问题给制造业企业带来极大挑战。如何利用新兴的智能制造技术和数字信息技术实现制造业向智能制造转变已成为促进中国制造业高质量发展重要的战略。《中国制造2025》等政策的实施驱动着中国智能制造业的快速发展，中国已逐渐掌握较多的智能制造技术，产业体系不断完善，产业结构不断优化，产业创新平台日趋多元化，并逐步形成中国智能制造的产业生态系统。

围绕着智能制造的基础研究也积累了较丰厚的成果，其中，借助创新生态系统打造智能制造产业创新发展新模式已成为学者关注的重点，并且关注到了开放式创新、数字管理创新、平台商业模式等具体理论在智能制造业中的应用。但关于数字创新生态系统研究的理论框架尚需进一步完善，仍缺乏中国情境下数字创新生态系统的可持续创新和动态成长过程的研究。基于中国学者在智能制造创新生态系统领域研究的不足，以及中国智能制造企业发展面临的数字化转型障碍突出、多元利益主体协同创新水平不高等问题，本书立足于创新生态系统理论、数字创新理论和价值共创理论等基本理论和方法，将定性研究与定量研究相结合，从规范分析和实证分析，系统研究智能制造企业数字创新生态系统的构建、价值共创机制和治理等问题，以期实现以下几个目标：

第一，厘清中国智能制造企业数字化创新发展的现状和瓶颈问题。梳理中国智能制造企业的发展现状，全面解析中国智能制造企业数字化转型的阶段特征、创新模式和创新现状；深入分析数字化创新对智能制造企业创新效率的影响机制，在此基础上构建智能制造企业数字化转型指标体系，实证分析中国智能制造企业的数字化创新效率，辨析制约中国智能制造企业数字化创新的瓶颈问题，为结合中国智能制造企业的现状来推动数字创新生态系统的构建和有序运行奠定基础。

第二，构建智能制造企业数字创新生态系统。分析智能制造企业数字创新生态系统形成的理论框架，在此基础上确定智能制造企业数字创新生态系统的核心要素和主体结构，构建智能制造企业数字创新生态系统的模型架构，并根据中国智能制造企业创新生态环境特征的分析构建中国情境下智能制造企业数字创新生态系统的分析模型，以期为中国智能制造企业构建数字创新生态系统提供理论指导。

第三，对智能制造企业数字创新生态系统内创新主体之间的互动关系，即系统的价值共创机制进行分析。找出影响智能制造企业数字创新生态系统价值共创的影响因素，并通过系统动力学模型对系统价值共创过程进行仿真模拟，明确系统内创新主体通过动态的作用机制实现价值共创的规律。通过价值共创机制的分析，为智能制造企业平衡和协同内部的互动关系提供经验依据。

第四，提出智能制造企业数字创新生态系统价值共创的治理机制，找出当前中国智能制造企业数字创新生态系统治理的困境和影响治理的关键因素，结合智能制造企业数字创新生态系统价值共创的过程和动态特征，提出价值共创的治理机制，并明确治理的过程与作用机制，为智能制造企业推进数字创新生态系统的有序运行提供经验指导。

通过本书的理论架构和实证研究，期望为探究智能制造企业数字创新生态系统构建及其发展机制提供理论和方法；为中国智能制造企业构建数字创新生态系统和实施治理提供参考；为推动中国制造业的数字化、智能化提供帮助。

1.1.3 研究意义

智能制造企业是融合了新一代智能制造技术和数字信息技术的产业，要推动中国智能制造产业的创新发展，提高中国智能制造的自主创新水平，就需要借助先进的科学技术来探索促进智能制造企业创新发展的新模式和新思路。数字创新生态系统的构建能够改变智能制造企业创新资源的整合方式和创新的逻辑，重塑企业价值创造模式。因此，明确数字创新生态系统构建的理论、过程机制、价值共创和治理机制，能够帮助企业在创新过程中更好地实现优势互补和资源的整合共享。本书研究有助于完善对数字创新生态系统的理论研究，同时对推动中国智能制造产业的创新发展具有重要的实践意义。

（1）理论意义

随着新一代信息技术的发展，数字成为撬动制造业智能化发展的一个战略支点，深度融入了智能制造企业的创新活动中，逐渐形成一种能够汇集多种创新要素、促进多个创新主体协同、引致多种生态互动的新型创新范式，也成为很多学者关注的一个理论研究视野。

首先，中国学者对数字创新生态系统构建的相关理论和框架尚未展开深入的研究，尤其是数字创新生态系统的机构和系统内部创新的逻辑仍缺乏鞭辟入里的分析。本书构建数字创新生态系统形成的基本理论框架，明确了数字创新生态系统的核心要素和主体结构，总结了中国情景下智能制造企业的数字创新生态系统结构框架，可以在一定程度上完善数字创新生态系统研究的基本理论框架，促进数字创新相关研究的规范化、系统化。其次，运用实证分析和理论研究相结合的方法，分析目前中国智能制造企业数字化创新的效率和瓶颈问题，并借助系统动力学模型仿真来深入解析数字创新要素参与系统创新的逻辑，以及不同创新主体之间的互动关系，可以为数字创新生态系统研究提供新的视角，也增强了数字创新生态系统相关研究的科学性、系统性、理论性和前瞻性。

（2）实际应用价值

中国经济正迈向更高层次的高质量发展，制造业是支撑中国经济实现更高层次高质量发展的核心力量，智能制造业是中国制造业高质量发展的必由之路，借助数字信息技术来重塑创新格局，构建数字创新生态系统，是中国在全球制造业竞争中占据高地的重要方式。

那么，数字赋能让智能制造创新生态系统的创新主体和环境发生哪些变化？创新主体的生态位和不同创新主体之间的交互关系有哪些改变？为企业的创新活动带来了怎样的变革？解决这些问题，能够为智能制造企业通过搭建数字创新生态系统来提升创新水平提供决策和参考。其次，中国智能制造企业目前的数字化创新效率如何？创新的瓶颈问题有哪些？实证分析这些问题，既是对中国智能制造企业数字化创新的客观刻画，也是对中国智能制造企业数字化创新效率的理性考量，对企业提高数字化创新效率具有现实指导意义。最后，智能制造企业数字创新生态系统内数字创新要素参与系统创新的逻辑是什么？不同创新主体之间的互动关系机制是怎样的？如何通过有效的治理来提升系统的价值共创水平？通过模型仿真分析，能够为智能制造企业平衡和协同内部的互动关系和治理措施提供经验依据。

1.2 国内外相关研究综述

1.2.1 创新生态系统相关研究

1912年，熊彼特提出"创新"[6]的概念，伴随着高新技术的发展以及产品更迭的日益加快，其理论体系和实践应用不断扩展，创新也从封闭式走向开放式，并逐渐走向了嵌入/共生式的创新理论体系。创新生态系统的相关研究开始受到广泛关注。创新生态系统是全球化背景下的一种新型创新范式，这种范式结合了生态思想和哲学观点，并随着科技的进步不断演进更迭。目前创新生态系统的研究可以分为三大类：第一，创新生态系统理论的阐述与完善，通过对理论演进和知识本原的追溯，探讨创新生态系统的概念、特征、结构、功能延伸等基本理论内容；第二，结合具体案例探讨创新生态系统的构建理论与实践应用；第三，创新生态系统的演化、治理机制。本书借助Citespace软件对近20年来创新生态系统的相关研究进行梳理，以期明确两个问题：第一，创新生态系统研究的基础框架，即总结目前该领域的基础理论研究主要有哪些？研究的主题热点包括哪些？创新生态系统研究经过了怎样的演进路径？第二，归纳研究前沿，即探索创新生态系统未来的研究趋势、方向等问题。

（1）发文量分析

文献的数据池包括国内国外两部分，其中国内文献以CNKI平台中的CSCD数据库和CSSCI数据库为来源，检索词为"创新生态系统"；国外文献以Web of Science数据库中核心合集为来源，检索词为"innovation ecosystem"，检索时间都是2004—2020年。

如图1-1所示，近15年来，创新生态系统的研究在国内国外均呈现增长的趋势。从国外来看，在Moore（1996）[7]提出商业生态系统的概念以后，Iansiti（2004）[8]和Adner（2006）[9]等人在此基础上相继提出了创新生态系统的概念，此后创新生态系统基础理论的相关研究开始不断完善和发展，发文量在2008年以后持续上升，尤其是在2015年以后，文献量骤增。在中国，黄鲁成（2003）[10]较早地从生态学角度来思考创新系统，以曾国屏等（2013）[11]和陈劲（2013）[12]为代表的学者对创新生态系统展开深入探讨，激发了中国学者对创新生态系统的研究动力和热潮，发文量在2013年以后快速上升。

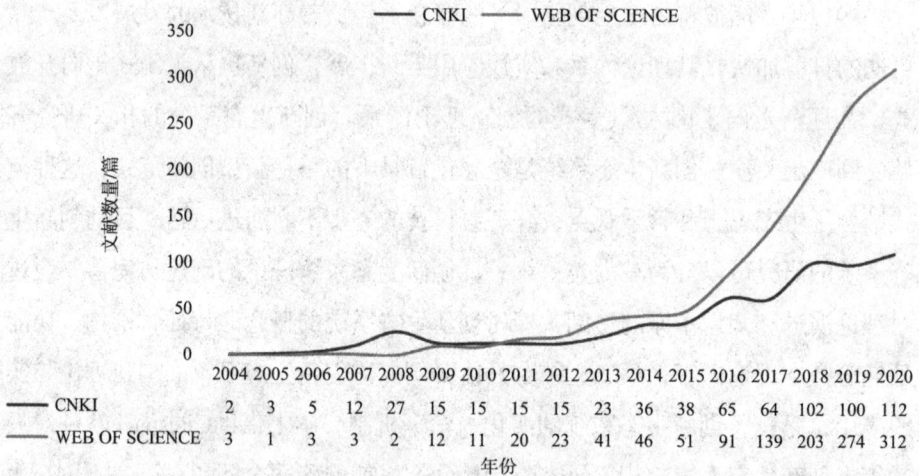

年份	2004	2005	2006	2007	2008	2009	2010	2011	2012	2013	2014	2015	2016	2017	2018	2019	2020
CNKI	2	3	5	12	27	15	15	15	15	23	36	38	65	64	102	100	112
WEB OF SCIENCE	3	1	3	3	2	12	11	20	23	41	46	51	91	139	203	274	312

图1-1　2004—2020年国内外"创新生态系统"领域发文量趋势图

（2）关键词分析

表1-1呈现的是在检索中出现频次较高的10个关键词，对比可以看到，创新和生态系统都是国内外学者关注的重点。不同的是，国外学者早期更注重从战略（Strategy）的角度来研究企业的创新行为，后来则注重研究开放式创新和系统的治理机制，关注价值创造（Value Creation）等产出，研究视角也集中在技术（Technology）、网络（Network）、知识（Knowledge）等创新生态系统相关的内部层面。而国内学者更加关注创新生态系统的基础理论、"协同创新"和"创新范式"等运行机制问题，尤其是近几年开始围绕制度环境、企业家精神等创新要素开展研究，研究方法多以案例研究为主，研究对象集中在高技术企业等战略性新兴产业上。

表1-1 国内外"创新生态系统"文献关键词词频（前10位）

Web of science			CNKI		
关键词	最早出现年份	频次（占比/%）	关键词	最早出现年份	频次（占比/%）
Innovation	2008	382（20.93）	创新生态系统	2008	223（21.4）
Performance	2008	201（11.01）	协同创新	2007	118（11.32）
Strategy	2008	193（10.58）	生态系统	2014	102（9.79）
Ecosystem	2013	190（10.41）	创新范式	2008	94（9.02）
Firm	2007	181（9.92）	案例研究	2016	94（9.02）
Technology	2013	165（9.04）	创新生态	2015	90（8.63）
Network	2012	152（8.33）	战略性新兴产业	2013	86（8.25）
Knowledge	2008	123（6.74）	创新驱动	2015	82（7.86）
Entrepreneurship	2012	120（6.57）	价值创造	2014	78（7.48）
Value Creation	2013	118（6.46）	制度环境	2009	75（7.20）

（3）共被引分析

表1-2、表1-3分别是国外、国内在创新生态系统的相关研究中被引排名前10位的作者、研究的内容、被引频次和时间节点等信息。

表1-2 国外"创新生态系统"作者高被引情况（前10位）

作者	研究内容	出版年份	被引频次
Dahlander 和 Gann[13]	开放式创新	2010	672
Adner[9]	技术对创新和绩效的影响、创新生态系统的战略匹配	2006	392
Tiwana 等[14]	创新生态系统的结构、治理和演化	2010	192
Boudreau[15]	开放式创新平台的几种类型归纳	2010	154
Gawer 和 Cusumano[16]	产业创新生态系统	2014	137
Gawer 和 Henderson[22]	互补市场中平台的构建	2009	128

续表

作者	研究内容	出版年份	被引频次
Ceccagnoli 等[17]	创新生态系统中的价值共创	2012	122
Nambisan 和 Baron[18]	企业家精神对创新生态系统的影响	2013	78
Kapoor 和 Lee[19]	创新生态系统中的知识边界、技术投资	2010	67
Wareham[20]	技术视角创新生态系统中的治理	2014	51

从国外的情况来看，开放式创新是研究的集中点，Adner（2006）[9]对创新生态系统内部技术之间的相互依存结构进行了系统阐释，成为影响最广的一篇文章之一。Gomes等（2018）[21]认为这是从商业生态系统概念跨越到创新生态系统的重要转折点。Gawer等（2009）[22]区别于Adner对系统风险的分析，更加注重创新平台的构建与演化研究。

从国内文献情况来看，国内的研究高被引作者来自曾国屏（2013）[11]、李万（2014）[23]和陈劲（2014）[12]等学者，从时间节点和研究重点也能够看出，国内对创新生态系统的研究起步相对较晚，在研究视角上更加关注创新生态系统的特点、驱动机制和动态能力等内容，在国外研究基础上结合中国的国家政策和战略而体现出一定的中国本土特色。

表1-3 国内"创新生态系统"作者高被引情况（前10位）

作者	研究内容	出版年份	被引频次
曾国屏[10]	从"创新系统"到"创新生态系统"	2013	409
李万[23]	创新3.0与创新生态系统	2014	387
陈劲[12]	创新生态系统：源起、知识演进和理论框架	2014	290
黄鲁成[10]	区域技术创新生态系统的特征	2003	189
赵放[24]	多重视角下的创新生态系统	2009	155
张运生[25]	高科技产业创新生态系统耦合战略	2014	152
李晓华[26]	产业生态系统与战略性新兴产业发展	2013	152

作者	研究内容	出版年份	被引频次
吴绍波[27]	战略性新兴产业创新生态系统协同创新的治理模式选择	2014	139
张利飞[28]	高科技产业创新生态系统耦合理论	2009	116
吕一博[29]	开放式创新生态系统的成长基因——多案例研究	2015	107

（4）文献聚类分析

图1-2是国内外对创新生态系统相关研究的聚类图，从聚类结果来看，现有的研究主要分为几个主题：

第一，创新生态系统的概念、内涵等基础理论及拓展

创新生态系统最早是Iansiti等（2004）[8]在Moore（1996）[7]提出的商业生态系统基础上完善的一个理论概念，把创新生态系统看作是一个具有不

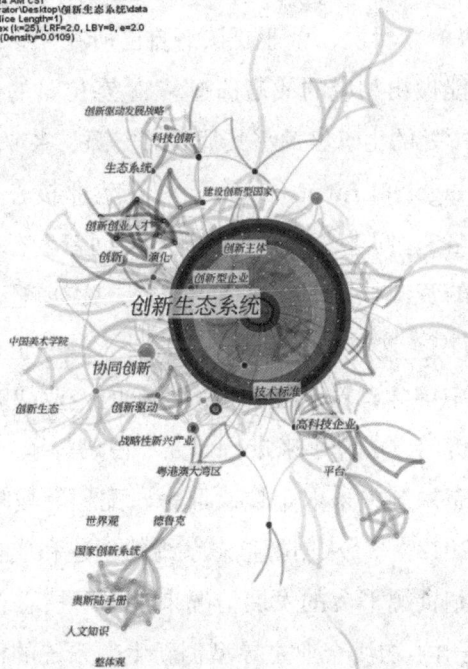

图1-2　2004—2020年"创新生态系统"主题词聚类知识图谱

同生态位但彼此关联的企业所组成的整体。Metcalfe等（2005）[30]认为创新生态系统不仅是内部企业之间的互动关系，还与外部环境紧密相关。Adner（2006）[9]则进一步强调企业与企业之间、与外部组织和环境之间的协同。在创新生态系统概念的基础上，Suresh等（2010）[31]又提出了创业生态系统的概念，Vargo（2008）[32]和Lusch（2014）[33]又提出了服务生态系统的概念，Wareham等（2014）[34]又提出了技术生态系统的概念，这些新的研究分支都拓展了创新生态系统的研究方向和领域。

在创新生态系统的研究中，将创新生态系统理论应用于企业的战略研究是一个趋势，即企业如何构建创新生态系统来保持竞争优势、维持健康可持续发展，如何利用所构建或所进入的创新生态系统进行战略的选择和应用。为此，陈斯琴等（2008）[35]提出企业创新生态系统的内涵，并分析了其结构与功能。创新生态系统中企业的战略选择既要考虑到自身的能力和规划，也要考虑到其所在创新生态系统的其他利益相关者和环境的因素。如Iansiti和Levin（2004）[8]所说，企业要认清自己所在的系统及其在这个系统中的角色，然后才能做出相应的战略选择。"生态位"的概念便引入创新生态系统中，即企业所处的生态位关乎其拥有的资源、采取的战略以及生存和演变的路径[36]。Hagel和Brown（2008）[37]认为非核心企业会在充分考量以后选择"进入战略"，即进入具有竞争优势的创新生态系统，从而可以获得核心企业所提供的资源、技术、信息等平台，弥补自己的缺陷，恰如Hillman（2015）[38]所说，这样在一定程度上弥补了核心企业的特殊需求，从而实现协同共进。中国学者对于创新生态系统的企业战略应用研究多从不同行业，以案例分析的方法着手来进行研究。白璐等（2013）[39]研究了缝隙型企业在创新生态系统中采取定位、取舍、配称等战略选择时考虑的关键因素。狄子良（2013）[40]从创新生态系统的创建和成长两个生命周期阶段中企业商业模式和资源平台的发展情况来分析了核心企业的战略。曹武军等（2019）[41]提出了物流企业主导型创新生态系统的构建及其演化规律。孙卫东（2021）[42]、唐雯（2021）[43]等人都对科技型中小企业的创新生态系统构建机制展开研究。可以看到，创新生态系统的研究以高科技企业为载体开展理论的构建是主流，但对于企业创新生态系统的概念内涵还是没有形成统一的界定。

第二，协同创新和创新范式

在创新生态系统基础理论的研究下，如何实现其与协同创新战略的融合是学者关注的重点。Chesbrough（2003）[44] 提出的开放式创新一直是国外学者关注的重点，但这种创新范式下的创新活动没有清晰的边界，基于中国本土的市场环境，陈劲等（2012）[45] 提出协同创新的范式，并进一步提出整合式创新范式[46]，强调企业创新生态系统的发展要重视所有构成要素的整体性。吴绍波（2014）[27] 等梳理了创新生态系统内部的治理模式，认为企业应该采取协同创新方式实现多主体之间的共治，不断完善创新生态系统。黄海霞等（2016）[47] 构建了创新生态系统内部协同创新网络的基本框架，并探讨了其运行的机制和规律，为后期学者围绕协同创新开展多视角、多元素、多情景的研究奠定了基础。孙聪等（2019）[48] 以具体的企业为案例来研究如何构建企业的创新生态系统，并实现企业与其他创新主体的协同创新。葛安茹（2019）[49] 等研究了在不连续的创新活动背景下，企业如何链接内外部创新主体来构建创新生态系统的。陈奕延等（2020）[50]、刘海兵等（2020）[51] 分别从数字驱动和引领性创新的角度提出了创新生态系统的创新范式。资武成（2021）[52] 基于区块链提出了创新生态系统中数据资源的治理范式。可以看到，这个阶段的研究注重在创新生态系统整体性的基础上探索符合企业的创新范式。

第三，创新生态系统的运行、演变和应用

随着创新生态系统理论的完善，设计运行机制来实现企业的创新、探索如何更好地实现价值共创等问题也是学者关注的重点。研究方法也以案例研究为主。创新生态系统最早被看作是一种企业的战略选择，它强调企业要注重与其合作或竞争组织之间的关系、强调企业更好地适应环境[7]。武建龙等（2021）[53] 以蔚来新能源汽车为例，探究了企业在"互联网+"环境下是如何构建创新生态系统并运行实现创新的。杨升曦等（2021）[54]以海尔为案例研究了创新生态系统内部核心企业协调系统其他参与者进行互补性创新的运行机制。李志刚等（2020）[55]从嵌入式角度，结合具体案例分析核心企业的演变和创新生态系统重塑的内在逻辑。解学梅等（2020）[56]对创新生态系统的价值共创模式和机制展开研究，认为创新生态系统提高了企业资源的整合效率，促进了系统各要素之间实现价值共创。杜丹丽等（2020）[57]则进一步研究了创新生态系统内价值共创是如何影响企业的绩效的。王宏起等（2021）[58]认为创新生态系统的演化性体现在价值创造与获取两者间的协同耦合。从这部分研究内容可以看到，基于生态位创建生态系统，再到嵌入式模式演变，再到实现价值共创，这也反映了创新生态系统在中国企业的创新应用过程中的一个倾向。

（5）研究趋势分析

随着技术的进步以及对创新生态系统研究的深入，研究文献不断涌现，呈现出该领域的研究热点、前沿视角以及仍需要突破的领域，包括模块化、数字平台、颠覆性创新、系统评估等。如郑帅等（2021）[59]以海尔为案例，从模块化视角研究企业创新生态系统的结构与特征，以及创新实践机制、协同机制、互利机制等演化机制。在数字平台方面，杨伟等（2020）[60]研究了人工智能领域创新生态系统构建过程中的数字创新。魏江等（2021）[61]从关系、激励和控制三个层面提出了数字创新生态系统的治理机制。钱雨等（2021）[62]采用纵向案例研究方法，提出了传统企业在数字化、智能化转型的过程中如何构建数字平台来实现商业模式的创新。王海军等（2020—2021）[63][64][65]也调研了硅谷的颠覆性创新现象，并分别从全球价值链视角、模块化数字平台视角提出了中国企业进行颠覆性创新生态系统构建的思路。

未来，在研究内容方面，基于系统的整体性，从不同层面深入挖掘系统内部要素之间的关系管理、对创新生态系统进行多角度评估、探索创新生态系统的运行与演化等内容仍值得关注；在研究方法上，探索性案例研究或定性研究是目前主要的研究方法，将来如何实现定性与定量分析的结合来系统研究创新生态系统的理论体系也是未来关注的重点；在研究视角方面，结合数字信息技术构建数字创新生态系统，基于创新生态系统的商业模式创新、价值共创和颠覆性创新等领域是未来值得关注的领域。

1.2.2 数字创新生态系统相关研究

当前社会进入数字化时代，数字信息技术开始渗透到各个领域之中并蓬勃发展，这不仅使得很多原有产品和服务的形态、生产过程和方式发生了改变，也在一定程度上使创新的内在本质发生变化，影响了企业的创新行为，改变了企业创新资源的整合方式和创新的过程，为企业带来了商业模式的创新，这些具有颠覆性的改变甚至对许多原有的创新理论假设带来了挑战。因此，数字创新开始受到国内外学者的广泛关注。目前数字创新的研究主要集中在两方面：一是从理论的视角探讨数字创新的内涵和特征（Nambisan，2017）[66]、内容框架、价值创造和组织活动的基本逻辑（Henfridsson等，2014—2018）[67][68]以及数字创新平台的架构等；另一个是对数字创新机制的探讨，包括数字化视角下商业模式的创新（Abrell等，2016）[69]、组织战略的创新（Austin等，2012）[70]、企业的创新绩效（Bailey等，2012）[71]等。

数字创新不仅拓展和完善了传统的创新发展理论，还拓展了现有的创新生态系统理论，促使创新主体之间实现数字化的关键资源互补和知识共享，进而实现创新主体之间价值共创方式的重塑，因此，数字创新生态系统的研究也成为一个重要研究趋势。中国学者对数字创新生态系统的研究开展较晚，成果数量也不多。张超等（2021）[72]从创新导向的数字生态系统和数字赋能的创新生态系统两种表现形式来探索数字创新生态系统的理论构建；胡海波（2018）[73]从数字化赋能的视角研究了企业商业生态系统演化中的价值共创机制。孟方琳等（2020）[74]运用Lotka-Volterra模型探讨了数字经济生态系统中创新主体的运行和演化机制；刘洋等（2020）[3]认为数字生态系统是企业进行数字创新的重要支撑。杨伟等（2020）[75]以人工智能行业为案例，研究了数字创新生态系统的五类不同种群和三类不同流量对系统内部核心企业的技术、财务绩效的效应。梅景瑶等（2021）[76]从架构设计的视角，采用案例研究方法，通过构建数字平台，研究创新生态系统内部互补者之间的数字创新。廖民超等（2022）[77]聚焦数字创新的组织属性，重构了企业数字创新能力的内涵结构并进行量表开发与检验。郭爱芳等（2022）[78]从平台数字化和业务数字化两个维度对将企业创新生态系统的数字化转型进行界定和评价衡量。诸葛凯等（2022）[79]从数字环境供给生态、数字有机创新生态和数字集成发展生态三个维度构建了企业数字创新生态指标体系，以此探讨不同指标维度的企业数字化创新逻辑路径。

较之国内，国外学者对数字创新生态系统的研究已有较多积累，本书以"数字创新生态系统"为主题对Web of Science核心数据库中2004年至2020年的相关文献进行检索，共检索到558篇相关文献，利用CiteSpace可视化分析软件对这些文献进行共引共现关键词聚类分析。

（1）发文量和共被引分析

图1-3是从WOS平台获得的2004—2020年数字创新生态系统领域发表文献量的趋势图。从图中可以发现，在过去的17年里，与数字创新生态系统研究相关的文献数量总体呈增长趋势，尤其是2015年以后，发文数量连年猛

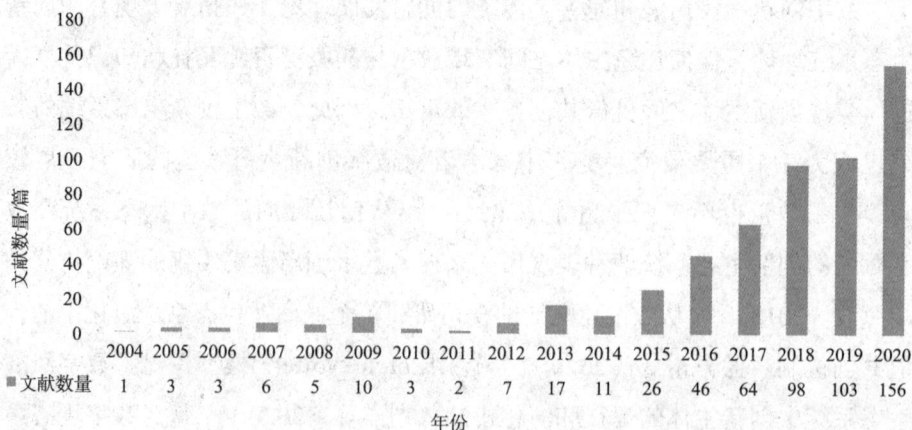

年份	2004	2005	2006	2007	2008	2009	2010	2011	2012	2013	2014	2015	2016	2017	2018	2019	2020
■文献数量	1	3	3	6	3	10	3	2	7	17	11	26	46	64	98	103	156

图1-3　2004—2020年WOS检索"数字创新生态系统"领域发文量趋势图

增，说明数字创新生态系统的相关研究已经逐渐走进国外学者的视野。

同时，从表1-4中也可以看到，在排名前10的高频被引次数期刊中，70%的期刊位于中国科学院文献情报中心期刊分区表（JCR分区）的Q1区，且集中在组织管理、企业管理以及政策、产品和信息的创新管理等领域的期刊。从相关研究的国家分布来看，美国和英国是该研究领域的主要国家，其次是德国、中国、芬兰、意大利、澳大利亚、瑞典等国家。高质量的研究文献分布状况说明当前数字创新生态系统的研究力量主要集中在国外，尤其是欧美国家。

表1-4　期刊被引频次列表（前10位）

排序	期刊	被引频次	JCR 分区
1	*HARVARD BUSINESS REVIEW*	132	Q1
2	*RESEARCH POLICY*	115	Q1
3	*MIS QUARTERLY*	116	Q1
4	*STRATEGIC MANAGEMENT JOURNAL*	108	Q1
5	*ORGANIZATION SCIENCE*	92	Q2
6	*ACADEMY of MANAGEMENT REVIEW*	87	Q1
7	*INFORMATION SYSTEMS RESEARCH*	86	Q2
8	*MANAGEMENT SCIENCE*	70	Q1
9	*MIT SLOANMANAGEMENT REVIEW*	72	Q3
10	*JOURNAL of PRODUCT INNOVATION MANAGEMENT*	69	Q1

（2）关键词图谱分析

本书再通过关键引文的知识图谱来进一步探索当前研究的关注点。如图1-4所示，数字创新生态系统研究的核心知识基础包括数字信息技术管理、平台创新、商业模式创新和创新生态理论4个部分。

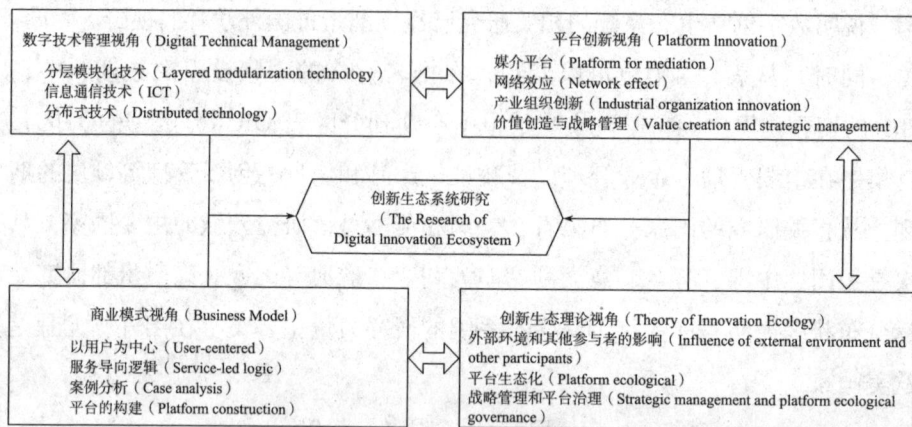

图1-4　关键引文知识图

分层模块化技术、信息通信技术以及分布式技术等数字信息技术的发展促使企业通过技术管理来实现创新（Gawer，2014）[80]，企业通过引进新的数字信息技术，也会为原有的平台带来新的资源互补者（Ozalp et al. 2018）[81]，促进了平台的创新，进而对企业的经营管理、组织结构优化和员工创造力的发挥等带来了一定的影响（Helfat and Raubitschek，2018）[82]。Täuscher（2018）[83]认为平台的创新也是一种商业模式的创新。在这种模式下，企业改变了原有的价值创造路径，以开放式、服务化的创新在企业外部实现价值创造（Parker，2017）[84]，企业在设计和生产产品和服务的过程中就能够不断跨越原有的组织边界来为平台内的组织共享更多的数据和信息，这也就意味着企业必须构建平台或生态系统，来实现知识、技术以及能力的强化和共享（Marion et al. 2015）[85]。在平台创新的过程中，企业内部、企业与企业之间、企业与顾客之间的边界感逐渐弱化（Faraj et al. 2016）[86]，且边界越淡化，在一定程度上越能促进企业创新的增长（Nambisan et al. 2019a）[87]，也就是说数字化平台系统的特征可以在很大程度上决定企业数字化创新的方向、范围、深度和广度。在数字生态系统中，数字信息技术的使用和发展不仅改变了原有创新生态系统中企业的创新方向、价值创造的路径，也会使得生态系统中企业等利益主体之间的关系发生变化（Kumar et al. 2018）[88]，进而更容易把握新的价值创造机会（Rolland et al. 2018）[89]，制定出新的技术创新决策和管理模式，保障企业创新活动的连续性（Amit et al. 2015）[90]。因此，数字创新生态系统的治理问题也是学者关注的重点，比如系统中创新主体之间的协同性与灵活性之间的冲突问题如何解决（Brunswicker et al. 2019）[91]，平台和系统的核心企业或领导者如何构建自己的动态能力（Helfat et al. 2018）[92]。

数字信息技术管理、平台创新、商业模式创新和创新生态理论这4个部分构成了数字创新生态系统研究的基本框架，同时也在总体上涵盖了创新生态系统的构建、演化以及治理这几个大类的问题研究，是数字创新生态系统的知识基础和基本理论体系分析框架。

（3）关键词聚类分析

针对WOS数据库中创新数字生态系统的相关文献，再利用Citespace软件，进行关键词谱图分析和聚类分析。

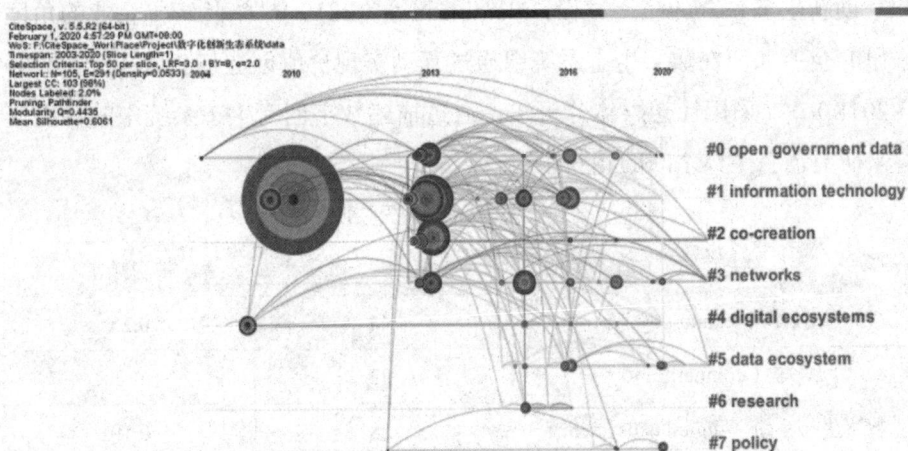

图1-5　关键词共现图谱

分析结果如图1-5和表1-5所示，这些关键词在一定程度上代表了学者在数字创新生态系统这一领域的研究热点，从图表中可以发现数字创新生态系统的研究热点主要包括了五个方面：企业的数字化转型升级研究（代表学者有Woodard，2013[93]；Trnniru，2018[94]）、数字服务生态系统（代表学者有

Lusch，2015[95]；Senyo，2019[96]；Immonen，2016[97]）、数字商业生态系统（代表学者有Cui，2020）[98]、数字创新平台与平台生态系统（代表学者有Hwlfat，2018；[99] Kim，2018[100]；Parker，2016[101]）和企业数字系统治理（代表学者有Kang，2012[102]；Weber，2018[103]；魏江等，2021）。

数字创新生态系统的构建和演变，以及价值创造过程也越来越受到关注：例如Beltagui等（2020）[104]把数字创新生态系统的构建按照从初建到完善的四个过程模型来进行分阶段的构建描述；梁正等（2021）[105]认为数字创新生态系统的演化过程需要不同创新利益主体之间充分发挥商业价值和公共价值的协同引领作用；朱秀梅等（2022）[106]从数字创业网络嵌入机制、数字创业要素集聚机制、数字创业机会共生机制、数字价值共创机制和系统自组织机制五大机制构建了数字创业生态系统多主体协同机制演化的机制模型；Chae（2019）[107]采用案例研究的方法，利用复杂网络理论来分析了数字创新生态系统的演变过程；Nambisan等（2019）[108]从跨国企业的角度来研究企业如何在数字生态系统中通过互动实现价值创造与获取；Suseno等（2018）[109]采用社会媒体分析法，通过描述数字创新生态系统中的价值交叠来研究创新主体之间的相互作用。

表1-5 关键词中心度排序（前12位）

关键词	频率	被引频次
技术（technology）	44	0.25
竞争（competition）	22	0.2
数字生态系统（digital ecosystem）	28	0.19
企业（firm）	21	0.17
平台（platform）	31	0.14
开放式创新（open innovation）	24	0.14
产业（industry）	12	0.14
战略（strategy）	47	0.13

关键词	频率	被引频次
模式（model）	14	0.13
系统（system）	33	0.12
网络（network）	28	0.12
能力（capability）	19	0.11

需要说明的是，创新生态系统的数字化创新不单单是简单的数字信息技术从输入到输出的范式，也不单单是数字模型的嵌入；它不单单是核心企业或组织单个个体的决策，也不完全是所有组织的集体决策，数字创新生态系统对创新理论的假设前提带来了较深刻的影响甚至嬗变，因此，对于数字创新生态系统的研究，无论是研究其创建还是演化、运行、治理，都要基于中国企业的现实，以批判性的思维进行思考，不仅仅要研究这种数字化的创新情境和创新过程，还要研究创新生态系统数字化赋能过程中创新主体的组织方式和创新机制；不仅仅要研究数字创新生态系统这种"工具"带来的单向的影响，还要研究这个"工具"发挥作用时的协同演化机制。

1.2.3 智能制造企业创新生态系统相关研究

作为工业化与信息化的融合产物，智能制造在20世纪80年代被提出后就得到了世界各国的重视，并陆续推出了各类支持智能制造发展的政策和保障体系。在中国制造业的转型升级发展中，智能制造战略也为解决当前的环境资源瓶颈、促进制造业的新旧动能转换、推动实现"碳中和"和"碳达峰"目标起到了重要作用。在30多年的时间里，智能制造的研究涵盖了技术解析、内涵界定、管理、应用、服务等内容。近些年来，随着对创新生态系统研究的深入，智能制造企业也陆续通过创建创新生态系统来获取更多的资源，打通全球价值链、实现转型升级发展。

本书通过Citespace软件对国内外智能制造企业创新生态系统的相关文献进行分析。图1-6和表1-6分别是关键词共现图谱和前10位的词频排序。从图1-6中可以看到，对于智能制造创新生态系统的相关研究，国外学者从最开始分析智能制造的产品设计和技术转向近些年对"大数据""数字创新管理""全球价值链""数据赋能""创新生态系统"等研究领域。如美国（Oztemel，2010）[110]通过建立制造业的创新网络，初步形成了智能制造创新生态系统；德国（Lasi，2014）[111]智能制造企业联合科研机构共同构建智能制造创新平台组织。

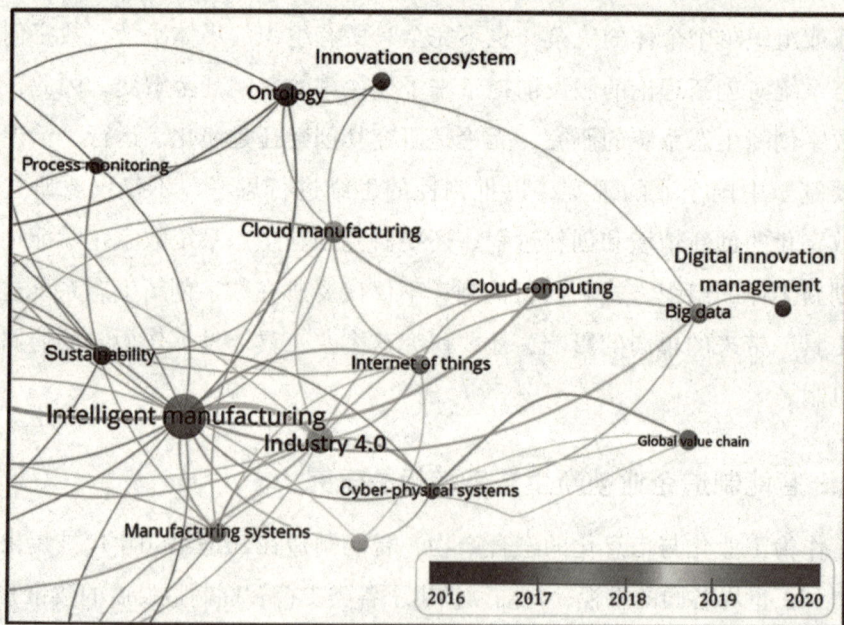

图1-6 关键词共现图谱

国内学者对创新生态系统的研究主要关注"服务化"（赵宸宇，2021）[112]、"数字化转型"（万伦等，2020；[113]郑季良，2021[114]）、"创新生态系统"（汤临佳等，2019）[115]、"价值链"（吕文晶等，2019）[116]，以及与创新生态系统研究热点中的"协同创新""商业模式创新""开放式创新"等。总结起来说，这些研究内容主要可以划分为两类：第一，智能制造情境下的制造企业管理创新。第二，智能制造创新生态系统的构建、运行、演化等。在研究方法上以案例研究为主，包括对国外先进案例的研究与经验借鉴，以及对国内智能制造新进地区或企业案例的经验总结两个方面。

表1-6 关键词频次排序（前10位）

序号	Web of Science	频次	CNKI	频次
1	智能制造（Intelligent manufacturing）	83	智能制造	51
2	智能制造系统（Intelligent manufacturing system）	54	创新	40
3	企业（Enterprise）	46	转型升级	37
4	供应链（Supply chain）	40	服务化	35
5	技术创新（Technological innovation）	33	供应链	31
6	数据赋能（Data empowerment）	33	商业模式创新	20
7	转型升级（Upgrade）	28	平台化	18
8	商业模式创新（Business model innovation）	25	价值链	17
9	平台（platform）	24	协同创新	15
10	价值链（Global value chain）	22	创新生态系统	12

（1）智能制造情境下的制造企业管理创新

智能化转型是实现中国制造业高质量发展的主要路径。温湖炜等（2021）[117]对中国上市制造企业进行实证分析，认为智能化能够显著促进中国制造业企业的全要素生产率。尹华等（2021）[118]从价值链优化的角度，提出了中国制造企业通过智能化实现中低端突围的建议措施。纪慧生等（2019）[119]借助多个国内制造业案例，分析了制造企业在技术创新过程中商业模式协同创新的3种模式和3种机制。

数字赋能是近几年学者们在研究数字创新管理时关注的重点，陈一华等（2021）[120]以格力电器为案例，提出了数字赋能在制造企业商业模式创新过程中的3个作用机制和路径，研究了格力电器数字商业模式的构建。池仁勇等（2021）[121]通过实证分析研究了智能制造企业制造过程的数字化和商业模式数字化双重数字化模式对企业发展的影响。焦勇（2020）[122]认为数字赋能使制造业从要素驱动转向数据驱动，从关注产业的关联性到注重企业的组织群落，从企业间的竞争转向互利共生，从而帮助制造企业重塑价值、创造新的价值，推动制造业的数字化转型。

（2）智能制造创新生态系统的构建、运行、演化等

虽然学界对创新生态系统、对智能制造的研究目前已积累了大量的、优质的文献，建立起了一定的基础理论体系，但具体到对智能制造企业创新生态系统的相关研究，尤其是在数字化赋能这一条件下对制造业创新生态系统展开的相关研究尚存在非常大的空缺。汤临佳等（2019）[115]认为智能制造企业创新生态系统的功能包括主体要素的创新能力、非核心企业的辅助能力、系统环境的支撑能力、系统整体的可持续创新发展能力，并从这4个角度构建了评价指标体系，提出了对制造企业创新生态系统的治理措施。胡中峰（2017）[123]分析了智能制造创新生态系统中的要素主体形成价值网络，并进行自组织协同演化的机制分析。杜晶晶等（2020）[124]提出了如何在区域创新生态系统中培育制造业的"隐形冠军"企业，即分析这类企业如何在创新生态系统中带动实现制造业的智能化、数字化创新转型。

从当前对智能制造企业创新生态系统的构建来看，智能制造企业的研究从数字化和网络化，最终又回归到智能化，不是研究内容和方向的单一改变，而是将智能化的研究始终融入智能制造企业在数据赋能、商业模式创新等创新战略和行为中。因此，对智能制造企业开展数字创新生态系统研究是未来应该有的研究趋势之一。这也是本书研究的一个出发点。

1.2.4 企业价值共创相关研究

伴随着信息技术的发展以及消费者网络外部性的扩张，价值共创问题开始进入学界和社会视野。价值共创理论最早由Prahalad和Ramaswamy

（2000）[125] 提出，他们认为顾客体验是价值创造的基础，该研究将价值创造由企业为主导转变为企业和顾客共同创造价值。基于顾客体验视角的价值共创理论基础，Vargo和Lusch（2004）[126] 从服务主导逻辑的视角进一步深化了价值共创理论。随着网络经济的不断发展，价值共创的参与主体和环境日益复杂，价值共创的研究也从顾客、企业二元关系转向由供应商、合作者、顾客等多元主体共同参与的价值共创网络（Pinho等，2014）[127]，此后，以服务主导逻辑的价值共创理论不断演变和升级。经过20多年的研究，目前企业价值共创领域的相关研究主要分为三个阶段：

① 价值共创基础理论的相关研究，包括价值共创的内涵、过程机制等问题。Prahalad和Ramaswamy（2000，2004）[125] 认为价值的创造是在企业与顾客之间不断的互动和持续的对话过程中创造的；Vargo和Lusch（2004）[126] 则进一步将价值创造过程视为顾客与企业共同生产，积极参与企业关系交换而产生，并强调服务是交换的主要内容；Grönroos（2008，2011）[128] 将价值共创中的服务逻辑进一步区分为顾客和供应商两者，强调在顾客日常实践活动中，服务是促进价值创造的互动过程，供应商进入顾客实践实现互动。国内学者早起也从企业和顾客二元关系开展的价值共创理论研究，武文珍等（2012）[129] 比较了顾客体验和服务主导逻辑两种价值共创方式，并构建了生产者和消费者两种逻辑的价值共创过程模型；钟振东等（2014）[130] 基于服务主导逻辑分析了价值共创中企业和顾客的角色，构建了一个企业和顾客互动的价值共创模型；郑凯等（2015）[131] 根据社会结构理论，总结出顾客在互动网络中通过弱关系和强关系实现价值创造的两种路径。

② 服务主导逻辑下顾客行为和外部环境对价值共创的影响。伴随着数字信息技术的发展，研究数字化、智能化、网络化等环境背景下企业价值创造的逻辑成为当前学者关注的重点。Matarazzo（2021）[132] 认为企业在进行数字化转型时，必须进行价值的转变；李树文等（2022）[133] 认为数字情境下，企业从价值交易转向价值共创，并构建出创新型企业在数字化转型过程中通过连接迭代、赋新迭代两个过程实现价值交易转向价值共创的模型；张

悦等（2022）[134]借助数字创意企业实证分析了多元主体价值共创对企业数字化创新过程的影响机制；Kazadi等（2016）[135]强调了在数字化转型过程中，企业要注重构建相关利益者能力来实现价值共创。

③生态系统的价值共创和价值共创关系网络。这部分研究是当前学者普遍关注的重点，研究内容包括基于价值共创构建企业创新生态系统、进行企业战略决策和商业模式创新等。王琳和陈志军（2020）基于资源依赖理论，分析了价值共创对创新型企业即兴能力的影响，为企业深化利益联结进行价值共创提供了借鉴；孙静林等（2022）[136]认为在创新生态系统中，多元主体在核心主体的协调下，围绕共同价值主张而进行协同共赢的复杂性行为即价值共创，并构建了"契约型""关系型""经济互惠型"和"社会协商型"4种企业创新生态系统价值共创行为模式；冯蛟等（2022）[137]借助案例分析了平台型企业的价值共创、资源共享、理念共通等价值共创路径机制；赵艺璇（2021）[138]和辛冲（2022）[139]都从知识网络的视角探索企业的知识基础及其构成的知识网络对企业创新生态系统价值共创的作用机制。

从当前对企业价值共创的研究来看，学者们既有从宏观视角对价值共创主体的研究，也有微观视角对价值共创机制的具体探索。具体到数字创新生态系统领域，虽有学者开展了多元价值共创主体对企业数字创新重要性的研究，并通过一定的案例进行了初步的探索，但仍缺乏实证分析来探索微观层面企业数字创新生态系统的价值共创特征和机制。这也是本研究对智能制造企业数字创新生态系统价值共创进行仿真分析的出发点之一。

1.2.5 研究现状述评和发展动态分析

从目前国内外学者对创新生态系统相关理论的研究来看，早期研究内容可以分为两大主干：第一个主干是创新生态系统内涵的相关研究，包括创新生态系统的概念、特征、结构等；第二个主干是从企业竞争优势和资源观视角展开的创新生态系统演化运行的研究，包括基于动态能力的创新生态系统建构、系统内部的协同演化、战略应用研究等。近些年，技术的进步带来了新一轮的研究热潮，学者对创新生态系统的研究也呈现出一定的转变，从最初关注创新生态系统的动态演化，到现在更加注重开放式创新、数字管理创新、平台商业模式等。在取得大量研究成果的同时，仍然存在较大的研究空间。

第一，创新生态系统研究的理论框架尚需进一步完善。从目前的研究来看，虽然自创新生态系统概念被提出后，围绕相关理论学者们开展了一系列的研究，但创新生态系统的研究仍属于不成熟的领域，虽然学者们也从不同的领域展开对创新生态系统基础理论的探索研究，但大部分研究多围绕着创新生态系统的内涵、特征、结构等描述性研究展开，尚未形成一个系统的、完善的、成熟的理论框架。在后期的案例研究中，也大多省略了对所研究创新生态系统的内涵范围的一个界定。随着技术的进步，创新生态系统的内涵不断丰富和拓展，因此，从多个理论层面、多个角度、多个背景出发来深化和丰富创新生态系统的理论研究，明确系统的边界与范围，系统主体要素和环境的构成，并不断寻找创新生态系统在实践导向下各种现象背后的逻辑，仍需要学者们予以重视。

第二，加强对微观视角下创新生态系统的可持续创新和动态成长过程的研究。生态系统要维持稳定的发展，就需要可持续的创新，因此，推进创新主体的建设与完善是前提，既要解决系统内部技术要素和外部创新要素的可持续的创新行为，也要从微观层面观察系统内部复杂的关系网络和各个系统主体的个体行为对企业绩效的影响。另一方面，随着数字信息技术等高新技术的发展，系统的创新主体要素、要素之间的内部关系、系统所处的内外部环境都发生了变化，在这种变化中，如何调整或构建新的创新生态系统来实现企业的跨越发展。因此，未来的研究既要关注宏观环境，也要从微观的主体行为层面来分析创新生态系统的演化，把协同创新、颠覆性创新、开放式创新与中国的宏观市场和微观企业主体融合起来开展中国情境下的创新生态系统研究。

第三，推动数字化背景下创新生态系统的研究。当前，数字已成为引领经济增长的关键要素，全球正在全面迈入数字时代。因此，需要探索在数字化背景下，系统主体要素之间的相互作用、系统与环境的影响机制，深入研究在创新生态系统中，数字要素是如何参与、深入到价值共创中的，进而探索数字创新生态系统的形成机制和治理体系，包括在数字创新生态系统中，企业如何做出战略选择来实现创新，设立怎样的风险防范机制或有利于企业创新的政策体系来打造适合企业数字创新生态系统持续创新的环境。

第四，打造既能够应对国内外风险冲击，又能体现中国特色的创新生态系统或创新模式。在当前创新开放性、全球化的趋势下，不可避免地会出现一些政治事件或公共卫生安全事件，波及中国企业的发展。因此，一方面，研究在中国市场环境和政策体系下，能够促进企业协同发展、共同创新的平台架构或创新生态系统，充分带动国内大循环，致力于国内企业创新生态系统的建设和"中国品牌"企业的转型升级。另一方面，数字创新管理是应对当前疫情常态化形势下推动全球经济服务、助力中国企业向全球价值链顶端攀升，在拉动国内循环的同时也促进国内国际双循环的良性创新生态环境。因此，未来的研究更要关注疫情后期创新生态系统的重构或新转向。

第五，加强对创新生态系统的定性与定量结合分析。目前对创新生态系统的研究定性研究多，量化研究少；案例分析多，实证分析少。对于创新生态系统内涵、特性等基础理论的研究方面，多为定性的表述研究，对于创新生态系统的结构、功能机制、健康优化等定量的研究仍然较少。另一方面，对创新生态系统理论的应用研究多采用案例分析的方法，且多用在成功案例的分析上，对不同企业的应用缺乏完整的实证分析，尤其是对于系统内部核心企业的创新变化及其外部协同合作者的创新变化情况、系统内部成员间的关系等问题仍需要展开深入的实证分析。结合到智能制造企业的具体研究来说，强化数字信息技术、数字创新管理与创新生态系统理论在智能制造企业的融合创新，从而系统地建立智能制造企业数字创新生态系统构建、运行、演化的理论体系。

1.3　研究内容与研究方法

1.3.1 主要研究内容

本书研究的主要内容分为以下九大部分：

第1章，绪论。介绍本书的研究背景、目的和意义，在分析梳理国内外对智能制造企业数字创新生态系统相关研究现状的基础上，提出研究思路和框架内容，并对本书的研究方法、创新之处做出阐述。

第2章，相关理论基础和概念界定。这一章首先阐述智能制造企业数字创新生态系统的相关概念和范畴界定，包括智能制造企业和数字创新生态系统的基本内涵和特征，界定本书所研究的智能制造企业的范畴为进行智能化、数字化转型的传统制造企业；然后阐述了本研究所依据的创新生态系统理论、数字经济理论、数字创新理论、价值共创理论等相关理论。

第3章，中国智能制造企业数字化创新现状与瓶颈。这一章首先梳理中国智能制造企业的发展现状和趋势，在此基数上全面分析中国智能制造企业数字化创新的阶段、特征和模式；借助DEA-BCC模型分析智能制造企业的创新效率，在分析数字化创新对智能制造企业创新效率影响路径的基础上，从创新生态系统角度构建了智能制造企业数字化创新指数评价指标体系，通过回归分析来研究数字化创新对智能制造企业创新效率的影响，辨析中国智能制造企业数字化创新存在的问题和制约的瓶颈。

第4章，智能制造企业数字创新生态系统的构建要素。数字信息技术的"赋能"为企业的创新范式带来创造性的重构，打破了创新生态系统中创新主体之间原有的边界、生态位和功能，使得创新生态理论的一些基本假设被更新，因此，这一章首先从理论突破出发，分析智能制造企业数字创新生态系统形成的理论过程，阐述从数字创新平台的搭建到核心创新单元的确定、到平台终端的广泛布局到企业数字创新生态系统形成整个过程中，创新主体、创新要素、创新表现形式的变化；其次，基于理论分析，对数字创新生态系统的构成要素进行具体的阐述和分析，将系统的核心构成要素分为创新基础种群、创新主体种群、创新应用种群、知识协同种群、服务支撑种群、技术支持种群和创新环境种群7大创新核心要素种群，并明确数字创新生态系统中用户、数字资源要素、虚拟创新主体等这些区别于一般创新生态系统的创新要素。

第5章，智能制造企业数字创新生态系统的模型构建。首先，在上一章对智能制造企业数字创新生态系统构成要素的分析基础上，构建智能制造企业数字创新生态系统的结构模型，具体阐述系统的功能，并基于中国智能制造企业面对的独特创新环境分析中国情境下的智能制造企业数字创新生态系统的结构模型，以此来清晰地了解和认知具有普遍性的数字创新生态系统及其功能特征，以及不同情境下更具典型性的数字创新生态系统的具体概况。其次，根据智能制造企业数字创新生态系统内部创新要素不同功能相互作用的结果表现形式，将智能制造企业的数字创新生态系统分为创新主体子系统、创新核心子系统和创新支持子系统三个子系统，分析三个子系统中各类创新要素的内在关系，明确数字信息技术赋能下系统的复杂动态性。

第6章，智能制造企业数字创新生态系统的价值共创仿真。这一章借助系统动力学仿真模型来深入剖析影响系统价值共创的静态路径以及路径的动态作用机制。首先根据智能制造企业数字创新生态系统价值共创规律的特殊性，将系统价值共创分为主体与技术子模块、价值投入子模块和价值产出子模块三个模块，确定影响价值共创主体和过程的具体因素；其次，建立智能制造企业数字创新生态系统价值共创的仿真模型，借助因果关系图和存量流量图，厘清在智能制造企业数字创新生态系统的创新过程中，以创新主体种群驱动、创新应用种群驱动、知识协同种群驱动、服务支撑种群4种驱动为主的创新主体互动静态反馈回路，通过4种驱动对系统价值共创水平变动的影响和影响的灵敏度进行动态仿真结果分析，探究智能制造企业数字创新生态系统中价值共创随着时间而体现出的"创新支持子系统驱动—创新核心子系统驱动"的演变规律，从而更加清晰地阐述系统内创新主体互动关系的动态变化过程。

第7章，智能制造企业数字创新生态系统的价值共创治理。这一章分析智能制造企业在数字创新治理中的困境，提出数据治理、协同关系治理、治理机制匹配三个治理的目标和重点；分析智能制造企业数字创新生态系统治理的关键构成因素，包括多中心治理主体（核心主体和辅助主体）、治理的机制（模块化关系机制、智能数字契约机制、政策激励机制）和多元治理利基（数字资源配置与共享、智能制造市场形成、协同创新活动和安全合法性）四个层面；根据智能制造创新生态系统价值共创机制的特征和规律，阐述智能制造企业数字创新生态系统的具体治理过程机制以及数字信息资源治理、多目标均衡和全方位协调的治理作用机制；以中车青岛四方为案例，对智能制造企业数字创新生态系统价值共创的治理进行案例分析。

第8章，促进智能制造企业数字创新的支撑体系。这一章主要围绕智能制造企业数字创新生态系统的特征，在前文研究的基础上，提出打造智能制造完整产业链、加强智能制造数字创新的顶层设计、夯实智能制造数字创新的基石、完善智能制造数字创新的政策体系，发挥智能制造产业数字创新的人才支撑等支撑体系的相关措施。

第9章，研究结论与研究展望。对本书研究产生的结论进行总结，并指出对智能制造企业数字创新生态系统构建和价值共创研究的不足，对笔者接下来需进一步完善和开展的相关研究进行展望。

1.3.2 主要研究方法

（1）理论分析与实证分析相结合

本书通过对创新生态系统已有文献的梳理，在把握目前研究现状的基础上，借助相关理论和理念，通过对数字创新生态系统基本内涵和特征的界定分析，阐述智能制造企业数字创新生态系统构建的基本理论框架。同时，借助DEA-BCC模型分析智能制造企业的创新效率，并在分析数字化创新对智能制造企业创新效率影响路径的基础上，从创新生态系统角度构建了智能制造企业数字化创新指数评价指标体系，通过回归分析来研究数字化创新对智能制造企业创新效率的影响，辨析中国智能制造企业数字化创新存在的问题和制约的瓶颈，为构建中国情境下的智能制造企业数字创新生态系统奠定了基础。

（2）静态分析与动态仿真分析相结合

本书在分析、总结学界关于创新生态系统价值共创相关研究的基础上，依据智能制造企业的特征和价值共创的相关理论和经验，分析了智能制造企业数字创新生态系统内部的价值共创机制，采用静态反馈回路分析了系统内不同创新主体通过互动协同实现价值共创的机制；同时，借助系统动力学模型对智能制造企业数字创新生态系统价值共创的演变过程进行动态的仿真模拟，探究了系统价值共创随着时间的演变规律。

（3）实地调研与案例分析相结合

本书采用实地考察、调研访谈、购买统计资料等方法来对中国不同区域、不同省域（市、自治区）的智能制造企业创新发展情况进行资料的收集整理和数据的收集，并运用数理统计的基本方法对收集到的数据进行处理和应用；借助具体案例研究了智能制造企业数字创新生态系统价值共创的治理问题。

1.3.3 研究技术线路

本书研究的技术线路如图1-7所示：

研究脉络　　　　　　　　　　　研究内容　　　　　　　　　　　研究方法

智能制造企业数字创新生态系统基本理论分析框架
- 国内外研究现状
- 研究背景和意义
- 基本概念与相关理论
- 数字创新理论
- 数字创新生态系统内涵、特征
- 智能制造企业范畴界定

研究背景与基础理论分析 → 智能制造企业数字创新生态系统基本理论分析框架

文献研读法
专家访谈法

数字创新对智能制造企业创新发展的影响分析
- 智能制造产业发展现状
- 数字创新对智能制造企业创新的影响
- 智能制造企业数字化创新效率
- 数字化创新对企业创新效率影响路径
- 回归分析
- 智能制造企业数字创新的问题瓶颈和原因
- 数字化创新效率评价

创新发展现状分析 → 数字创新对智能制造企业创新发展的影响分析

实地调研法
数理统计法
实证分析法

智能制造企业数字创新生态系统的构成要素
- 数字创新平台搭建
- 核心创新单元确定
- 平台终端泛布局
- 系统的形成

智能制造企业数字创新生态系统形成的理论过程

- 创新基础种群
- 创新主体种群
- 创新应用种群

智能制造企业数字创新生态系统的构成要素

- 知识协同种群
- 服务支撑种群
- 技术支持种群
- 创新环境种群

智能制造企业数字创新生态系统的模型构建
- 中国智能制造企业的创新环境
- 智能制造企业数字创新生态系统结构模型
- 智能制造企业数字创新生态系统要素间内在关系
- 中国情境下智能制造企业数字创新生态系统结构模型
- 创新主体子系统
- 创新核心子系统
- 创新支持子系统

系统构建 → 智能制造企业数字创新生态系统的构成要素 / 智能制造企业数字创新生态系统的模型构建

规范分析法
逻辑演绎法

智能制造企业数字创新生态系统的价值共创仿真
- 数字创新生态系统价值共创规律
- 智能制造企业数字创新生态系统价值共创规律的影响因素
- 仿真模型构建
- 系统边界与假设
- 因果关系模型
- 存量流量结构方程
- 静态仿真分析
- 动态仿真分析
- 仿真模型结果

系统仿真 → 智能制造企业数字创新生态系统的价值共创仿真

数理统计分析法
系统仿真模拟法

智能制造企业数字创新生态系统价值共创治理
- 价值共创治理的困境、目标和重点
- 多中心治理主体
- 多元治理利基
- 综合协调治理机制
- 核心治理主体
- 辅助治理主体
- 数字资源配置与共享
- 智能制造市场形成
- 协同创新活动
- 安全合法性
- 政策激励机制
- 智能数字契约机制
- 模块化关系机制

智能制造企业数字创新生态系统价值共创治理的关键构成因素

- 数字信息资源治理
- 多目标均衡
- 全方位协同

智能制造企业数字创新生态系统价值共创治理的过程与作用机理
- 案例分析

系统治理 → 智能制造企业数字创新生态系统价值共创治理

案例分析法
逻辑演绎法

促进智能制造企业数字创新的支撑体系
- 打造智能制造完整产业链
- 加强智能制造数字创新的顶层设计
- 夯实智能制造数字创新的基石
- 完善智能制造数字创新的政策体系
- 发挥智能制造产业数字创新的人才支撑

政策建议 → 促进智能制造企业数字创新的支撑体系

规范分析法

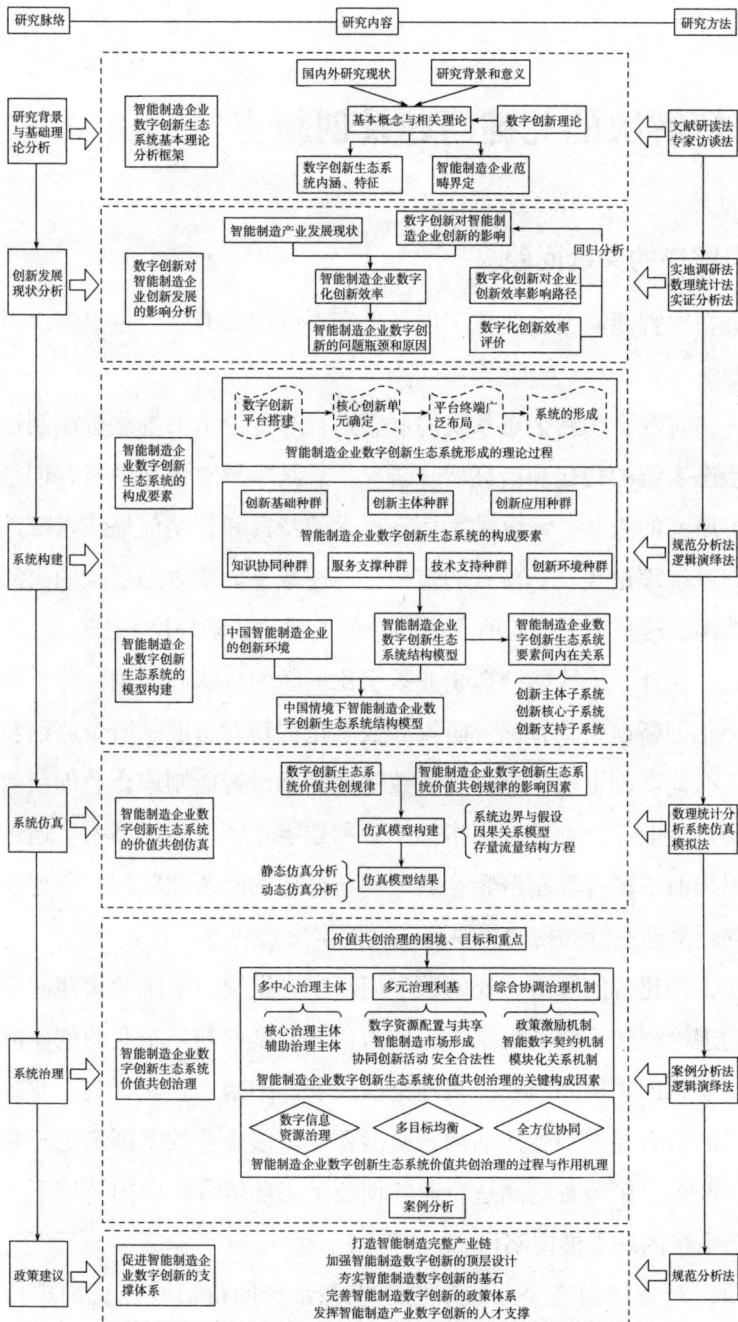

图1-7　技术线路图

1.4 拟解决的关键问题及创新点

1.4.1 拟解决的关键问题

本书在对智能制造企业数字创新生态系统的研究中，主要解决以下几个关键问题。

第一，对数字创新生态系统的概念进行界定。本书围绕智能制造企业数字创新生态系统的构建和治理展开研究，总结学界对数字创新、创新生态系统等相关研究的现状，结合数字信息技术的特征和数字信息技术赋能引致的创新生态系统理论假设和模式的重构，阐述数字创新生态系统的内涵、特征和基本结构，这是本书研究所立足的一个关键的基础理论。

第二，梳理中国智能制造企业数字化创新的现状和瓶颈。分析中国智能制造数字化创新模式、特征、阶段和数字化创新对智能制造企业创新效率影响机制，在此基础上构建能够反映数字化创新对智能制造企业创新效率影响的智能制造企业综合创效效率指标体系和数字化转型指标体系。通过实证分析，找出当前中国智能制造企业数字创新存在的问题和瓶颈，为智能制造企业数字创新生态系统的构建提供更准确的出发点和着力点。

第三，构建智能制造企业的数字创新生态系统。系统的构建需要首先明确基本的理论框架，厘清数字资源作为创新要素参与到企业的创新活动中带来的创新模式的重构和演变；在理论框架下详细阐述智能制造企业数字创新生态系统的核心要素和主体结构，明确智能制造企业数字创新生态系统的模型架构，并结合中国智能制造企业的创新生态环境分析中国情境下企业数字创新生态系统的基本模型架构。

第四，对智能制造企业数字创新生态系统的价值共创机制进行仿真分析。借助系统动力学构建仿真模型来深入剖析影响系统价值共创的静态路径以及路径的动态作用机制，厘清在智能制造企业数字创新生态系统的创新过程中，各个创新主体是通过怎样的互动实现了价值共创，并梳理智能制造企业数字创新生态系统中价值共创的演变规律。

第五，构建智能制造企业数字创新生态系统价值共创的治理机制。明确智能制造企业数字创新治理面临的困境，分析价值共创治理的目标和重点，在此基础上通过关系机制、控制机制、激励机制探究智能制造企业数字创新生态系统治理的过程与作用机制。

1.4.2 本书的创新之处

（1）研究理论上的创新

第一，关于数字创新生态系统内涵的界定，当前学界从要素的视角、创新内容的视角、技术的视角已有阐述，本书结合数字信息技术赋能引致的基本理论假设、组织形态创新模式的改变，从功能的视角将数字创新生态系统界定为一种复杂的开放式数字平台架构，并阐述了其区别于一般创新生态系统的特征。

第二，在数字创新生态系统的构建研究中，已有学者阐述了系统的理论框架、基本架构，但对数字创新生态系统构建的基本条件和过程理论没有进一步详细的阐述，也缺乏对中国情境下数字创新生态系统构建的相关研究。本书结合对数字创新生态系统的内涵界定，阐述了智能制造企业数字创新生态系统形成过程的理论框架，深入分析了构成数字创新生态系统的各类数字化创新要素以及创新要素之间的内在关系，构建了智能制造企业数字创新生态系统的基本架构，并结合中国智能制造企业的创新生态环境特征，构建了中国情境下智能制造企业数字创新生态系统的分析模型架构。

第三，在数字创新生态系统价值共创及其治理的相关研究中，已有价值共创的参与主体和影响因素、价值共创模式的研究，以及从某一种流量的视角研究价值共创的规律和治理的机制，但是对数字资源、虚拟创新主体如何参与价值共创并没有详细阐述，在价值共创的治理研究中也没有将数据治理和协同关系治理结合起来。本书强调数字创新生态系统价值共创过程中数字资源的共享和优势互补以及虚拟创新主体和数字基础设施的参与，借助系统动力学模型分析了各类创新主体和创新要素互动下的价值共创机制，并基于智能制造企业数字创新系统价值共创的规律，从数字资源配置、智能制造市场形成、协同搜索指南和安全合法性4个治理利基视角提出了系统价值共创"数据治理+协同交互治理"的过程机制。

（2）研究方法上的创新

现有对创新生态系统价值共创的研究以理论分析和案例研究等静态分析为主，缺乏对创新生态系统价值共创机制的动态分析，尤其缺少对数字创新生态系统价值共创演变规律的动态分析。本书采用系统动力学方法，借助动态仿真模型对智能制造企业数字创新生态系统的价值共创机制进行了仿真模拟，通过静态反馈仿真分析和动态仿真分析深入研究了数字创新生态系统内不同创新主体通过互动协同实现价值共创的机制和规律，从而更加清晰地阐述了数字创新生态系统内创新主体互动关系的动态变化过程。

智能制造企业数字创新生态系统研究

概念界定与相关理论基础

2

2.1 基本概念界定

2.1.1 智能制造

随着新一轮工业革命中数字信息技术与制造业的深度融合，智能制造应运而生，并为全球制造业带来深刻变革。中国也将智能制造提升为国家战略高度，通过"智能+"来赋能制造业的转型升级和高质量发展。

智能制造在1988年由Wright等人首次提出，定义智能制造为"通过集成知识工程、制造软件系统和机器人控制来对制造技工们的技能和专家知识进行建模，以使智能机器可自主地进行小批量生产"[140]。Kusiak（1990）[141]随后提出了智能制造系统的概念，并从技术的角度阐述了智能制造的概念。随着技术的进步与发展，智能制造的概念也一直在演变，其范畴和内涵不断丰富。在横向上，智能制造逐渐实现从传统制造环节的智能化向产品全生命周期的智能化延伸；在纵向上，从制造装备的智能化扩展到了车间、整个企业以及企业所在生态系统的整体智能化。正是由于这种动态性的变化，目前尚未有对智能制造统一的定义，但总体来看，智能制造的定义主要有两个支流：一个是国内外学者专家从学术角度对智能制造的定义[142]，一个是世界各国政府和权威机构解读的智能制造[143]。虽定义有角度上的区别，但这两个支流都认为智能制造作为一种新的制造系统或者制造方式，是贯穿在制造业产品和服务整个生命周期过程中的。

中国工信部在《智能制造发展规划（2016—2020年）》中定义智能制造为："智能制造是基于新一代信息通信技术与先进制造技术深度融合，贯穿于设计、生产、管理、服务等制造活动的各个环节，具有自感知、自学习、自决策、自执行、自适应等功能的新型生产方式。"[144]进入工业4.0时代，互联网和大数据的发展悄然爆发，制造业的内涵进一步创新、跨界和变革，智能制造的概念也更加丰富。本书将智能制造界定为，深度融合先进制造技术、新一代信息技术和人工智能技术而形成的具有感知动态、实时分析、自主决策和精准执行功能，能够实现高效、绿色、优质、安全生产和服务的新型制造系统和生产方式，其中，贯穿在整个生命周期的价值链智能化、网络化以及数字化是它的核心，企业内部纵向管控集成兼顾外部网络化协同集成是它的支撑，物理信息生产系统及其对应的各层级数字孪生映射融合是它的基础。

2.1.2 智能制造企业

（1）智能制造企业的内涵和特征

伴随着工业化进程，制造业从机械化依次走向电气化、信息化，现在来到了智能化的发展阶段。随着互联网、大数据、人工智能等现代化的信息通信技术开始融入制造技术中，智能制造成为一种趋势，并陆续成为世界工业强国的主攻方向。美国是最早专注于智能制造的国家之一，在2006年就提出了智能制造的概念，并通过2009年《重振美国制造业政策框架》的提出，正式迈向智能制造之路，此后，不断借助工业互联网和数字信息技术进行智能制造的革新；德国、日本也出台了智能制造相关的一系列政策，借助最新技术来抢占制造业发展的先机和高地，巩固在全球制造业中的地位。

图2-1是中美德日4个国家针对智能制造发布的系列政策时间轴。从图中可以看出，中国从2015年以后，陆续发布了大量推动制造业向网络化、数据化和智能化迈步的政策，来大力支持中国智能制造的高质量发展。从政策内容来看，中国注重构建智能制造的资源优化、集成和调配能力，同时数据依附和智能分析也被作为重点能力来建设。这也说明智能制造逐渐成为中国新时代下进行产业变革的重要战略规划，也成为中国产业进行创新驱动变革的重要方向。

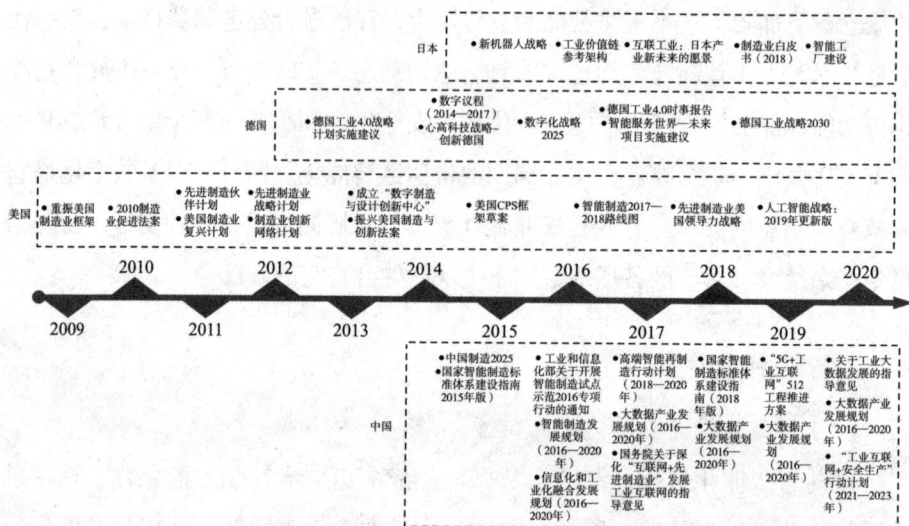

图2-1　中美德日智能制造战略政策发布路线图

由此，本书将智能制造企业定义为：智能制造企业是在先进制造技术和新一代信息技术、人工智能等新技术深度融合背景下以新型生产方式和制造技术来提供高效、优质、低耗、绿色和安全的产品和服务的企业。[145]这类企业在内部会通过纵向的数字化、网络化、智能化实现管控集成，并于企业外部建立网络化的协同，实现原有价值链的攀升，因此，它们同时拥有制造技术、数据能力和信息技术三大优势。

智能制造企业的特征主要体现在产品、设备、生产方式、管理和服务等5个方面。产品的智能化实际上是围绕顾客需求而进行设计和生产流程智能化的过程，最终以高技术含量和价值的产品和服务供给做到产品的智能化；设备的智能化是智能制造企业的基本特征和重要支撑，只有具备先进技术的智能化设备才能实现制造业的智能化转型；制造业智能化的另一个重要特征体现就是生产方式的智能化，这种非标准化的生产方式更能体现企业的网络化和数字化特征，也是智能技术融入生产过程中的一个体现；管理的智能化是智能制造企业持续创造价值的关键环节，也是智能制造企业生产活动的重要保障，利用大数据等智能技术构建企业的全面管理，更能科学、准确地把据企业的管理职能；服务的智能化是智能制造企业的必然指向，这种服务化并非要摒弃制造业的"工业化"，而是在原有基础上进行高质量的衍生，围绕顾客的需求去创造更大的价值，尤其是随着大数据等智能技术的发展，顾客的需求和喜好可以通过大数据反馈给企业，企业利用大数据分析来进行更有效的产品和服务供给。

（2）智能制造企业的分类与研究范畴界定

随着智能制造技术在各行各业的融入，智能制造的深度和广度不断提升，目前，智能制造的行业分布除了仪器仪表、新材料、机器人、航天装备、云计算等热门行业，也有智能家居、汽车、自动化等多个行业。

从四个国家的政策体系变化中也能看到，制造业创新平台的建设越来越受到重视，创新平台吸引了多元的异质性创新主体跨越产业边界参与或渗透到智能制造体系中，逐渐形成了以三类企业为主的智能制造产业形态：进行智能化转型的传统制造企业、切入制造领域的互联网企业以及提供智能化服务的企业。[146]

进行智能化转型的传统制造企业本身就是制造领域中的在位企业，具备制造业的生产技术和深厚的制造业文化，在智能化转型的过程中，借助新一代的人工智能和信息通信技术来改造包括设计、生产、管理和服务在内的制造全过程和整个生命周期，实现产品、装备、生产方式以及管理的智能化。切入制造领域的互联网企业和提供智能化服务的企业在一定程度上可以说是制造业市场的"侵入者"，它们具备了互联网技术的优势，通常以智能终端产品的供给或者平台的搭建为主，比如通过研发智能产品来开发新的制造产业链，或者对原有的中小型智能研发企业进行并购或重组，或者搭建云平台、云制造生态体系等。

作为智能制造的三大主力股，这三类企业一般无法同时拥有智能制造的特征和优势，所以，它们会借助于平台或创新生态系统，与其他在智能制造领域的企业、科研机构甚至用户等主体和要素来进行竞争和合作，从而实现价值的共创，引导智能制造企业的发展。这种状况也给制造业的发展带来了一定的启示，即构建和运用数字创新生态系统来支撑智能制造的发展不可阙如，这是制造业在智能化转型中实现持续价值创造的基础设施。

在这三类企业中，传统制造企业在智能化转型升级的过程中，会通过人工智能技术、信息技术的运用来改变原有制造产品和服务的供给方式或形态，而不是彻底淘汰原有的制造业活动，传统的制造工艺、技术、诀窍，以及深厚的制造业文化仍然会在传统制造业的智能化转型中起到重要的作用，因此，在智能制造中相对更具优势。另一方面，制造业作为中国经济的重要引擎，面临世界百年未有之大变局以及新冠肺炎疫情的双重冲击，更应该利用新的科技和技术来畅通国际、国内双循环，在中国转变经济发展方式、优化经济结构、转换增长动力的过程中发挥中坚力量。[147]因此，本书对智能制造企业的研究主要围绕处于智能化转型的传统制造企业展开。

2.1.3 数字基础设施

数字基础设施指"支持一个企业或者产业运行的基本的数字信息技术与组织结构以及相关的服务和设施"，从形式上是指"共享的、无界的、异质的、开放的以及演进的社会技术系统，包含多样性数字信息技术能力和用户的安装基、运行和设计社区"[148]。基于这一定义，数字基础设施不仅包括计算机、移动设备和应用平台等硬件，还包括云计算、物联网、3D打印等数字信息技术及其相关的软件，以及数字社区相关组织和治理，例如开放标准等，可以是企业层面、产业层面、国家层面甚至全球层面[149]。

随着科学技术的发展，数字基础设施逐渐扩展演变为以网络通信、大数据、云计算、区块链、人工智能、5G信息通信技术、量子科技、物联网以及工业互联网等数字信息技术为主要应用的新型基础设施，它们在数据成为关键生产力要素的时代背景下，在软硬件一体化的基础上，以知识产权为核心价值，用数据表达新型生产力结构和生产关系，并用以支撑数字中国建设的底层架构和技术基础。

数字基础设施是新兴事物，其内涵也特征可以从以下角度进一步理解和把握：第一，从预期作用看，数字基础设施将为经济社会数字化转型和创新发展提供动力和支撑。新一轮科技革命和产业变革正处在实现重大突破的历史关口，数字基础设施可以降低全社会应用数字信息技术进行创新的成本，构建数据驱动的创新体系和新型生产范式，以信息化、智能化为杠杆培育新动能，全面提升中国经济产业实力。[150] 第二，从形成方式看，数字基础设施是以信息网络为基础，以新一代信息技术和数字化为驱动因素形成的，它既有基于新技术全新构建的，也有原有基础设施自身演进升级形成的，还有利用信息技术赋能转型升级形成的。第三，从发展情况看，数字基础设施具有较强的成长性。随着技术革命和产业变革的发展，围绕着数据的生成、处理和流通的整个流程，会不断地形成新的基础设施形态。由于技术和商业模式尚处于演进阶段，不同的数字基础设施所处的发展阶段不同，其基础设施属性的强弱也不同。

以新一代信息技术为核心的新型数字基础设施在制造业、服务业等领域的创新应用不仅能够颠覆传统产业的生产模式，而且可以促进新型产业的形成以及各产业的创新集聚发展，有力推动经济高质量发展的结构优化。[151] 在中国数字经济的发展中，借助数字基础设施加快对新兴技术的应用，已成为高新技术产业技术创新、商业模式创新的重要驱动。

2.1.4 数字创新生态系统

（1）数字创新生态系统的内涵界定和特征

数字创新将数据技术要素引入创新过程，既增加了新的创新要素，也改变了创新要素之间的互动模式，使得数据技术与创新生态系统主体要素在共同创造价值的过程中不断融合，从而改变了创新生态系统的行为逻辑。由此，引发关于数字创新生态系统的理解。张超（2021）[72] 等学者认为数据作为一种新的要素参与到数字创新的生产与应用中时，数字创新生态系统表现为数字导向的创新生态系统；而当数字深度参与到创新主体之间的价值共创行为中去时，创新生态系统体现出数字的实体性，此时的数字创新生态系统又可以表现为数字赋能创新生态系统。杨伟和刘建（2021）[152] 按照创新生态系统在数字创新情境下的两种不同表现形式，将数字创新生态系统分为枢纽型数字创新生态系统和平台型数字创新生态系统两种类型。

随着数字信息技术的深度融入，企业的生产要素、组织结构、创新模式和过程都发生了颠覆性的变化，数字赋能下，企业创新生态系统在创新的要素、主体和主体间互动关系等方面表现出两点特殊性：第一，数字创新生态系统的要素不仅包括了数字化的企业，也包括了数字化的技术、资源、基础设施等，每个创新主体、每类创新要素都会在数字信息技术的应用下形成一个基础数据库，并借助系统内的数字创新平台对数据库进行数据采集、分析、传递和交流。因此，较之普通的创新生态系统，数字创新生态系统体现出数字化特征，因而系统的资源流动性更加复杂；第二，数字信息技术不仅使得创新生态系统中的创新主体成为一种数字化的创新主体，每个主体都是数据的生产者和使用者，同时也让虚拟化的创新主体得以存在，并与其他多种异质性的主体实现跨边界、跨空间式的虚拟链接，[153] 使得创新主体之间的联系更具网络化、动态性和开放性，因此数字创新生态系统创新主体的异质性比普通创新生态系统的更强。

基于创新生态系统的理论，以及数字信息技术的特征，本书定义数字创新生态系统是围绕数字化创新主体而形成的一种复杂的开放式数字平台架构，它借助先进的数字信息通信技术，改变了创新生态系统参与者的数量和种类，促进更多的数字化的创新主体和数字要素在复杂的虚拟环境中进行价值共创和知识共享，[154] 增进了数字化创新主体之间的交互合作和系统的创新。

数字创新生态系统除了具备一般创新生态系统的动态化、网络化、成员多元化、开放共享无界化等基本特征外，还表现出以下特征：

①收敛性。

数字要素作为生产要素介入企业的生产活动中，会与原有的生产要素重新组合而形成新的要素组合和生产函数，以实现新旧生产要素的融合、重组和优化，在这个过程中，传统的实体要素会与数字要素不断融合，使得产品的边界越来越模糊，组织的边界也不再明确，这便是收敛性的体现。同样，创新生态系统在数字化的转型过程中，会随着数字信息技术的更新而不断的迭代深化，同时还会因为边界的模糊而与其他的创新生态系统进行动态的融合，使得数字信息技术不断扩散、融入和深化，进而推动数字创新生态系统的形成。

②内在生成性。

数字信息技术的内在生成性为创新生态系统引入和创造了多样性和互动性，数字主体重塑了用户的需求，不仅可以快速地获取关于数字化顾客的需求信息，针对顾客需求提供定制化的产品和服务，甚至利用大数据分析对用户的需求进行主动探索，比用户提前获取其未来需求，从而发现新的市场需求，产生内生性的市场机会。[155] 从这个过程我们也能看到，数字信息技术是可以被编辑、被参照的，是不断变化和更新的，会随着时间的累积而衍生出新的数字创新形式，这种内在的生成性也是数字创新生态系统的一个特征。数字创新生态系统能够对外界的数字反馈迅速有效地做出回应，[156] 从而进行可持续性的创新活动，为顾客提供有效的产品和服务供给。

③可扩展性。

创新生态系统内部的数字信息技术是可以随时进行共享和传输的，甚至在系统外部也可以以很低的成本被复制和重复使用，因此，数字创新生态系统体现出数字信息技术的可扩展性，也就是数字信息技术既可以作为要素在系统内部进行交互和创新，同时也会因为它的低成本性，可以被用作要素投入来提高运营效率和效益。

④模块化。

创新生态系统是由分层的模块化信息、特定的规则和组织行为所构成的复杂系统，[157] 因此模块化可以对系统内部复杂的层面界面进行简化和分解，以方便对组织和创新进行管理。数字信息技术的收敛性和内在生成性等特征使得数字创新生态系统更具模块化管理的灵活性，既可以使得系统内部原有的模块保持一定的独立性进行自主创新，还可以借助数字信息技术跨越边界实现模块与模块之间的协作或分工，因此，模块化是创新生态系统数字化进化的重要特征。[158]

（2）数字创新生态系统的主体要素和行为逻辑

在一般的创新生态系统中，系统的主体构成要素通常包括企业、供应商、经销商等核心企业，科研机构、政府、中介机构等支撑种群，以及与创新相关的制度、技术、服务等环境要素。其中企业通常作为领导创建系统的核心主体，通过领导构建创新平台来与其他非核心企业进行竞争合作，进而获取自己的竞争优势，这种情况下，消费者或者用户以购买产品和服务为主，极少参与到产品和服务的创意、生产、营销等环节。

而在数字创新生态系统中，用户被赋予一定的能力，并全方位地参与到系统的价值创造中，[159]比如用户对产品和服务的体验和满意度既可以起到口碑营销的作用，也可以反馈给企业，帮助企业产品和服务供给质量的提

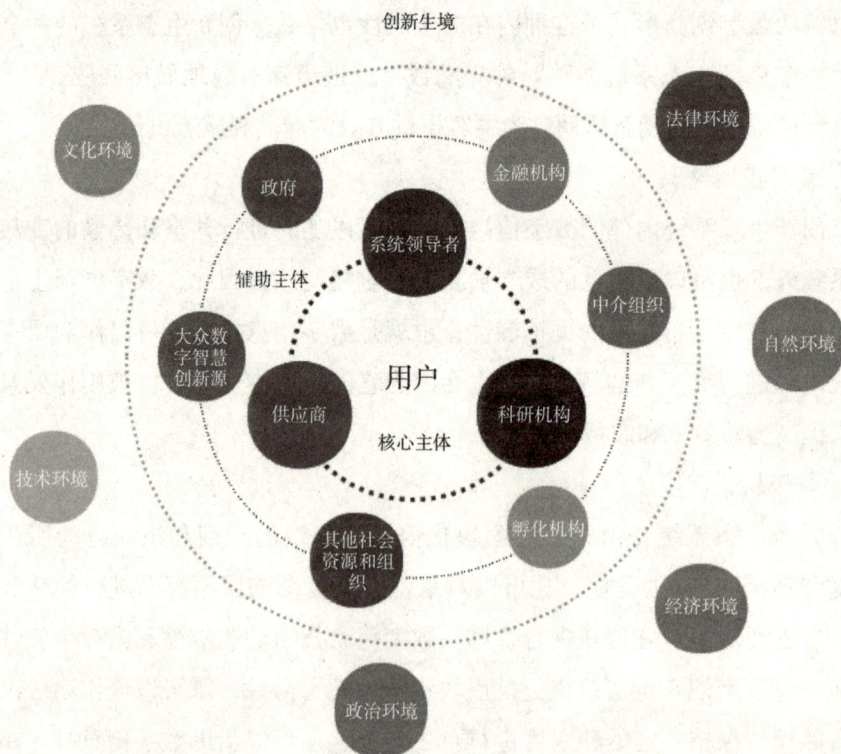

图2-2　数字创新生态系统的创新主体分布

升；另外用户也可以将自己的喜好甚至自己的创意反馈给企业，从而引导企业产品和服务的开发方向；甚至在数字创新生态系统中，无边界的数字共享可以让用户成为创意或内容的提供者，模糊了消费者、供给者的原有边界。因此，在数字创新生态系统中，创新主体既包含了系统领导者、供应商、政府、科研机构、中介组织、金融机构以及其他影响系统的价值和发展的实体与机构，重点还包含了用户群体。

如图2-2所示，在数字创新生态系统中，核心主体包括了用户，以及围绕着用户的系统领导者、供应商和科研机构等；辅助主体包括了政府、中介组织、金融机构、孵化机构、数字智慧创新源以及其他的社会资源和组织；另外还包括了技术、文化、政治、经济、自然、法律等创新生境。在系统中，核心主体、辅助主体与创新生境之间在虚拟的数字环境中是无边界交互的，在开放性的系统内部共享资源和信息。

在系统中，企业的创新活动不再围绕着生产者展开，而是围绕着创造用户价值而展开，用户可以为平台积累大量的需求和建议、评价等行为数据，数字信息技术得以让用户的需求行为数据信息被迅速捕捉和获取，企业以及其他主体会共同借助生态系统来服务于用户，因此，用户此时作为需求方为系统创造价值。从另一个角度来看，用户不仅是需求方，还具备了供应商的部分功能，比如在数字信息技术的支持下，供应商鼓励用户参与到产品和服务的创意设计中去，以此来提供更能符合用户需求的产品和服务，因此，用户也为供应商提供了价值。

数字创新生态系统的模块化让供应商在为需求方服务的同时，还能够在系统的不同模块层面中提供不同的价值，比如基础层次的主体共同提供了核心的组件，位于较高层次的供应方借助数字化系统与其他需求方、辅助主体等协作而实现进一步的创新，为系统提供了互补产品和服务，完善了系统的供给功能。

系统的领导者引导构建了创新生态系统，并组织设计系统的治理机制，明确哪些组织或资源可以访问系统的虚拟环境，系统对外部供应商等提供产品和服务的开放程度，系统内部主体之间如何实现借助系统来进行协作共生等，因此，对于系统的领导者企业来说，必须具备创新能力、环境扫描的能力、感知机会的能力以及创新生态系统编排的综合能力。

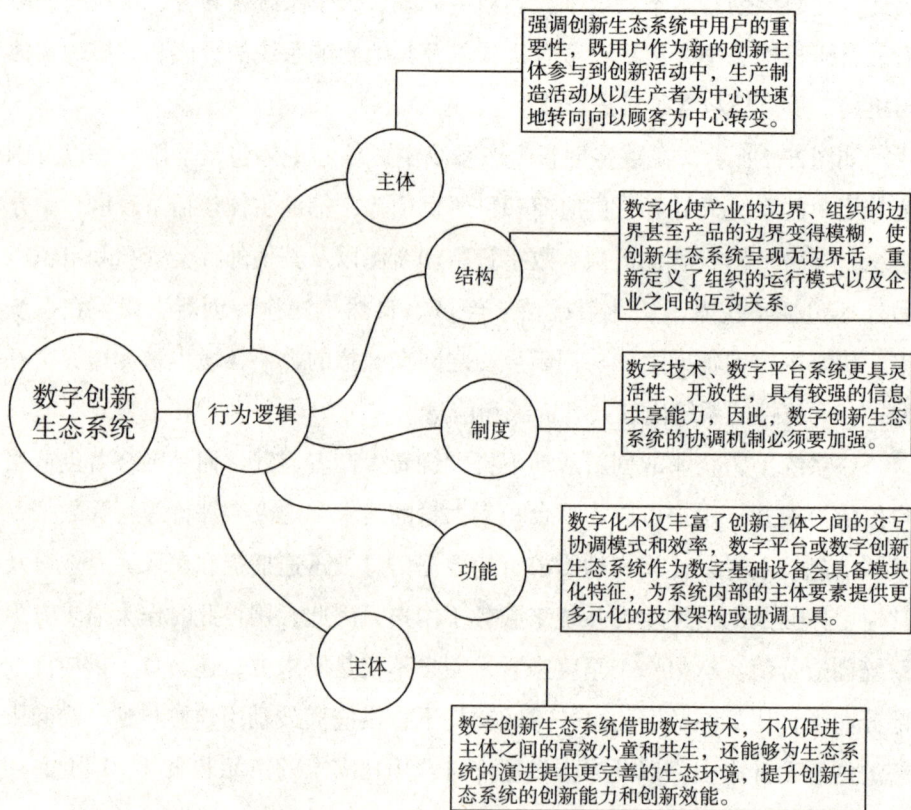

图2-3 数字创新生态系统的行为逻辑

在创新生态系统的数字化过程中，除了系统的构成主体，系统的结构、制度、功能和演化等行为逻辑也发生了变化。如图2-3所示，系统的结构是创新主体得以实现价值共创的重要支撑，在数字创新生态系统中，边界的概念变得非常模糊，这就使得企业或组织之间跨边界、跨空间的交流和运行模式发生改变，这种无边界、开放式、灵活性的主体间关系也对系统的协调制度提出了新的要求，系统的领导者必须引导构建治理规范主体的行为，既要鼓励各个主体的自制行为，也要控制它们的不合规操作，既支持系统主体的多元化，也要对主体的进入者进行严格的审查，并利用技术、合约等工具来对系统进行治理。

2.2 相关理论基础

2.2.1 创新生态系统理论

（1）创新生态系统的内涵及其特征

① 创新生态系统的内涵。

创新生态系统是从生态学中"生态系统"的概念中隐喻而应用到企业的管理活动之中的，这个概念来源于Moore[7]在1993年提出的"商业生态系统"理论，他定义商业生态系统为商业世界中组织和个人等多个有机体相互作用而形成的经济联合体，是多个利益相关群体相互作用、共同演化的动态组织系统。Iansiti（2004）[8]和Adner（2006）[9]等人在此基础上相继提出创新生态系统的概念，此时的企业不在是市场中孤军奋战的个体，而是与相关利益主体共同进化、休戚相关。在此基础上，越来越多的学者开始关注创新生态系统理论，成为企业管理领域的一个重要研究前沿并不断随着研究的丰富而演进。对于创新生态系统的内涵，学者们主要从生态学、组织网络、技术驱动三个视角来进行解析。

在生态学视角方面，Iansiti和Levien（2004）[8]从"生态位"的视角来阐述商业生态系统的结构特点，认为占据着不同"生态位"但又相互关联的企业组成了商业生态系统，且任意一个企业生态位的变化都会导致其他关联企业生态位发送变动，从而影响到整个创新生态系统的动态性。Roijakkers（2012）[160]采用案例研究的方法，从生态伙伴的视角研究了在比利时纳米电子产业微电子研究中心的商业生态系统中，一个成员个体的知识产权管理是如何影响系统中其他成员对于价值的分配和技术的供给等行为。陆玲（1996）[161]提出"企业与企业的生存环境共同组成一个统一有机体"，研究"企业与其生存环境之间的关系"需要用到企业生态学，这是中国较早提出的创新生态系统的概念。钱燕云等（2013）[162]认为商业生态中的每个企业都有自己的特定企业生态位，它是企业在创新生态系统中地位、职能的代表，如果两个或者两个以上企业具有相似的职能和地位，或者占用相同的资源位置、生产或提供类似的产品与服务，那这些企业则会因为生态位的重叠而产生竞争行为。

在组织网络视角方面，Lewin和Regine（1999）[163]认为企业间的网络是包含在创新生态系统之内的；Mrirva Peltoniemi和Elisa Vuori（2004）[164]认为创新生态系统是一种由各类企业、科研单位、公共机构等组织所构成的动态网络结构，这些组织共同作用于系统；Hartihg和Asseldonk（2004）[165]着眼于企业网络关系来重新界定创新生态系统，认为创新生态系统是由核心企业为主导、供应商和顾客群体所围绕并相互依赖而形成的网络系统。国内学者普遍认为创新生态系统是由不同组织种群及相关环境所构成的创新网络系统。如程大涛（2003）[166]认为创新生态系统不是简单的企业横向供应链的延伸，也不是价值链的纵向一体化，而是企业群体、所处环境之间一种建设性关系的构建；钟耕深（2009）[167]区分了商业生态系统与集群、价值网络之间的概念异同，认为创新生态系统是一个多企业为主的多项交叉价值网络。

在互联网、电子商务、大数据等信息技术创新驱动视角，随着互联网、大数据、云计算、人工智能、区块链技术等为代表的信息技术的不断突破，企业商业模式不断创新，也使得商业生态系统的内涵不断和外延不断被扩展，商业生态系统的内涵、结构和运行模式发生了深刻的变革。Power和Jerjian（2001）[168]提出现实中存在的企业及其相关利益群体在一定的环境下可以通过互联网构成一个统一体，这是对基于互联网来构建创新生态系统的一种推进。冯芷艳（2013）[169]认为在大数据时代，创新生态系统日益网络化、动态化，多种媒体媒介、网民群体和客户的出现衍生出了新型的创新生态系统。陈健聪等（2016）[170]定义了互联网创新生态系统的内涵，即一个以互联网经济为中心，跨越地理界限，不同类型的互联网企业、用户与外部组织及环境等各种要素之间不断进行各种信息、物质、资金的交流互动而形成的一个有机体。

由此可以看到，创新生态系统是企业及其利益相关群体等组织为了满足顾客需求，在一定的政策、科技、文化等市场环境下，不同组织与环境之间通过一定的价值联系和组织安排不断进行信息、价值、能量的交流和互动，从而形成的一个具有立体网络性质的动态结构系统。其概念内涵的本质有以下几个要点：

第一，创新生态系统具有多个异质性的利益主体，这些利益主体既包括了各类企业、供应商、中间商、分销商、消费者、中介机构等，同时也包括了政府主体在内的市场环境、社会环境、技术环境等，并强调这些主体之间相互关联、共同协调来实现价值的创造。这个要点也体现了关注视角的一种转变，即从关注创新生态系统中各类利益主体转向关注这些主体之间的关系、主体与环境之间的关系，主体与整个系统的关系，等等。

第二，创新生态系统以满足顾客的需求为最终目的。尤其是在消费不断升级、信息不断更新、社会不断进步的情况下，顾客的需求也呈现多样化、复杂化、特殊化等趋势，单个的企业需要与其他系统主体协同交互，应对并利用先进的信息技术等高新技术才能为顾客提供更好的产品和服务。

第三，创新生态系统不是单纯的价值链，而是包含了各个方向的价值流集合，创新生态系统的运转需要能量、信息、价值在各个主体之间不断地传输和交流。

第四，创新生态系统中的每一个主体都具有一定独立性，同时又服从于整个创新生态系统的整体性，服从于系统的运转规律和市场规则，并以动态的、交互的结构不断进行交互协调，从而推动整个创新生态系统的健康运转。

② 创新生态系统的特征。

由于创新生态系统的概念内涵是从生物系统的概念中引申而来，因此，生态性是它的首要特征，除此之外，还包括了复杂系统性、开放共享性、系统要素多样性、自我修复演进性多种创新生态系统的特征。

第一，复杂系统性。创新生态系统是一个典型的复杂适应系统，[171] 它的复杂性主要体现在三个方面：一是系统内部利益主体的多元复杂化，即具有异质性的多个组织和个体组成了生态系统的基本单元，比如 Nambisan 和 Robert（2004）[172] 认为创新生态系统包含了枢纽性、支配性、平台网络性、乐团式等特点的不同利益主体；二是创新生态系统构成要素的复杂化，即不仅有企业等实体主体，还有政策环境、市场条件等一系列因素，比如 Tina（2008）[173] 认为创新生态系统的核心特征不仅包括了商业实体，还包括了资源、环境、标准等多重要素；三是商业生态系统的各个要素之间不断进行着交互和协同演化。如 Garnsey 等（2008）[174] 认为创新生态系统要素成员通过资源交换，与外部环境共同创造着价值。李志坚等（2008）[175] 认为不同的创新生态系统成员通过自组织和有意识的反馈、选择等活动来协同进化。

第二，开放共享性。创新生态系统是一个远离平衡态的耗散结构系统 [176]，它通过开放而非封闭的系统边界实现不同利益主体及其所处环境之间的不间断联系。West（2006）[177] 认为创新生态系统内部利益群体之间的一系列活动是一种开放式的信息自由流动。Chesbrough（2007）[178] 认为创新生态系统的开放性既包括了系统已有成员的内向性开放，又包括了不断吸收新成员的外向性开放。Moskowitz 等（2013）[179] 认为创新生态系统的开放和共享性能使得企业在一定程度上保持良好的竞争优势。开放共享性打破了创新生态系统中不同利益主体之间的交流壁垒，使得信息、能量、数据、业务等实现全流程、全系统、跨要素的流动。

第三，协同演化。协同演化是 Moore（1996）[7] 在提出商业生态系统概念时所提到的一个核心特征，他认为商业生态系统内部任何一个企业都要与另外的主体及其系统整体"共生进化"。Li（2009）[180] 认为一个健康的创新生态系统会实现企业商业模式从简单的合作向系统的协同、从企业的独立发展向利益群体共生演化转变。胡斌（2013）[181]认为在创新生态系统中，企业不再作为一个封闭的实体单独存在，而是有意识地与其他利益主体互联互动，将企业的发展与整个系统的协调运转联系起来，实现共生演化。

③ 创新生态系统的构成及边界。

创新生态系统的结构即系统内部构成要素、数量及其关系，一般认为，创新生态系统包括了要素、系统群落和结构三个层面。

第一，要素层面。Moore（1996）[7]最早研究了商业生态系统的构成要素，认为商业生态系统既包括了企业、供应商、消费者和中介机构等主要元素，还包括了这些物种的所有者和相关权利部门、竞争者。Iansiti等（2004）[8]认为创新生态系统所处的自然、社会、经济等市场环境也是构成要素。Aulet（2008）[182]将文化也添加进创新生态系统的构成要素之中。不同的行业在创新生态系统的构成要素中会根据产业本身的特征来选择要素的构成。如节能产业[183]、文化产业[184][185]等行业的创新生态系统构成体系都要依据本行业的特征，尤其是在中国情境下的产业特征来选择创新的要素。

第二，系统群落层面。系统群落层面的研究将创新生态系统内部具有类似机制或者作用，或具有一条完整链条机制的要素归纳为一个群落。Moore（1996）[7]将创新生态系统划分为核心供应链系统、环境支撑系统、宏观环境系统和竞争系统四个子系统，其中核心供应链系统包括了供应商、核心企业和配套企业、分销商、消费者，环境支撑系统包括了政府职能组织、行业协会、金融机构等中介部门，宏观环境系统包括了政府、社会和自然等市场面临的环境，竞争系统即竞争对象。Iansiti等（2004）[8]按照企业在创新生态系统中的地位和特点，将企业分为骨干型、支配主宰型和缝隙型，这也是它们进行战略选择的依据。Estrin（2009）[186]将创新生态系统划分为研究、开发、应用三个群落。何向武等（2015）[187]则仿照自然生态系统的概念，将创新生态系统分为创新生产者、创新消费者和创新分解者三个子系统。孙源（2017）[188]在创新生态系统的构成中融入了链式思维，把商业生态系统看出是产业链、价值链和生态链三链相互联结、共生共存的系统群落。

第三，结构层面。结构层面即从创新生态系统内部各个要素之间的交互机制上来阐述创新生态系统的构成。如Bendis（2011）[189]认为创新生态系统内部通过不同主体与环境之间的选择、知识扩散和反馈等活动，形成了创新链、产业链、价值链、创新网络之间的竞争演变。刘志峰（2010）[190]认为创新生态系统是理念层、主体层、制度层、物质层和行为层的不同主体要素通过协同融合构成的。

在创新生态系统中，建立在信任机制和共同利益追求上的信息、资源、价值的流通不断改变着企业与其他要素主体、与环境之间的固有边界，跨行业、跨地区的不同的企业之间更加趋于合作而非竞争、系统内部成员之间共享的意愿打破了系统原有的边界。使得创新生态系统的边界随着企业的创新活动、技术升级和所处环境的更新而不断调整，呈现出相对稳定性、开放性、模糊性和动态变化性等特征。[191]

2.2.2 数字经济理论

随着大数据、人工智能等新一代信息技术的发展，数字经济成为众多国家经济增长的"新引擎"[192]。作为一种在传统经济基础之上变革、发展起来的现代新型经济，数字经济的核心驱动力是新一代的数字信息技术，以其赋能传统产业、推动形成新产业及新模式，推动经济的数字化转型，进而实现经济的高质量发展。[193]数字经济的理论体系回答了两个方面的问题，第一，最为一种新型经济形态，传统经济理论和的核心逻辑是否依然可行？即通过对数字经济内涵、特征等问题的回答，解释其对传统经济带来的变革；第二，数字经济中，数字信息技术对经济研究方法体系带来了怎样的挑战和转变，在研究对象、研究视角等问题上有哪些变化。

数字经济理论体系的基本框架如图2-4所示：

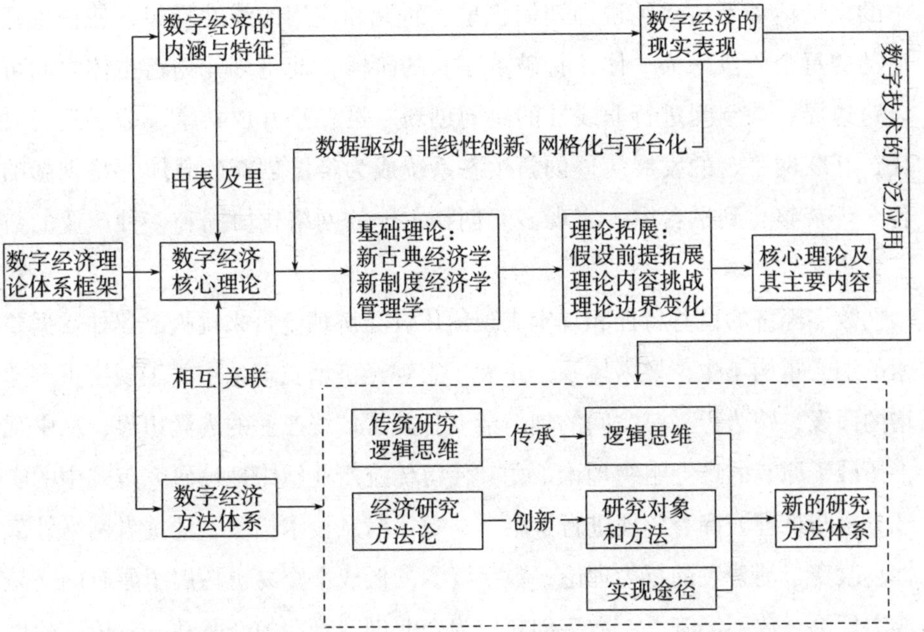

图2-4 数字经济理论体系（根据陈晓红等《数字经济理论体系与研究展望》整理而来）

（1）数字经济的内涵和特征

"数字经济"一次最早由Tapscott（1996）[194]提出，伴随着技术的进步和经济发展，其内涵从侧重数字技术的生产力逐渐转向侧重数字信息技术的功能及其引致的生产关系的变革。当前，数字经济的内涵可以进一步阐述为：以数字信息为核心资源，以互联网平台为载体，以数字信息技术创新驱动为引擎，以一系列新型业态和新模式为表现形式的现代经济活动。[195]这个内涵强调了数字经济的内容要点：数字信息、互联网平台、数字信息技术、新业态和新模式。

较之传统经济理论，数字经济体现出3个特征：首先是以数据为支撑，这是数字经济最本质的特征，即数字经济中，创造价值、推动经济发展的生产要素是数据资本，而非传统的实体资本，数据资本可以以海量信息呈现，便于获取和搜索，尤其区别于传统生产要素的独特优势。其次，数字经济打破创新的边界，实现创新的融合。数字信息技术使得经济发展过程中的创新活动不再单纯遵循知识积累、研究和应用的线性规律，使得创新活动的每个阶段融为一体，打破了原有的阶段，使得多元创新主体之间可以跨边界、快空间进行非线性的协同创新。第三是开放共享。数字经济时代，互联网平台的发展使得创新生态系统成为经济创新的载体，将创新的各个环节整合到平台中，实现多元创新主体的网络化协同和多种产业的数字化集聚[196]。

数字经济的这些特征和现实表现给传统经济理论带来挑战，比如数据要素的纳入重构了生产要素体系，拓展了宏观经济增长理论中关于规模报酬递增的假设；跨边界、跨空间的创新活动打破了传统产业的内涵边界，从中观上拓展了原有的产业组织理论，尤其使得传统产业组织理论研究范式中的实证分析与推理演绎有效地进行了融合；数字信息技术拓展了消费者网络外部性，改变了消费者的行为理论；数字资源的低成本交易也拓展了原有的交易成本理论；数字经济下，数字创新成为企业创新管理的新驱动，对传统的创新管理提出了新的挑战。

（2）数字经济的研究方法体系

数字经济不仅在理论上实现了对传统经济理论的拓展和变革，也在方法论上带来了新的变化，衍生形成数字经济研究方法体系。

传统经济的研究方法包括了定性和定量分析、规范分析以及逻辑分析等基本方法，随着数字信息技术的发展和数据的积累、迭变，数字经济的研究方法也出现了创新。如大数据分析、数字孪生、仿真模拟等方法，这些新的研究方法更利于对数据资源的挖掘和数字信息的处理，对数据的分析更加倚重。

除了方法上的创新，也使得研究的精确度和研究的深度、广度得以扩展。数字经济的研究范围即可以包括宏观层面数字经济发展对国家经济的推动测度分析，还可以包括中观层面分析数字信息技术对制造业转型的影响分析，以及微观层面对数字创新生态系统治理问题的相关研究。

2.2.3 数字创新理论

在新一轮的技术革命中，中国的数字市场和数字信息技术迅速发展，带领中国经济步入数字化经济时代。数字信息技术改变了原有的企业组织形态或商业模式，使得许多理论的基本假设被不断更新。因此，数字创新成为很多学者关注的一个理论研究视野。

（1）数字创新的内涵、特征和分类

随着数字信息技术的发展及应用，Yoo等（2012）[197]定义数字创新为企业或组织以数字信息技术为支撑，改变原有的基数、生产流程、产品、战略来提高或重塑创新管理和能力的过程。中国是世界互联网大国，数字信息技术应用广、数字市场大，但对数字创新却鲜有研究，最早见的文献是余江等（2017—2018）[198][199]对数字创新、创业展开的相关理论探讨。中国学者刘洋等（2020）[3]对数字创新的内涵进行了一个比较宽泛的界定：数字创新是企业或组织在创新行为和过程中采用信息（Information）、计算（Computing）、沟通（Communication）以及链接（Connectivity）等数字信息技术，来生产新的产品、改进生产流程、进行组织变革以及创新商业模式等。这个内涵包含了三个核心点，第一，数字创新离不开信息、计算、沟通和链接等技术组合在内的数字信息技术，这是Bharadwaj等（2013）[200]定义的数字信息技术概念，包括人工智能、大数据、区块链等技术在内都属于数字信息技术范畴（Vial，2019）[201]；第二，过程创新，即企业或组织注重把数字信息技术应用到创新的过程中；第三，产出的创新，这个产出指的是管理学概念上的创新产出，比如对平台组织进行创新、对战略模式的创新、对产品的创新等。

按照创新产出划分，数字创新可以被分类数字产品创新、数字过程创新、数字组织创新和数字商业模式创新，每类创新都有各自不同的具体形式和特征，如图2-5所示。

数字产品创新只对特定市场来说非常新的产品或服务是包含数字技术或被数字技术所支持。

数字产品创新

纯数字产品（例如APP）以及数字技术与物理部件相结合的产品（如智能家居）

通过将物理部件与数字部件相结合进而改变产品体系架构，使之具有数字实体特征。

数字技术的应用改善甚至重构了原有创新的流程框架。

数字过程创新

数字创新的时间和空间边界变得模糊

过程创新和产品创新之间的边界变得模糊

数字创新过程中出现许多衍生创新

数字创新

数字技术的改变了组织的形式或者治理机构

数字组织创新

影响企业治理方式甚至改变企业形态

组织流程、文化和变革收到数字技术的影响

数字技术的嵌入改变了商业模式

数字商业模式创新

自动化和数字增强：使用数字技术增强现有商业模式

数字化扩展：使用数字技术支持新的业务流程二改变原有商业模式

数字转型：利用数字技术开发新的商业模式以替代传统的商业模式

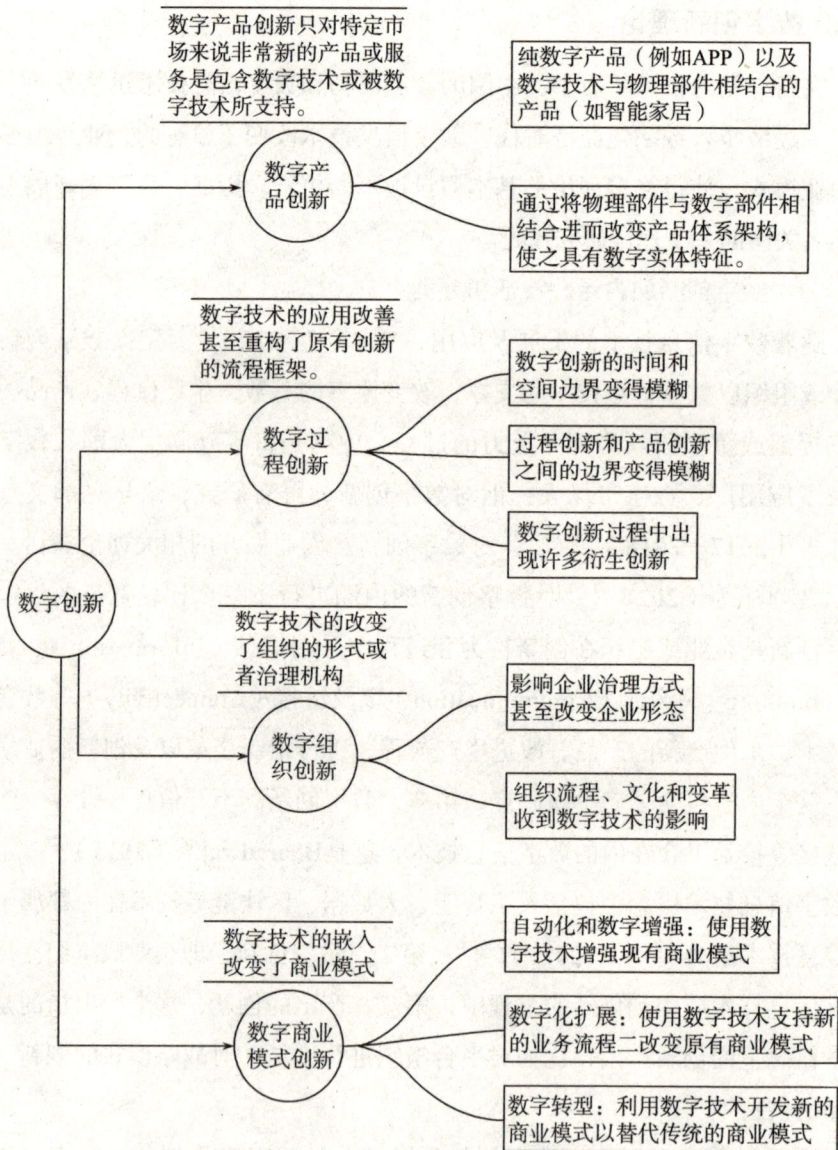

图2-5 数字创新的类型和特征

（根据刘洋等《数字创新管理：理论框架与未来研究》整理而来）

数字信息技术的鲜明特征也赋予了数字创新类似的特征：无限收敛性、自生长性。数字信息技术的应用打破了产业、组织甚至企业结构部门之间原有的边界，使得数字信息技术和资源在这些要素之间更具流动性，原来不能聚集到一起的用户体验便被聚到同一平台上，使得原有的边界便不再那么清晰（Nambisan，2017）[2]，比如在抖音平台，客户的需求和体验可以打破空间的限制，在同一时间汇集到每一个用户的数字终端。另外，数字信息技术是可以编程的，它往往随着用户的需求、企业的战略而不断地更新换代，为接下来的衍生性创新奠定基础，或通过自身的动态变化来匹配运营中的各类问题（Cirello，2018）[202]。

（2）数字创新管理的理论框架

① 数字创新管理理论主干。

数字创新管理的理论框架可以按照主干和分支来把握。如图2-6所示，在主干部分，包括了创新支撑、创新流程，进而带来数字创新的产出。

数字基础设施是数字创新过程中必不可少的支撑，这是一种共享的、具有开放性并无边界地不断演进的技术体系（Tilson，2010）[203]。数字基础设施对数字创新过程的推动作用是层层递进、升级的，数字基础设施首先会带动企业对产品的更新而生产出数字产品，随着数字产品的更新换代和功能提升，企业会考虑到围绕数字产品来形成新的组织或网络（Raghuram，2010）[204]，在此之上，会通过价值链的升级完善进而改变企业的商业模式（Zaki，2019）[205]。随着企业或组织商业模式的创新，平台或生态系统作为一种战略创新开始成为企业进行数字创新的重要目标，在平台或生态系统的建设中，企业与外部建立开放式的合作，资源的获取、价值的创造等等行为不仅仅在企业内部产生，同时转移到企业外部，使得企业与外部的边界减弱，进而改变了原有平台或生态系统内部主体要素之间的互动关系。

传统管理过程对创意研发到生产再到走向市场，各个环节有着清晰的边界划分（Desouza，2009）[206]，而数字创新管理打破了这种情境，更加注重所有环节中各个主体要素之间的交流互动。为此，首先企业和组织要根据自身数字资源的禀赋条件实施价值创造的差异化战略，其次确定战略选择是依赖自身具备的数字基础设施还是寻求外部的数字创新支撑（Mithas，2013）[207]，在构架好数字资源以后，就要通过不断捕捉和扫描外部数字信息的变化情况和企业的创新情况来提升数字创新能力，在组织内部形成以数字创新为导向的氛围甚至文化。

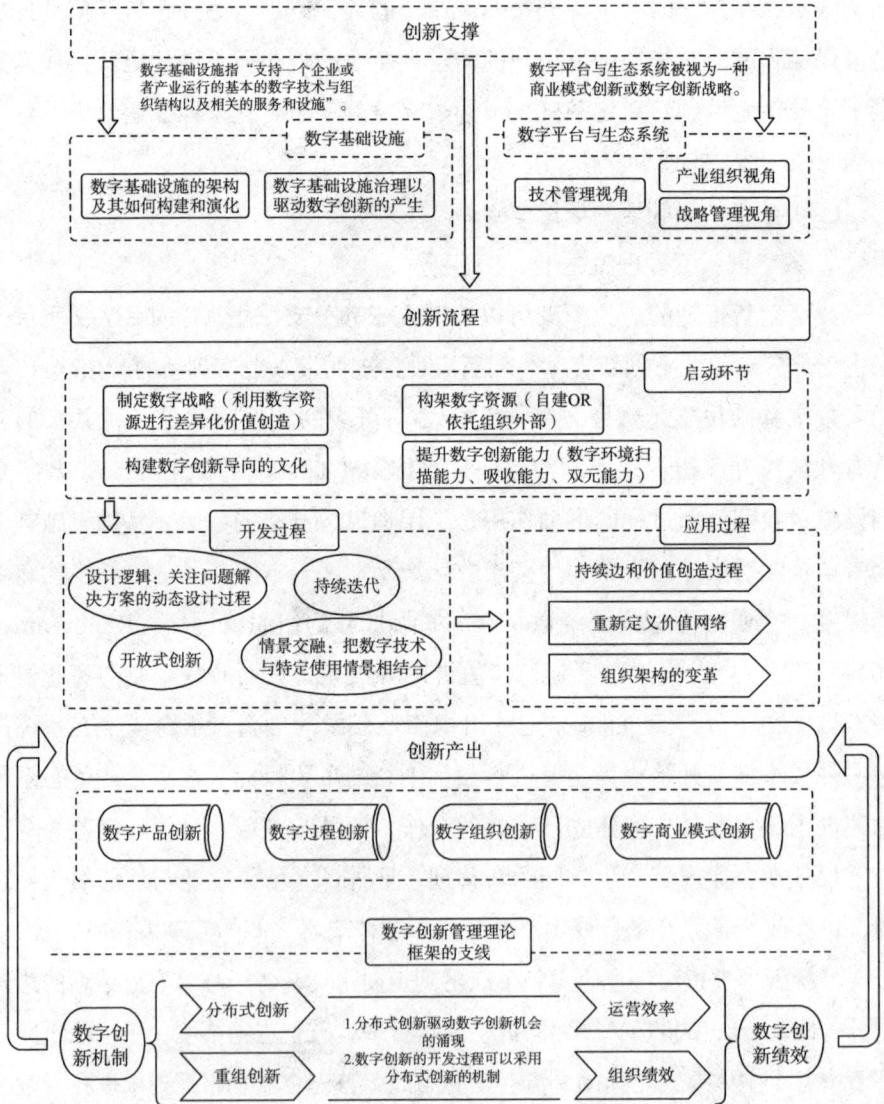

图2-6　数字创新管理理论的框架

（根据刘洋等《数字创新管理：理论框架与未来研究》整理而来）

数字创新的开发是一个动态的管理过程，需要针对企业或组织面临的数字化问题来提出解决方案，往往开放式创新对于实施数字创新开发的企业和组织是个很好的选择，结合所处的特殊情境选择由谁来参与创新、如何参与决策等等（Melville，2010）[208]。同时，这个管理的动态性还体现在随着数字信息技术的更新而持续改进管理过程的各个环节，持续对现有的或可利用的数字资源进行重构或捕捉（O'Reilly，2103）[209]，这是保证企业或组织持续创新的重要方面。

② 数字创新管理理论分支。

数字创新管理的理论框架分支即分析数字创新的机制，以及通过数字创新管理可以为企业和组织带来的绩效的提升。

数字创新开发的过程决定了数字创新的主体要素是无法提前确定的、是分布式的（Kornberger，2017）[210]，这种分布式创新反过来也是企业或组织创新的信息和资源来源，能够为企业或组织提供更多异质性信息。另外，在通过平台或生态系统来进行数字创新的时候，开放式创新也是数字开发过程中一种重要的促进机制（Bogers，2012）[211]。除此之外，无论是以现有的技术来解决问题还是采用新的技术手段来实现更大的创新，重组创新都是企业或组织在采取数字创新管理时采用的一种路径。

数字创新管理为企业或组织带来的直接影响就是能够帮助他们在数字经济时代中发挥持续的创造力、保持持久的竞争力。数字信息技术的应用不仅使得企业的运营能力和效率大幅提高，也通过对商业模式的创新提高了企业的效率，不仅为企业或组织带来了新的产品、新的技术、新的商业模式或平台，也为顾客提供了新的价值和服务效益。

从数字创新管理的理论框架来看，在一定程度上，它挑战了传统创新理论的核心假设。比如在传统的创新理论中，创新具有边界性，但是数字创新基于数字化技术的特征，它是具有开放性的、可以随时编辑的、可以无限延展的。再比如，传统的创新理论往往把创新集中到一起，以便于我们对其进行合理的组织设计，但是数字创新明显是一个动态的、开放的网络。这也就决定了为什么在传统的创新中，我们可以把创新的形式与这种形式中组织之间的相互关系予以清晰的理论化阐述，而数字创新的过程机制与结果之间的关系却相对复杂难以理论化明确。

2.2.4 价值共创理论

价值共创最开始由Prahalad（2000）[212]等人从企业战略管理的视角提出，区别于传统价值创造理论所认为的价值创造无消费者参与论，他强调价值共创强调了消费者在价值创造各个环节中消费者的参与，即价值共创是企业与消费者一起参与产品和服务的价值链全程，共同创造效益和价值的过程。基于此，Vargo（2008）[213]等人从服务主导逻辑的视角阐释了现代企业的价值共创模式，此后，价值共创开始受到广泛关注，研究的重点逐渐从"用户-企业"二元论转向创新网络和服务生态系统的价值共创。在生态系统中，价值共创是各类创新主体通过资源的互补与整合、产品与服务的交换等互动来共同创造价值的过程，也是一个系统内部组织关系不断协调和协同的过程。随着研究的深入，逐渐完善形成了包括概念内涵、演进规律、模式过程的价值共创理论体系。

尤其是随着信息技术的发展和消费者需求升级，价值共创的主体从最开始的企业扩展到现在包含各类异质性创新主体，企业、用户以及每一个相关的创新主体都可以是价值共创的发起者。[214]驱动价值共创的因素既有顾客的感知和体验，[215]也有企业价值导向、资源整合需求、管理创新等方面的因素，[216]同时，外部的网络环境、科技发展也推动了多元利益主体之间的价值共创。对应着价值共创的结果也包含了用户的满意、顾客价值的实现[217]、企业管理能力和盈利能力的提升、商业模式创新、企业联盟形成规模效应[218]等。尤其是伴随着价值共创研究的深入和现代科学技术、信息技术的发展，价值共创理论很好地解释了企业创新模式向平台化、网络化的转变趋势。由此探究创新生态系统内部多元创新主体互动实现价值共创的机制开始受到关注。

价值共创理论也在中国情境下开展了相关的实践应用和研究。李靖华等（2017）等[219]认为制造业的价值共创经过了价值网络形成、价值共创、价值实现的过程；吴瑶等（2017）[220]借助案例研究了企业的价值创造模式如何从一个价值供给者转为价值共创参与者；戴亦舒等（2018）[221]以于腾讯众创空间为案例研究了创新生态系统的价值共创机制；蔡继荣等（2021）[222]构建了价值共创过程中企业与顾客互动行为的演化博弈模型，认为两者之间的互动呈现出价值"共创"和"共毁"并存的现象；董华等（2021）[223]以小米科技为例，通过构建服务型制造超网络模型研究了小米科技的价值共创机制和实现价值共创的具体路径。这些研究为明确价值共创过程中各利益主体之间的互动关系，从而实施治理提供了实践指导。

智能制造企业数字创新生态系统研究

中国智能制造企业数字化
创新现状与瓶颈

3.1 中国智能制造业发展现状与趋势

中国经济正迈向更高层次的高质量发展，必须紧紧围绕"创新"，实现由数量向质量、由规模增长向结构优化、由要素驱动向创新驱动的转变。制造业是支撑中国经济实现更高层次、高质量发展的核心力量，而深度融合了最先进的数字信息技术和智能制造技术的智能制造是驱动新一代工业革命的核心力量，要实现中国制造业的创新升级，智能制造的发展不可阙如。中国已掌握了较多先进智能制造技术，智能制造基础研究成果较丰厚，中国数字信息技术的发展也为中国智能制造的发展奠定了一定的基础。同时，中国在2015年后开始重视智能制造的发展，并将其作为一个主攻方向来打造制造强国。随着智能制造产业自身的发展以及中国智能制造推进工作的开展，中国智能制造产业迅速发展，产业体系不断完善，产业结构不断优化，产业创新平台日趋多元化，并逐步形成中国智能制造的产业生态系统。

3.1.1 智能制造政策支撑体系的日趋完善

《中国制造2025》的发布掀开了中国智能制造支撑政策体系的篇章，随之相关的多项国家层面的政策相继发布，诸如2016年12月的《智能制造工程发展规划（2016—2020年）》提出"到2020年，智能制造发展基础和支撑能力显著增强"；2017年4月的《新一代人工智能发展规划》提出"到2030年成为世界主要人工智能创新中心"。另外还有在成果转化促进、金融扶持、标准体系建设等多元方面的扶持政策，各省市在落实国家对智能制造发展的扶持政策和战略的同时，也结合当地制造业发展的实际和条件出台了一系列智能制造的发展规划和具体的行动方案以及有关扶持政策。尤其是在疫情防控期间，智能制造在防疫工作中广受关注并大放异彩，一方面，智能制造本身在人工和作业方式上的高弹性，使得其较之传统制造业在控制人员流动和聚集方面有更大发挥空间；另一方面，受疫情影响，教育、零售、医疗服务等活动都通过智能化和无人化改变了公众的需求和消费方式，成为疫情防控期间拉动中国消费的热点方式。同时，国家也接连印发多个文件明确表示支持智能制造等重点产业，比如将5G技术更深入地应用到社会生活的智能化中去。这表明在中国产业的变革中，在当前疫情冲击的大环境中，智能制造业的发展已成为中国经济迈向高质量发展重要的战略，也是驱动中国产业创新的重要方向。

编号	发文时间	政策名称
1	2015	《中国制造 2025》
2	2015	《国务院关于积极推进"互联网+"行动的指导意见》
3	2015	《国家增材制造产业发展推进计划（2015—2016 年）》
4	2015	《国家标准化体系建设发展规划（2016—2020 年）》
5	2016	《智能制造工程实施指南（2016—2020）》
6	2016	《机器人产业发展规划（2016—2020）》
7	2016	《促进科技成果转移转化行动方案》
8	2016	《关于深化制造业与互联网融合发展的指导意见》
9	2016	《"互联网+"人工智能三年行动实施方案》
10	2016	《关于完善制造业创新体系，推进制造业创新中心建设的指导意见》
11	2016	《制造业创新中心等 5 大工程实施指南》
12	2016	《促进装备制造业质量品牌提升专项行动指南》
13	2016	《轻工业发展规划（2016—2020 年）》
14	2016	《产业技术创新能力发展规划（2016—2020 年）》
15	2016	《信息化和工业化融合发展规划（2016—2020 年）》
16	2016	《智能制造工程发展规划（2016—2020）》
17	2016	《"十三五"国家战略性新兴产业发展规划》
18	2017	《"十三五"先进制造技术领域科技创新专项规划》
19	2017	《新一代人工智能发展规划》
20	2017	《高端智能再制造行动计划（2018—2020 年）》

编号	发文时间	政策名称
21	2017	《关于进一步推进中小企业信息化的指导意见》
22	2017	《促进新一代人工智能产业发展三年行动计划（2018—2020 年）》
23	2017	《增材制造产业发展行动计划（2017—2020 年）》
24	2017	《关于成立智能制造专家咨询委员会的通知》
25	2017	《关于深入推进信息化和工业化融合管理体系的指导意见》
26	2017	《关于深化"互联网＋先进制造业"发展工业互联网的指导意见》
27	2018	《海洋工程装备制造业持续健康发展行动计划（2017—2020）》
28	2018	《国家智能制造标准体系建设指南（2018 版）》
29	2019	《关于推动先进制造业和现代服务业深度融合发展的实施意见》
30	2019	《关于促进人工智能和实体经济深度融合的指导意见》
31	2020	《工信部关于运用新一代信息技术支撑服务疫情防控和复工复产工作的通知》
32	2020	《国务院国资委关于加快推进国有企业数字化转型工作的通知》
33	2021	《"十四五"新型基础设施建设规划》
34	2021	《国家智能制造标准体系建设指南（2021 版）》

图3-1　2015—2021年中国国家层面智能制造产业相关政策

　　图3-1是2015—2021年中国国家层面发布的支持智能制造发展的相关政策。这些政策从工具类型看包括了环境型、供给型、需求型等不同类型。从不同类型政策工具的数量来看，产业的发展规划、行动计划、实施指南等与政府调控相关的环境型政策工具居多，说明中国对智能制造产业整体发展布局的重视，并通过对当前政策的不断调整来改善智能制造产业环境，但同时在这些环境型政策中，智能制造产业市场秩序的维护以及智能制造技术等知识产权的保护等方面政策还有所不足；技术、人才、资金支持等供给型政策工具的数量也较多，说明中国在智能制造产业的创新研发、人才培养和资金支持上有相对充足的政策支持，尤其是在技术上的支持政策比较多，这也符合智能制造产业的技术含量高特性，但要推动智能制造的健康可持续发展，

也需要在公共服务以及信息支持等方面给予政策支持；另外，中国在智能制造产业的发展中也重视通过多批示范基地、产业园的打造来扶持智能制造的集聚发展，利用企业的示范效应实现以强带弱、以小带大。[224] 综合这三类政策工具来看，要强化供给型政策工具，政府带头通过建立平台等公共服务体系来实现智能制造的合作交流与信息共享，同时通过人才的培养精准有效地服务于智能制造的发展；优化环境型政策工具，并在此基础上适当减少此类政策工具，比如在智能制造产业的发展中实行多元化的融资扶持，实施有针对性的税收优惠等；另外，中国的智能制造产业虽然发展迅速，但仍处于起步阶段，无论是产业基础还是市场都尚未成熟、完善，因此，需要政府在需求型政策扶持上发力，拉动智能制造产业的发展需求和市场资源。

3.1.2 智能制造产业的迅速发展

近年来，新型工业化发展迅速，中国在从制造大国迈向智能制造强国的过程中愈加重视智能制造的发展，在一系列国家和地方政策的推动下，制造技术不断转型升级，智能制造迅速发展，深刻影响了中国制造业的整体发展以及分工格局。经过几年的发展，中国的智能制造业从最开始对发展理念的普及和试点示范项目的建立逐步走向了现阶段智能制造的深入应用和广泛推广阶段，智能制造的供给能力显著提高，技术水平明显增强，中国的智能制造在全球的市场竞争力也逐渐上升，中国的智能制造产业进入高速发展的成长期。

虽然较之全球智能制造发展的国际先进水平来看，中国的智能制造尚处于发展的初级阶段，但在近几年的发展中却呈现出较快的增长趋势，尤其是汽车、电子设备、电气机械、医药和化学制品等领域，智能制造水平不断提升。从智能制造产业的整体市场规模来看，如图3-2所示，从2015年到现在，智能制造产业增加值逐年增加，2015年中国智能制造市场规模达到9963亿元，产业增加值159.96亿元。到2020年，中国智能制造产业市场规模已增加至2.27万亿，产业增加值362.34亿元，增长率达126%。在全球智能制造产业中，中国就占了20%左右的份额，位居全球首位。

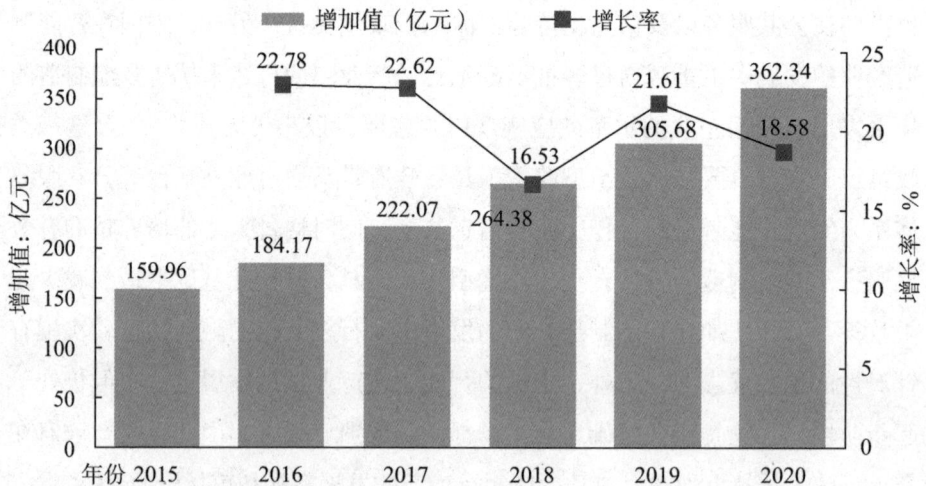

数据来源：工业和信息化部。

图3-2 2015—2020年中国智能制造业增加值及增长率

中国制造企业通常通过数字化工厂的部署、深入挖掘设备和用户的价值、工业物联网架构、商业模式的创新以及发展人工智能等方式迈向智能制造。为了引导智能制造产业的健康和快速发展，中国也积极推进智能制造的示范体系建设，从2015年起陆续打造了816个智能制造相关的示范类试点项目，从2016到2019年分别打造了制造业与互联网融合发展试点示范项目70、125、137、135个，在地方层面，以大数据、新材料等为主的大约540个智能制造产业园区相继建立，这些示范项目和产业园大多位于长三角、珠三角、环渤海、西南和中部地区等经济发达之地，涵盖了机器人、人工智能、云计算、汽车智能制造、3D打印、无人机、高端装备制造、高端数控机床等智能制造产业链主流行业，通过"以大带小""以强带弱""互利共生"等多种模式共同推进智能制造的信息共享和共同发展，并推动形成了中国智能制造产业的四大集聚区。

伴随着产业规模的扩大，与之相关的融资数量和规模也逐年增加，为智能制造的技术创新和成果转化带来了有力的支撑，单在2018年，中国智能制造融资就高达942起，融资金额达到了325亿元。在被融资企业中，处于刚起步阶段的企业占大多数，这也在一定程度上反映了智能制造企业数量的不断增加，尤其是从2013年以后，中国智能制造新企业成立数量骤增，不仅是传统制造业向智能制造转型，一些互联网科技企业也将业务范围拓展到智能制造领域。在2015年，中国智能制造行业新增企业1273家，达到顶峰。从2016年起，智能制造企业的数量增加值已达到稳步提升的状态。智能制造企业开始注重纵向的拓展和关键技术的研发与应用，在2016年，中国仅有约16%的企业进入应用阶段，有一半的企业经济效益和利润贡献率不到10%。随着市场需求的扩大和融资渠道的多元高效化，进入到"十四五"时期，智能制造企业逐步迈向全面应用阶段，企业收入规模逐步增大，智能制造生态体系逐步建立。

3.1.3 智能制造创新平台系统的多元化

平台是制造企业在智能化转型升级过程中重要的动力源，它能够把企业、高校、科研院所、中介组织、金融机构等各种类型的创新主体的资源和优势进行整合集聚，提高智能制造企业的技术创新能力。随着中国智能制造产业的发展，越来越多的企业开始利用平台搭建多元化、丰富的服务商生态体系，或通过平台组织获得相应的领导权力和收益，不断推动智能制造各类标准体系的建立、完善，以及智能制造关键核心技术和共性技术的自主创新与研发。

根据中国智能制造行业的特性和现状，海尔集团打造了以用户为中心的COSMO平台，建立了符合中国国情、互联网时代用户需求的智能制造技术生态体系，实现了制造业的大规模定制。作为中国制造业领域第一个自主知识产权的创新平台，COSMO平台的建立和应用极大地带动了中国制造企业的智能化转型发展，也为智能制造企业搭建平台组织提供了宝贵的经验。沈阳机床集团基于"云服务+物联网+智能终端"搭建了iSESOL平台，以"让制造更简单"的理念，链接智能云端、终端和智能制造业金融，并利用先进的数字信息技术充分利用大数据信息搭建平台网络，最终形成了智能制造新的生态体系。航天科工集团打造的能够同时提供智能制造、协同制造和云制造公共服务的INDICS云平台，高效地服务于智能制造不同形态、规模和业态的各类市场主体。三一重工通过根云平台的打造，打通数字与物理鸿沟实现两者的融合与可视化，构建了智能制造企业的数字创新能力。根云平台的建设也是智能制造企业在数字化赋能下有效实现企业向服务化、制造新型化转型的拉动力，为制造企业应对数字化挑战进行智能制造转型提供了经验借鉴。

另外还有浪潮云In-Cloud、华为Fusion Plant、工业富联BEACON、阿里云阿里supET、徐工信息汉云等互联网平台陆续建立，这些平台的搭建逐渐形成了中国智能制造创新的平台体系，对于中国制造业转型升级的影响不言而喻，除此之外，在智能制造的发展中，有些企业在地方政府的牵头下还尝试实现不同类型平台的"牵手"，融通不同互联网平台的多元化、创新化发展，实现平台能力与资源的共享，加速了智能制造平台创新从量变到质变的巨大跨越。

3.1.4 中国智能制造的创新发展趋势

随着智能制造在全球产业竞争和价值链中地位的提升，中国也将智能制造作为制造业转型发展的主攻方向，并出台了一系列扶持政策。智能制造不断实现创新突破，发展迅速，人工智能、云计算、大数据、区块链以及虚拟现实等技术广泛地应用到智能制造领域。未来，中国智能制造将呈现以下发展趋势：

第一，借助多元化创新平台形成智能制造创新生态系统，促进企业由传统制造逐渐向服务型智能制造转型。工业互联网的迅速发展为中国智能制造的发展提供了基础设施，基于工业互联网建立的各种创新平台为智能制造的集聚创新和资源共享提供了关键支撑。企业通过自身的优势，借助创新平台，链接用户和供应商等其他企业组织，实现网络化的协同与互联，基于用户的需求，精准地提供满足用户的大规模、定制化需求，实现服务的延伸，同时也能通过平台提供创新的效率与柔性，与其他主体搭建起创新的生态网络，并逐步形成创新生态系统，实现智能制造价值的可持续性创新与创造。

第二，"数字孪生技术"赋能智能制造。智能制造本质上是制造技术的创新，而在这一创新实践过程中，如何融合物理与信息之间的空间，实现两者的交融，一直是智能制造面临的一个瓶颈问题。[225] 而数字孪生技术可以在物理空间与信息空间之间建立虚拟模型实现实时的连接，通过对两者之间的交互反馈、数据的融合分析以及决策的优化迭代，在信息空间中模拟物理实体的现实行为，这种技术能够帮助智能制造企业在生产制造之前就能实现产品的仿真测试和模拟优化，降低企业创新活动的风险性，并且能够带动企业整个生产流程的优化，帮助制造行业企业实现高效、柔性、实时的智能服务。

第三，在"高端智能再制造"中推进实现"绿色智能制造"。力争2030年前实现碳达峰，2060年前实现碳中和，这是中国应对气候变化做出的重大战略决策，也是在较长时间内释放的以绿色技术来驱动智能制造发展的政策信号。因此，统筹推进制造业的高端化、绿色低碳化和智能化发展是智能制造领域必须迎接的挑战和方向。一方面，"高端智能再制造"恰好符合新发展理念要求下的制造业"科技含量高、经济效益好、资源消耗低、环境污染少"的特点，是中国智能制造在转型升级发展中践行"碳达峰""碳中和"目标的现实需求，也是促进制造业迈向高质量发展的重要驱动；另一方面，"碳达峰""碳中和"目标战略也意味着中国部分产业从资源属性向制造属性的转换，这将带来制造业的重大变革甚至重构，促使更多的制造企业开始通过智能化转型、借助工业互联网、搭建创新生态系统、进行数字化转型等措施来更高效、绿色地引领智能制造体系，达到节能低碳的效果。

第四，关注"人身"与"信息"安全，全面加强质量管理。在当前的智能生产中，人工智能前沿科技开始融入智能制造领域，虽然智能机器人的参与降低了人的作业抢夺，提高了效率，也规避了一定的风险，但在"人机交互"时如何保障"人"的安全也成为智能制造发展中必须考虑的问题。另一方面，数字化技术在智能制造中的广泛应用，使得一些核心的数据、关键的技术、知识产权和专利、用户的信息等数字化资产逐渐成为制造企业核心资产的一部分，如何保护这些数字化资产的安全性，提高安全防护能力，也是智能制造企业面临的一项重要任务。除了要加强"人身"与"信息"的安全管理，全面加强智能制造的质量管理，提高产品和服务的水平也是在智能制造转型升级发展中不断满足公众需求的重要措施，也是中国智能制造产业向全球价值链高端攀升的必然要求。

3.2　中国智能制造企业数字化创新发展现状

3.2.1 中国智能制造企业数字化创新阶段与特征

数字经济既是驱动全球制造业转型升级的重要力量，也是提升中国制造业核心竞争力的必经之路。中国最开始通过运用互联网平台和信息技术等初步数字化手段来探索"数字的产业化"方向，随着数字经济的深入发展，中国数字经济也开始迈向深度数字化阶段，如今，以人工智能、大数据等为主导的技术开始深入地融合到实体产业的转型升级发展中，推动中国经济迈向"产业的数字化"阶段。在数字新技术的"赋能""融合"与"渗透"下，中国传统制造业也加速了数字化进程，逐步向智能制造跨步。

制造业的数字化创新就是在传统制造业的生产与运行过程中，打破数据壁垒，将工业互联网、人工智能、区块链、大数据、物联网、云计算等数字信息技术融合到制造业的不同模块和具体行业中，从而改变了制造企业原有的组织机构、管理运用模式、商业发展模式、创新协作模式、供应链协同模式等，为传统制造业的发展带来更高效的价值创造、获取和传递。[226] 如图3-3所示，中国智能制造业企业的数字化创新发展可以具体划分为5个阶段。

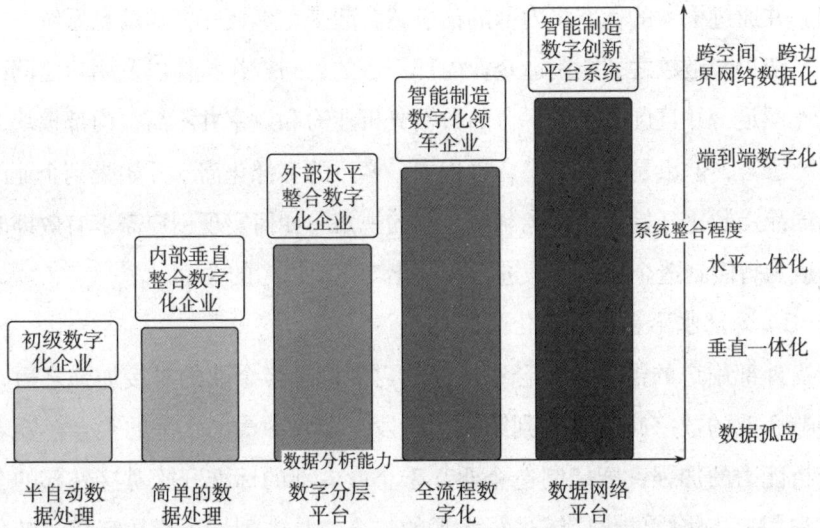

图3-3 中国智能制造企业数字化创新阶段图

（1）初级数字化阶段

在智能制造企业进行数字化转型的初级阶段，企业往往基本实现了信息化，但企业的业务流程仍处于相互割裂的状态，因此，如何实现业务流程与信息数据的整合是企业进行初级数字化转型的关键。这个时候的企业开始借助数字信息技术，设立专门的数字化模块来解决用户的一些简单需求，这种数字解决方案并没有真正以用户为中心，而是依然以企业的产品和服务为中心。随着初级数字化的进程，企业的一些部门开始借助信息传感设备实现产品服务与网络的链接，或将水平系统的模块与垂直系统的一些模块初步整合，但企业内部仍是数据孤岛，数据的分析也基本采用人工处理方式，而非数据的实时分析和自动反馈。也有一些企业开始架构数据分析平台，但由于其他合作伙伴或者客户数字化能力的差异，并未与之形成企业之间的协同，应对客户需求的定制能力也尚不具备。

（2）内部垂直整合数字化阶段

随着数字信息技术的发展，到了第二阶段，智能制造企业开始利用构建的数据分析平台进行内部的垂直整合，将企业内部的系统同生产设备、网络连接起来，并通过统一的标准将内部的信息整合起来，形成完整的信息系统，但在这个系统仍然是较之智能制造企业内部而言的，与合作伙伴以及用户之间的协同仍然不足，并且此时企业平台的数据分析能力和效率并不高，内部模块之间也需要磨合，但也是在这个磨合过程中，客户的多样化需求开始受到企业的重视，产品定制化开始走入智能制造企业的视角，如何实现用户需求有效即时的反馈成为智能制造企业接下来进行数字化转化要思考的关键。

（3）外部水平整合数字化阶段

当外部用户的需求以及合作伙伴的更多信息与企业的对接加强之后，智能制造企业的数字化就进入到第三个阶段，即外部横向水平的整合。随着数据分析能力的加强，智能制造企业基于企业内部的标准开始对接外部的合作伙伴和用户，将智能供应链进行水平的整合，从端到端进行数字化的转化。此时，智能制造企业内部系统、设备等都实现了网络连接，内外部数据都可以即时传输到企业的数据分析平台进行深入的分析和解读，这样，企业既联通了原来内部模块的数据孤岛，同时也与外部合作伙伴、用户实现了跨组织的协同合作，在统一标准下实现了外部的横向水平整合。[227] 智能制造企业的内外部数字化整合都完成后，就构建起了中央数字平台，形成了垂直和水平交错的网络系统，平台网络系统强大的运算能力可以随时对用户反馈过来的数据和需求进行分析和预测，企业原本以生产线为主导的模式逐渐向以用户为中心的柔性生产模式转换。

（4）全流程数字化阶段——智能制造领军企业产生

当智能制造企业构建了以自身为核心、内外部高度协同的网络系统后，企业便进入了数字化转型的第四个阶段：全流程数字化阶段，即内外部实现全流程的协同合作与信息共享。在内部，智能制造企业的生产线也会因为人工智能技术的应用而大幅提高生产效率，并且能够快速地对内部的数据进行分析，然后与外部数据并构而成为一个不断完善的信息数据库，数据库拥有的多个分层平台也能够通过开放式创新模式与外部的合作伙伴、用户共同进行创新活动，完全打通线上线下、内部外部，实现了以用户为中心的全流程数字化管理。这个时候，智能制造领军企业便产生了，这类企业做到了工业物联网的全面打通，成为智能制造产品和服务的主导者，在技术标准和品牌上具有一定的垄断地位，并且能够针对一些特定的行业而提供一体化的智能制造解决方案。

（5）数字化网络数据平台构建—数字创新平台系统产生

智能制造企业在实现全流程数字化后，与外部的协同不止在供应链伙伴企业和用户之间发生，而是逐渐与政府、高校、科研院所以及金融机构等组织开始建立数字化的紧密连接，围绕智能制造的创新链条，打破企业生产活动原有的边界和空间，构建起网络化的数据平台，将数字信息技术进行集成应用，渗透到研发、生产、供应链、市场服务等关键环节，为智能制造企业培育面向实践应用的创新生态创造了条件。智能制造企业在这种网络化数据平台作为基础设施的基础上，融合人工智能、大数据、云计算等新兴的数字信息技术，与供应商等其他合作企业、消费者、政府、高校、科研机构等多类主体协同交互，信息、知识甚至组件在这些主体之间实现共享，资源和能力在这些主体上实现互补，数字创新平台系统逐渐生成。在智能制造的数字创新平台系统中，各类主体之间的协同不再局限于某一个环节或阶段，而是涉及各个环节和流程中，极大地提高了满足用户需求的效率，不仅带动了平台系统领导企业本身的数字化转型，更带动来整个智能制造业的数字化发展，极大促进了制造业的转型升级。

3.2.2 中国智能制造企业数字化创新模式

智能制造企业的数字化创新是一个利用数字信息技术来完成价值的创造和实现的过程，在这一过程中，数字信息技术是企业数字化转型的核心驱动要素，通过不同的数字化转型创新模式形成了新的技术、新的市场和新的产业体系。智能制造企业的数字化转型创新通常从对现有产品和服务的优化开始，利用先进的数字信息技术来建设数据分析平台、网络系统等数字化转型基础设施，借助这些基础设施进一步加速数字化业务、产品和服务的创新与研发，或通过商业模式的转型等战略性转变引致企业更大范围的数字化创新变革，最终构建数字创新生态系统。如图3-4所示，智能制造企业的数字化转型创新模式可以划分为四类。

第一种模式：现有业务优化

在现有产品和服务的基础上，利用数字信息技术，对现有的业务进行优化，一般是智能制造企业在进行数字化转型时最先使用的模式。这种模式更强调企业信息要素传递的数字化，通过大数据、人工智能、云计算等新兴数字信息技术的渗透与融入，降低与其他组织沟通的成本以及搜索用户需求的成本，提高智能制造企业内部的运作效率，从而对企业价值创造的过程进行优化。但这种优化通常不会改变智能制造企业原有产品和服务的供给，而是借助数字化的基础设施如数据分层平台、数据网络等来为企业的数字化转型创新搭建平台环境，进而改变企业产品和服务的研发设计、生产制造和分销等过程。比如利用数字信息技术对企业的能耗进行动态化监测与管理，或者利用大数据改进技术、调整工艺流程、提升产品质量，或者利用数据分析对生产计划进行智能调控，等等。这种模式的数字化转型一方面能够优化智能制造企业现有的运营流程，降低整个价值创造过程中的成本消耗，提高产品和服务的质量；另一方面，还能够促进企业决策流、资金流以及物流等信息流在整个产业链各个环节的高效传递。

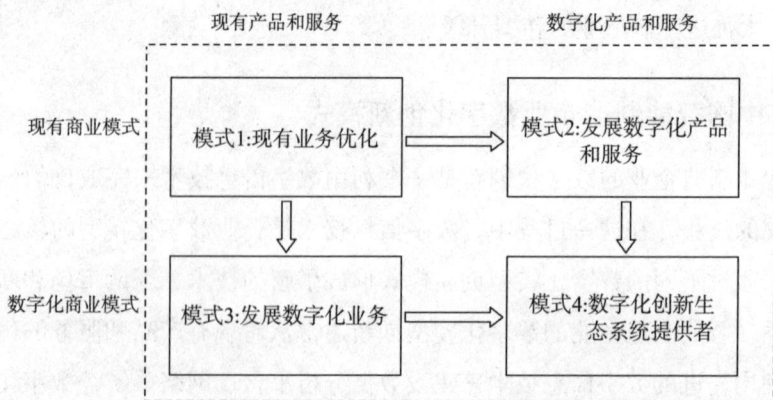

图3-4 中国智能制造企业数字化创新模式

第二种模式：发展数字化产品和服务

智能制造企业除了在内部搭建数字化基础设施平台，加速原有业务流程的数字化转型外，通过新的数字化产品和服务的供给来满足用户的多样化需求。发展数字化产品和服务这一模式时，企业通常并未改变原有商业模式中的价值创造过程，而是通过数字内容的融入，研发和生产新的数字产品和服务，在市场中通过差异化的产品定位战略，打造智能制造的数字化新业态。这种模式能够给企业带来新的智能产品和服务，开发新的市场、创造出新的产业焦点和收入模式，进而形成企业新的核心竞争力和品牌效应，加速企业制造模式以及商业模式的数字化转型与创新；另一方面，数字产品和服务的发展也会让企业不断审视与用户的关系，通过数字信息技术和数字内容的融入打通用户与企业、生产和物流之间的数据通道，[228]按照用户需求进行更加柔性化、个性化、大规模的生产与定制，进而更精准地服务用户需求，从而降低企业与用户关系维护的成本，使得数字化、服务化同时成为智能制造企业发展战略的核心。

第三种模式：发展数字化业务

在数字化转型创新的更高阶段，新型转型模式也不断涌现。数字信息技术的全面融入一方面改变了智能制造企业创造和实现价值的核心逻辑，比如借助大数据、云计算来感知和分析不同智能制造产品和服务带给用户的价值，识别出价值的新来源，同时发现那些愿意并且有能力在产品和服务价值上支付更多溢价的用户，从而更有针对性地在市场中分配价值、获取价值，更高效地提供个性化、定制化产品和服务来满足用户的多样化需求。另一方面，企业发展数字化业务还能改变智能制造业产业链的组织形态，使得智能制造产品和服务的主导既有企业以及包含企业在内的数字化集成平台，也有消费商，即用户端。这两种力量的主导使得智能制造企业从生产工具革新走向了智能决策，围绕用户的需求而提供了大规模的个性化定制、协同化服务供给等方式，在这种方式下，企业利用其拥有的数字化集成平台，打造开放、协同、互联的平台关系，将数字化的资源和信息传递到平台网络的末端，进而促使更多的企业甚至社会资源参与到智能产品和服务的供给与优化中，引致更大规模地多主体协作。这个时候，用户的角色开始更大程度地融入企业的价值创造与完成中来。[229]

第四种模式：成为数字创新生态系统提供者

在智能制造产业中，还有一些企业，在进行数字化转型创新的过程中，既开发新的数字化产品和服务，又对商业模式进行数字化创新，通过建立开放式的数字化的平台，集聚产业链上的生产能力和资源，整合企业与产业链以及其他互补性的创新要素，充分利用智能制造基础性的市场配套资源，既实现企业自身的价值共创，又能打破传统制造企业封闭式的创新体系，协助智能制造企业在创建的平台上与其他主体共同进行开放式创新，最终建立起数字创新生态系统。作为数字创新生态系统的提供者，企业可以利用其品牌和技术优势吸引更多的企业、用户以及其他利益相关的组织主体参与到创新活动中，激活闲置生产能力，推动价值链的整合，并通过系统内不同参与主体之间的协同创新，为用户提供更好的体验和服务的同时，提高自身的核心研发能力，摆脱智能制造关键技术受制于人的困境，在智能制造产业链中逐渐掌握话语权、占据价值链高端。通过数字创新生态系统的建立，智能制造企业所在创新生态系统的所有组织主体都拥有了更广泛、更高效、更活力的创新空间，契合在当前高质量发展和新发展格局下智能制造产业的数字化产业生态和数字化应用场景。

尤要注意的是，智能制造企业的数字化创新是一个循序渐进的长期变革过程，每个企业都要充分审视自身所具备的数字要素，结合自身的优势、劣势、需求和能力，制定符合自身条件、成熟度的数字化转型模式，然后有针对性地一步一步、一个阶段一个阶段地进行数字化转型，尽管打造数字化的生态创新体系是很多智能制造企业的战略目标，但创新生态系统的构建并非一蹴而就，智能制造企业不能直接跨越另外几种转型模式而直接构建数字创新生态系统。[230]

3.2.3 中国各领域智能制造数字化创新现状

《中国制造2025》提出了新一代信息技术产业、农机装备、节能与新能源汽车、航空航天装备、海洋工程装备及技术船舶、新材料、先进轨道交通设备、电力装备、高档数控机床和机器人、生物医药及高端性能医疗器械十大重点领域，除此之外，智能制造技术还被应用到社会的各个领域，本书解析中国制造业几个重要领域的数字化创新现状。

（1）工业机器人领域

工业机器人是智能制造业领域的核心技术装备，能够衡量一个国家制造业的先进水平和核心竞争力，世界各制造大国均将其作为引领本国制造业发展的重要动力。中国也将工业机器人作为智能制造业发展的切入点和主力军，将其作为国家科技创新十大优先重点领域之一，在《中国制造2025》中提出了工业机器人发展的技术线路图，明确机器人系列化产品的开发和应用，强调通过技术创新来实现智能机器人关键核心技术的研发突破。在一系列政策的带动和扶持下，中国工业机器人发展迅速，目前已占据全球约三分之一的市场份额，连续7年占据全球第一应用市场的位置。如图3-5所示，中国工业机器人产量持续呈上升态势，产量从2012年的0.6万台增长到2020年的23.7万台，但增长速度在2015年达到峰值后在2018年呈现出大幅的下滑，尤其是汽车和3C行业机器人需求的下滑，但仍在全球占据着较大份额。

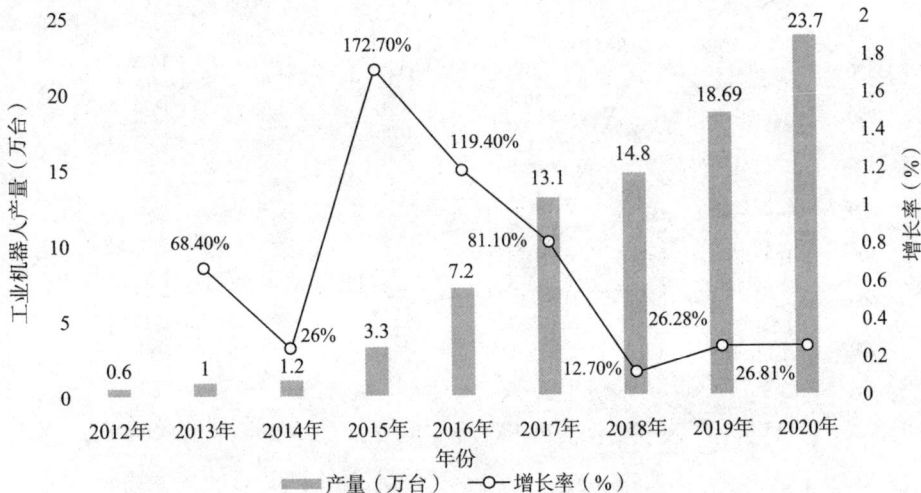

图3-5 2012—2020年中国工业机器人产量及增长速度

伴随着发展的同时，中国工业机器人的发展也存在着一些问题，比如由于自主研发创新能力不足，缺乏关键核心技术的研发，产学研存在脱节等原因，中国自主品牌工业机器人市场份额较小，工业机器人市场尤其是高精端领域市场目前仍依赖于引进外资品牌机器人。工业机器人的发展为中国制造业的智能化发展发挥了巨大作用，因此，必须不断加强工业机器人智能制造企业的创新来推动中国智能制造目标的实现。

（2）高端数控机床领域

数控机床是装备制造的工作母机，是国家装备制造业的重要标志。近年来，一系列利好政策不断推动中国数控机床行业的发展迅速，连续多年在生产、消费和进口商占据着世界第一的位置，尤其是高精尖机床从模拟式、脉冲式再到全数字总线，从无到有，市场份额不断提升。如图3-6所示，中国数控机床的市场规模由2015年的1355亿元上升到2020年的3473亿元，除了在2019年由于下游装备需求的缩减而下降外，一直保持上升的趋势。

然而，尽管中国的数控机床市场庞大，但是高档数控机床的国产化率水平却一直低于10%，且受国外技术封锁以及进口的限制，国内市场不断受到外来企业的蚕食，90%以上的高档数控机床配套的数控系统依然来自国外。

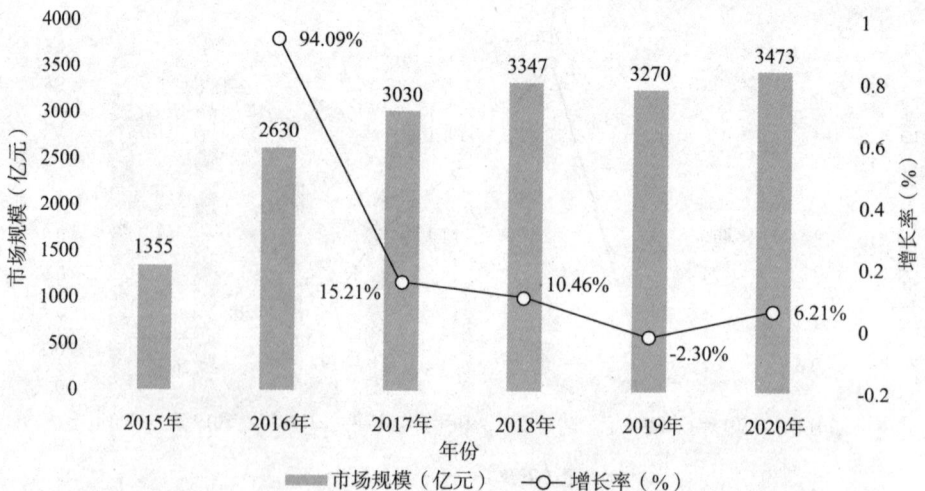

图3-6 2015—2020年中国数控机床市场增长规模及增长速度

随着中国制造业的结构升级和智能制造产业发展的需求，数控机床行业要不断进行科技创新研发和数字化创新，加速全数字总线高端数控机床的国产化发展。另外，还要结合数控机床生产力和云平台来创新商业模式，搭建新型互联网制造形态，促进数控机床领域的"云制造"。

（3）航空航天装备领域

航空航天装备是促进中国航空航天产业转型升级的必然要求，也是加快建设世界航空航天强国步伐的重要推动力。尤其是在新冠疫情发生以后，航天航空产业开始为中国的经济增长和技术创新带来新的引擎。截止到2020年底，中国已建立90家航空航天产业园区，[①]产业规模超950亿，其中一半以上是航空器整机市场，航空零部件制造占了近30%，剩余15%左右为发动机制造和机载设备与系统制造。

近些年，中国航天事业的飞速发展离不开航空航天产业的进步，尤其是在信息化、数字化、智能化发展上取得了较大的进展，但是较之国际先进水平在数字化、广域协同以及生产制造执行与集成等方面仍然是落后的。因此，建立工业互联网平台为航空航天企业搭建协同平台，并通过数字信息技术的应用转变物理实体为数字虚体来实现航天建模和仿真，对于推动中国航空航天产业的高质量发展具有重要作用。

（4）汽车制造领域

相比发达国家而言，中国汽车产业起步晚，但成长快速，汽车产销量逐年趋于平稳。并且伴随着科技的进步和产业的变革，中国的汽车行业开始从传统制造向数字化变革，新能源汽车和智能网联汽车成为许多国家汽车产业转型升级的着力点以及促节能减排实现"碳中和"的重要途径。中国也密集推出了一系列扶持新能源汽车发展的政策，包括完善公共充电设施、发放购置补贴、实行税费免检等，并发布了发布《新能源汽车产业发展规划

---

① 数据来源：中商产业研究院发布的《中国航空装备行业市场前景及投资机会研究报告》。

（2021—2035年）》，为新能源汽车行业的发展带来巨大机遇。据统计，中国新能源汽车产销量从2012年的1.25万辆和1.28万辆分别增长至2020年的136.6万辆和136.7万辆。这也标志着汽车行业已经从单纯的交通运输工具逐步发展为当今移动的能量源和信息源。

另外，随着数字化技术成为汽车行业竞争的焦点，数字孪生技术在汽车虚拟制造中发挥出巨大潜力，利用全数字化设计标准体系架构，融合新一代信息技术和汽车制造技术的智能网联汽车也受到越来越多的关注。在中国，汽车也超越原本的用途而成为数据的重要生产者和使用者，汽车行业正在被数字化重塑。

3.3　中国智能制造企业数字化创新效率分析

数字经济时代，世界各国积极推进数字信息技术与实体经济的融合，赋能传统产业的转型升级。中国也出台了一系列推动数字经济和智能制造业发展的政策，在这样的背景和推动力下，数字化创新是如何影响中国制造企业创新效率的？是否促进了企业的技术创新效率？是否提高了企业的经济效益？是否促进了智能制造业的高质量发展？尽管已经有学者对制造业数字化转型影响进行了相关研究，如殷群等（2021）[231]通过构建数字化转型程度指标体系测算了数字化转型对区域创新效率的影响；戚聿东等（2020）[232]从管理和营销两个角度分析了数字化转型对制造企业绩效的影响；郭星光等（2021）[233]从创新生态系统、商业模式等角度分析了数据赋能制造企业创新的路径。但数字化创新对企业的影响机制通常较为复杂，且数字化创新的程度很难进行衡量。为此，本章在分析数字化创新对智能制造企业创新效率影响路径的基础上，实证分析数字化创新对智能制造企业创新效率的影响：首先借助DEA-BCC模型分析智能制造企业的创新效率，然后从创新生态系统角度构建了智能制造企业数字化创新指数评价指标体系，最后通过回归分析来研究数字化创新对智能制造企业创新效率的影响，以期为创建数字创新生态系统提供指导。

3.3.1 数字化创新影响智能制造企业创新效率的路径

数字信息技术在智能制造企业内的应用与深化是一个系统性的过程，数字化创新对企业的创新效率和绩效存在着多种影响途径，并且它们之间也相互影响，共同作用于企业的创新活动。本书依然从创新生态系统的架构视角出发，来研究数字信息技术赋能为智能制造企业的创新带来的多种途径的影响。如本书前文中所提到，在智能制造的创新生态系统中，数字信息技术的应用使得用户的需求信息及时被企业获取从而进行柔性化的生产，用户也将自己的体验作为一种反馈机制传递到企业，因此，用户作为一个必不可少的创新主体也参与到企业的创新活动中去，在智能制造创新生态系统中，智能制造企业实现了与政府、高校和科研机构、金融机构以及用户的协同。

图3-7反映了数字化创新影响智能制造企业创新的双向路径。一方面，对于智能制造企业及其所在的创新生态系统来说，数字信息技术的应用能够促进资源和信息在系统内部各主体之间的交流与传递，促进不同主体之间的协同创新，最终基于共同的价值追求而实现价值共创，提高了企业的创新效率；另一方面，数字信息技术也可以直接作用于智能制造企业的创新过程，

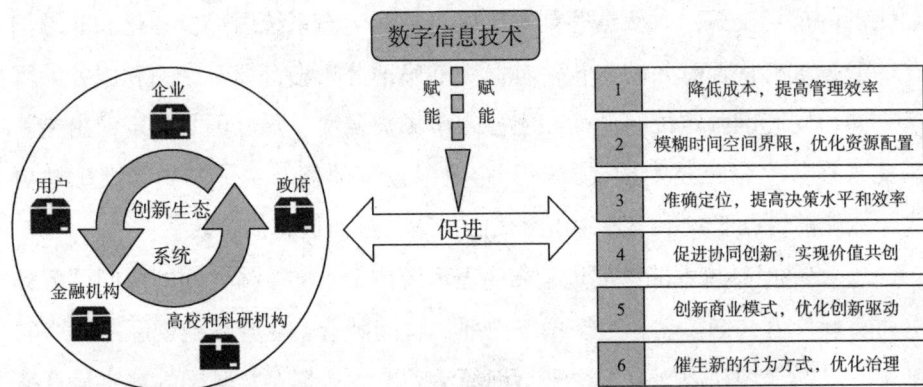

图3-7 数字化影响智能制造企业创新的双向路径

此时，数字信息技术的赋能主要通过6种机制来促进企业的创新效率。

① 数字信息技术的应用降低了企业的创新成本，提高了管理效率。数字信息技术的应用改变了企业传统的信息传递和获取方式，使得信息在企业内部以及企业与其他创新主体之间实现及时、快速、准确的交互，不仅大大降低了信息沟通的成本，还由于提高了信息传递的准确性而降低了企业对信息进行筛选、评估、监督等环节的成本。另一方变，数字信息技术在改变信息传递和交流方式的同时，也改变了企业原有的组织形式、流程和制度，使得企业的管理更加扁平化、动态化、柔性化，管理效率得到大幅提升。

② 数字信息技术的应用打破时间和空间的界限，优化了资源配置。数字信息技术的应用打破了企业原有的资源和信息整合方式，打破原有的组织边界、技术界限和空间界限，整合了企业及其他创新主体以及社会中零散的资源和信息，使得企业能够跨时间、跨空间的获取资金、人力、物力等资源，同时，数据也被纳入到企业的有效利用资源范围内，并对信息资源进行数据化的分析、归类、配置和利用，优化了资源的配置效率，使得企业及其构成的创新生态系统整体动态性的不断演进，全方位地提高了资源的利用效率。

③ 数字信息技术的应用能够帮助企业迅速定位目标人群和市场，从而做出正确的市场决策。大数据等技术可以将创新生态系统内部机构化和非结构化的数据进行快速有效的融合，进而更准确地分析出市场对产品和服务的需求方向，同时准确定位新产品和服务的市场契合度，降低可能的定位出错。因此，在数字信息技术的支持下，企业以及其他创新主体的决策准确性更高，且能够借助于数字信息做出最优的决策，进而提高创新效率。

④ 数字信息技术能够促进创新生态系统内部不同主体之间的协同创新，进而实现价值共创。创新生态系统内部的智能制造企业与其他创新主体之间基于一定的契约和规则有序地进行创新活动，大数据、物联网等数字信息技术的应用可以降低不同主体之间协同的成本，促进不同主体集聚创新而形成

规模效益。同时，数字信息技术也使得消费者，即用户更大程度地参与到智能制造企业的创新过程中，共同创造新的价值。

⑤ 数字信息技术带来商业模式的创新，优化了智能制造企业的创新驱动力。在数字信息技术的应用下，由大型企业主导、从供给传递给需求的传统创新模式会被众包式、从需求到供给逆向传递信息的新范式所代替，[234]个性化定制、柔性化生产、服务型制造、价值体系创造等一些新型的商业模式不断涌现，这些商业模式是智能制造企业在满足用户需求的基础上迎合新的市场而进行的创新，这种创新与智能制造企业的技术创新一起形成企业新的创新驱动力，提高了企业的创新效率。

⑥ 数字信息技术带来了新的政策制度，这些政策制度在实施的过程中会潜移默化地催生出企业、政府等主体新的行为方式。在智能制造业的发展中，数据、人才、技术的获取显得尤为重要，这就要求我们以更敏锐的观察力和感知力来捕捉和利用数据，转变固有的传统思维方式来迎合数字经济时代的各种变革，从而更加有效的获取相应的资源，提高创新效率。

3.3.2 智能制造企业综合创新效率分析

（1）研究方法

衡量创新效率通常采用的基础模型有DEA模型以及SFA模型，具体包括传统的CCR、BCC模型，另外还有在DEA模型基础上演化的非期望SBM模型以及超效率SBM模型。数字信息技术在智能制造企业中的应用促进了企业的技术创新，但同时也由于个性化定制需求的满足而降低了企业的规模效率，因此，在方法选择上，本书使用传统BCC模型，并采用中国除西藏和港澳台地区外其他30个省（自治区、直辖市）2016—2020年的相关数据，来实证分析智能制造企业的综合创新效率。

由于利用DEA模型计算出的效率值域在0到1之间，为避免可能存在的较大误差，本文采用Tobit受限因变量回归模型来分析数字化对创新效率影响，当受某些条件的限制，被解释变量近似连续分布但包含一部分离散的混合分布，通过实际观测值难以体现出因变量的变化时通常采用该模型，具体可表示为：

$$Y^* = \rho x_i + \varepsilon_i,$$

$$Y_i = Y_i^* \quad if Y_i^* > 0$$

$$Y_i = 0 \quad if Y_i^* \leq 0$$

在公式中，Y^*代表潜在的因变量，当观测到潜变量大于0时，取Y_i^*；当观测到潜变量小于等于0时，则在0处截尾。x_i代表自变量，ε代表系数项，u_i代表误差，并且独立分布于正态分布：$u_i \sim N(0, \sigma^2)$

（2）指标选取和数据来源

在进行DEA实证分析前，要对投入产出指标进行合理的选取。在投入指标的选取上，从智能制造企业用于创新的经费投入和人力投入两个方面衡量。经费投入是指智能制造企业在创新过程中投入的各项研发费用总和，它是创新活动顺利进行的保障；人力投入是在创新过程中全时研发人员数量，他们是取得创新成果的重要基础。形成智能制造企业总和创新效率指标如表3-1所列。

表3-1 智能制造企业综合创效效率指标

	指标名称	符号	指标说明
产出指标	智能制造新产品和服务销售额（万元）	Y_1	创新成果转化为新产品和服务，为智能制造企业带来收益
	智能制造专利数（个）	Y_2	智能制造企业 R&D 创新形成科技知识的具体表现
投入指标	R&D 经费支出数（万元）	X_1	智能制造企业用于开展 R&D 活动的实际总支出，包括基础研究、应用研究、试验发展等
	R&D 全时人员数量（人）	X_2	全时人员数包括内部全时研发人员的数量加上非全时人员按工作量折算为全时人员数的总和[235]

（3）实证结果与分析

在构建的指标体系基础上，借助DEA模型的理论和实践经验，对智能制造企业的创新效率进行计算，并对结果分别按照省份来进行对比分析。

借助DEAP2.1计算2016年—2020年各省份（自治区、直辖市）智能制造企业技术创新效率结果如表3-2所列。

表3-2　2016—2020年各省份智能制造企业综合创效效率测算结果

省份	2016		2017		2018		2019		2020	
	crste	规模效益	crste	规模效益	crste	规模效益	crste	规模效益	crste	规模效益
北京	0.828	drs	1	–	0.933	drs	0.966	drs	0.978	drs
天津	1	–	1	–	0.534	drs	0.712	drs	0.577	irs
河北	0.304	drs	0.371	irs	0.295	drs	0.298	drs	0.430	irs
山西	0.530	drs	0.511	irs	0.509	drs	0.186	irs	0.392	irs
内蒙古	.0317	irs	0.321	irs	0.355	irs	0.533	irs	1	–
辽宁	0.547	irs	0.596	–	0.597	drs	0.532	drs	0.789	irs
吉林	0.711	drs	0.563	irs	0.412	drs	0.486	drs	0.341	irs
黑龙江	0.253	drs	0.448	–	0.416	drs	0.241	drs	0.352	irs
上海	0.560	drs	0.887	drs	0.674	drs	0.433	drs	0.618	drs
江苏	0.616	drs	0.822	drs	0.694	drs	0.650	drs	0.791	drs
浙江	0.651	drs	0.634	drs	0.587	drs	0.486	drs	0.659	drs
安徽	0.842	drs	1	–	0.905	drs	0.668	drs	1	–
福建	0.459	drs	0.486	drs	0.521	drs	0.491	drs	.0570	drs
江西	0.487	drs	0.672	irs	0.624	drs	0.639	drs	1	–
山东	0.465	drs	0.571	drs	0.639	drs	0.512	drs	0.731	drs

续表

省份	2016		2017		2018		2019		2020	
	crste	规模效益	crste	规模效益	crste	规模效益	crste	规模效益	crste	规模效益
河南	1	–	1	–	1	–	1	–	1	–
湖北	0.334	drs	0.397	–	0.472	drs	0.395	drs	0.575	drs
湖南	0.811	drs	0.745	irs	0.549	drs	0.560	drs	0.621	drs
广东	0.605	drs	0.799	irs	0.706	drs	0.679	drs	0.922	drs
广西	0.585	drs	0.567	irs	0.510	drs	0.421	drs	0.701	irs
海南	0.567	drs	0.706	irs	0.476	drs	0.356	drs	0.395	irs
重庆	0.349	drs	0.934	irs	1	–	0.851	drs	1	–
四川	0.592	drs	0.982	drs	0.906	drs	0.503	drs	0.780	drs
贵州	0.465	drs	0.627	irs	0.521	drs	0.322	drs	0.641	irs
云南	0.432	drs	0.564	irs	0.361	drs	0.386	drs	0.524	irs
陕西	0.258	drs	0.254	irs	0.264	drs	0.212	drs	0.324	irs
甘肃	0.506	drs	0.618	irs	0.539	drs	0.473	drs	.0615	irs
青海	0.168	irs	0.371	irs	0.635	irs	1	–	0.842	irs
宁夏	0.891	drs	0.411	irs	0.413	drs	0.513	irs	0.354	irs
新疆	1	–	0.977	irs	1	–	0.789	irs	0.512	irs

注：表中crste表示综合性技术效率，irs表示规模效益递增，drs表示规模效益递减，－表示规模效益不变。

表3-2列出了除西藏和港澳台外中国30个省市区可变时间的智能制造企业综合创效效率，在2016年，天津、河南以及新疆技术效率为1，处于有效的状态，其他的省份（市、自治区）技术效率都在0.9以下，说明投入相对产出效率低，创新成果的转化率不高。到了2020年，除了内蒙古、安徽、江西、河南以及重庆外，其余省市仍处于投入和产出失衡的状态。从各省

（市、自治区）在近5年变化的总体趋势来看，综合创效效率值基本呈现出"先下降后上升""上升下降再上升""持续下降"三种变化趋势，没有综合创新效率持续上升的趋势出现。

再结合具体省（市、自治区）的规模效益来看，大部分省份创新效率处于规模效益递减的状态，在制造业发展水平较高的省份，在近5年时间中，规模效率递减同时伴随着综合创新效率"先下降后上升""上升下降再上升"的总体趋势。出现这种情况有两个可能的原因：一个是在智能制造业的发展中，有的企业在技术创新中取得了一定的突破，科技资源得到了一定程度的有效利用，同时伴随着消费者的私人化、个性化定制需求增加，智能制造企业市场开始广泛开拓，因此，企业在已开展数字化创新的同时出现了短暂的规模效益递减情况；另外的原因可能是由于区域数字基础设施不完善、尚未开展数字化创新或者刚开始开展数字化创新等原因，智能制造企业的技术创新效率仍然处于原本比较低的状态或者没有提升上去，因此，更需要加强数字信息技术的普及和应用来优化企业的创新环境、提高创新效率。

从各省份（市、自治区）综合创新效率的情况比较来看，各省份（市、自治区）间变化幅度差异也比较大，即中国智能制造企业综合创新效率的省域变迁大于区域分割，空间差异性具体体现出各省智能制造业发展分布不均衡且具有一定的区域"俱乐部效应"。这也说明了中国智能制造产业的创新效率存在着区域发展的不均衡性，造成这种情况的可能原因是在部分地区智能制造企业的创新发展过程中，政府的扶持力度不足，或缺乏与之能够协同创新的外部创新企业、团队、高校和科研机构、金融机构等多元的创新主体形成创新的合力，单独依赖企业自身的内部技术创新很难有效提升创新效率，对于这种情况，需要利用数字信息技术构建能够跨区域、跨空间实现快速高效协同的创新生态系统，以此来加强智能制造企业与不同创新主体的协同创新，实现价值的共创。

3.3.3 数字化创新对智能制造企业创新效率的影响分析

在厘清数字化创新对智能制造企业创新的影响路径、分析了智能制造企业的综合创新效率以后，进一步探究数字化创新与智能制造企业的综合创新效率之间存在怎样的关系。即将智能制造企业的综合创新效率作为被解释变量，将数字化创新程度作为解释变量，进行回归分析。前文已对中国智能制造企业的综合创新效率进行了分析，接下来，需要借助主成分分析法，构建智能制造企业数字化创新指标体系，来对智能制造企业的数字化创新程度进行衡量。

（1）智能制造企业数字化创新指标体系构建

当前中国智能制造业发展正处于初级阶段，很多数据披露不够完整，同时，学界对数字化的界定和衡量也没有固定而准确的测量标准和方法，考虑到信息和数据的可得性、准确性，借鉴前人研究，本文在评估数字化创新对智能制造企业综合创新效率的影响时，将区域的数字化转型程度作为衡量数字化创新能力的指标。另外，由于本书研究智能制造企业的数字创新生态系统，因此在指标的选取上也从创新生态系统基本架构的角度出发，分别从企业、政府、高校和科研机构、金融机构、创新环境层等不同创新主体角度选择相应的指标，并且考虑到数字基础设施等数字化创新的相关指标因素，最终构建智能制造企业数字化创新指标体系如表3-3所列。

表3-3　智能制造企业数字化创新指标体系

指标类别	一级指标	二级指标
智能制造企业数字化创新指标体系	企业层	每百家企业拥有的网站数量（个）
		有网络交易活动的企业数量（个）
		有关智能制造的企业并购数（起）
		企业数字业务收入（万元）
		数字化创新相关专利数（个）

续表

指标类别	一级指标	二级指标
智能制造企业数字化创新指标体系	政府层	数字政府发展指数[1]
		智能制造试点项目数量（个）
		智能制造财政投入量（万元）
	高校和科研机构层	高校智能制造相关课题申请量（个）
		科研机构数量（个）
		高校和科研机构与数字创新相关的收入（万元）
	金融机构层	数字普惠金融覆盖广度
		普惠金融数字化程度
		数字普惠金融使用深度
	数字基础设施层	光缆线路长度（公里）
		互联网普及率（%）
		互联网站数（万个）
	创新环境层	每万人使用计算机数（台）
		网络社会城市指数[2]
		城市数字化发展指数[3]

本书数据来自《中国智能制造年度发展报告》（2016年—2020年），《中国科技统计年鉴》（2016年—2020年），《北京大学数字普惠金融指数报告》（2016年—2020年），《2020年数字政府发展指数报告》，《中国城市数字经济指数报告》（2017—2021），《网络社会城市发展报告》以及中国和地方统计年鉴、中国专利数据库、中国区域经济数据库等。运用SPSS20.0将上述指标

---

[1] 清华大学数据治理研究中心《2020数字政府发展指数报告》。
[2] 爱立信发布的《网络社会城市发展报告》。
[3] 新华三集团数字中国研究院《中国城市数字经济指数报告》。

进行主成分分析，通过计算，最终得到2016—2020年各省市数字化转型程度如表3-4所列。

表3-4　2016—2020年各省份智能制造企业数字化转型指数

地区年份	2016 年	2017 年	2018 年	2019 年	2020 年
北京	1.339	1.652	1.963	2.065	2.420
天津	1.146	1.525	1.782	1.843	1.956
河北	1.017	1.467	1.696	1.899	1.915
山西	0.903	0.987	1.312	0.427	0.434
内蒙古	0.873	0.904	1.083	1.117	1.225
辽宁	1.253	1.469	1.898	2.073	2.214
吉林	1.024	1.396	1.748	1.895	1.923
黑龙江	1.057	1.402	1.730	1.796	1.889
上海	1.312	1.524	1.920	1.996	2.018
江苏	1.223	1.521	1.982	2.113	2.434
浙江	1.211	1.489	1.912	2.013	2.115
安徽	1.015	1.328	1.517	1.544	1.628
福建	1.065	1.406	1.842	1.963	2.011
江西	1.102	1.378	1.468	1.564	1.723
山东	1.324	1.678	1.876	2.024	2.396
河南	1.012	1.423	1.576	1.754	1.821
湖北	1.121	1.596	1.713	1.969	2.056
湖南	1.085	1.672	1.795	1.916	1.975
广东	1.125	1.602	1.970	2.201	2.421
广西	0.922	1.013	1.154	1.237	1.338
海南	0.742	0.811	0.857	0.921	0.934

地区年份	2016 年	2017 年	2018 年	2019 年	2020 年
重庆	1.076	1.489	1.892	1.973	2.014
四川	1.185	1.465	1.946	2.011	2.021
贵州	1.012	1.214	1.372	1.158	1.174
云南	1.002	1.312	1.334	1.567	1.782
陕西	1.089	1.427	1.876	1.958	2.004
甘肃	0.811	0.856	0.943	0.966	1.014
青海	0.731	0.787	0.812	0.855	0.896
宁夏	0.756	0.801	0.866	0.901	0.921
新疆	0.801	0.867	0.956	1.013	1.112

从全国各省市数字化转型的变化趋势来看，2016年到2020年，30个省（市、自治区）都呈现出不同程度的上升趋势，这说明数字经济时代，国家大力建设"数字中国"，伴随着一系列推进数字经济发展和数字化转型政策的不断深化和落地，全国企业开始积极探索借助数字信息技术进行企业变革的新措施，企业的数字化转型不断加速，中国制造业数字化转型基础不断夯实。

从不同的区域数字化转型程度来看。一方面，受资源禀赋条件、地域范围、社会经济发展状况等因素的长期影响，各个省（市、自治区）的数字化程度排名在近5年基本保持一致，但不同省（市、自治区）的数字化转型程度差异较大。另一方面，从空间范围来看，东部地区的数字化转型程度要明显高于西部地区，尤其是东部沿海地区省（市、自治区）的数字化转型更深入；中部地区各省（市、自治区）的数字化转型程度上升较快，说明中部地区数字经济正处于快速决死的阶段，相比之下，西北部地区的数字化程度明显薄弱，需要加快对数字信息技术的创新与应用，为制造业的智能化发展释放潜力。

（2）回归分析及结果

为了验证数字化创新对智能制造企业创新效率的影响，在将智能制造企业的综合创新效率（记为C）作为被解释变量、区域的数字化转型程度（记为D）作为解释变量的同时，引入控制变量区域创新投资力度（Inv）和教育水平（Edu），其中创新投资力度用政府用于科技创新的支出额（亿元）来表示，教育水平用高等教育在校人数（万人）来表示，相关数据来源于中国和地方统计年鉴。

运用Eviews7.2对中国智能制造企业的综合创新效率进行回归分析，考察数字化创新对智能制造企业综合创新效率的影响，由于地区变量对数字化转型程度存在着一定的约束作用，因此，本书借鉴赖永剑（2020）[236]和Kim（2019）[237]等人的方法，在模型中也纳入数字化转型程度与两个控制变量的交互项，并且考虑到数字化转型影响的滞后性，在进行回归分析的过程中，将自变量滞后一期来进行分析。

① 从全国层面进行回归分析

同样采用Tobit进行回归分析：仅对解释变量与被解释变量进行回归分析，记为模型1；分别加入控制变量Inv和Edu进行回归分析，记为模型2、模型3；考虑地区变量的影响，在模型2和模型3的基础上依次将交互项纳入回归分析，记为模型4和模型5；将数字化转型程度滞后一期的回归模分析记为模型6，最终回归结果如表3-5所列。

表3-5 全国层面数字化创新对智能制造企业创新效率的影响估计

变量	模型 1	模型 2	模型 3	模型 4	模型 5	模型 6
D	1.91E-08*** （7.36E-09）	2.13E-08*** （8.08E-09）	1.73E-08** （8.39E-09）	1.30E-08** （1.19E-08）	2.50E-08** （0.79E-08）	1.30E-08 （2.15E-08）
Inv		−7.09E-05 （0.00103）	−0.000212* （0.000127）	−0.000303 （0.000202）	0.000395* （0.000221）	−0.000397 （0.000250）
Edu			0.000918* （0.000497）	0.000989** （0.000516）	0.001314** （0.000617）	0.001471** （0.000689）

续表

变量	模型 1	模型 2	模型 3	模型 4	模型 5	模型 6
D*Inv				2.13E-11* （3.64E-11）	5.11E-11** （4.77E-11）	4.33E-11 （5.11E-11）
D*Edu					-1.62E-10* （1.69E-10）	-7.09E-11 （1.70E-10）

注：***、**、*分别表示在1%、5%、10%的置信水平下显著，括号内为标准误差。

从上表的回归分析的结果来看，数字化转型程度与智能制造企业的综合创新效率呈正相关，且效果显著。从模型1来看，数字化转型程度每深入1%，技术创新效率就会提升1.91E-08，并且在加入两个控制变量之后，数字化转型对企业创新效率的正向影响依然是显著的，影响系数变为2.13E-08和1.73E-08，说明两个控制变量会影响到数字化转型对企业创新效率的作用。从模型6来看，数字化转型的滞后性对企业综合创新效率影响不显著，因为智能制造企业的数字信息技术敏感度和利用率要高于其他的行业，并且智能制造企业创新效率的提升反过来也会促进数字化转型进程，这两种作用叠加在一起就导致数字化转型的时滞性影响不大。

从两个控制变量的回归结果来看，创新投资力度与智能制造企业的综合创新效率呈负相关，这也在一方面说明了前文提到的数字创新作用边际效益递减现象，可能的原因除了创新投入的资金用于满足消费者的个性化、私人化少量定制外，也可能意味着由于数字信息技术的复杂性，企业很难独立完成数字化创新，投入的设备和资金虽然强化了对数字信息技术的应用，但是并没有得到有效的利用和合理的配置，影响了技术创新的产出；而区域的教育水平对智能制造企业的创新效率是有正向影响的，说明区域的智能制造领域的人力资源能够很好的作用于该产业的创新发展。

再看交互项系数的回归结果，创新投资力度与数字化转型程度的交互项系数为5.11E-11，说明加大创新投资力度可以增强数字化转型对智能制造企业创新的促进作用；而区域的教育水平与数字化转型程度的交互项系数为−1.62E−10，但显著性不强，这在一定程度上说明教育水平影响了数字化转型对智能制造企业创新的促进作用，可能因为虽然中国进入数字经济时代，但数字人才教育却相对脱节，在短时间内没有通过设置数字化相关的专业或课程来培养数字化人才，也就削弱了区域教育水平对数字化转型能力的贡献力。

②从区域层面的回归分析。

为了更直观地分析目前在中国不同区域的数字化转型程度差别对智能制造企业创新效率带来的不同影响，本书将30个省（自治区、直辖市）按照对东部、中部、西部[①]的传统划分方式分别进行空间异质性回归检验，模型依然采用全国层面模型3和模型5的方法及含义，回归结果如表3−6所列。

表3−6　分区域的数字化创新对智能制造企业创新效率的影响估计

变量	东部		中部		西部	
	模型 3−a	模型 5−a	模型 3−b	模型 5−b	模型 3−c	模型 5−c
D	3.54E−08*** （8.27E−09）	1.88E−08* （1.59E−08）	2.79E−07*** （8.31E−08）	1.44E−08* （3.80E−07）	1.41E−07** （6.18E−08）	5.18E−07*** （1.79E−07）
Inv	5.18E−05 （0.00107）	0.000151 （0.000239）	0.000321 （0.000336）	−0.000257 （0.000648）	−0.001687*** （0.000577）	0.000420 （0.001170）
Edu	−0.000892 （0.000627）	−0.001802* （0.000973）	0.004098*** （0.000813）	0.005481*** （0.001318）	−0.000812 （0.001573）	−0.002833* （0.001819）
D*Inv		−1.79E−11 （4.36E−11）		1.27E−09* （1.35E−09）		−2.03E−09** （9.31E−10）
D*Edu		1.90E−10 （1.63E−10）		−4.11E−09 （3.27E−09）		−1.11E−09* （1.24E−10）

注：***、**、*分别表示在1%、5%、10%的置信水平下显著，括号内为标准误差。

从上表中可以看到，数字化转型对智能制造企业创新效率的影响在不

---

①东部包括北京、天津、河北、辽宁、上海、江苏、浙江、福建、山东、广东、福建；中部包括山西、内蒙古、吉林、黑龙江、安徽、江西、河南、湖北、湖南；西部包括广西、重庆、四川、贵州、云南、陕西、甘肃、青海、宁夏、新疆。

同区域存在显著的异质性。从模型3-a、3-b、3-c来看，在固定两个控制变量的影响前提下，数字化转型能够显著地促进智能制造企业的创新效率，其中中部的促进系数最高，西部次之，东部最小。这与目前三个区域的智能制造数字化创新水平是对应的，东部地区数字化转型程度高，对创新效率的影响存在着边际效益的递减规律，中部数字化正在加速深入到智能制造业的发展中，对于企业的创新效率有着明显的促进作用。从模型5-a、5-b、5-c来看，在两个控制变量的影响下，数字化转型都对智能制造企业的创新效率带来促进作用，但促进系数是西部高而东部、中部地区较低，且西部地区两个控制变量均反响作用于数字化转型对智能制造企业创新效率的影响。

造成这种区域差异的原因可能在于不同省（市、自治区）数字资源丰沛度、经济结构差异度和科技创新转化能力差别比较大，导致在微观机制上数字化创新作用于不同省域智能制造企业的创新的频度与密度各异，进而导致数字化创新对不同省（市、自治区）智能制造产品生产要素配置的影响存在差异。比如山东省位于东部沿海地区，拥有较全面的数字服务资源库，近些年通过智能制造产业园、孵化基地和创新平台的搭建和打造，形成了智能制造企业的集聚式创新，这些特殊的生产要素和高效的创新模式最终使得数字化创新作用于不同省域智能制造企业创新效率的差序格局。此外，在宏观机制上，各省市对数字创新和智能制造产业发展的政策不同，数字信息技术赋能企业改革的接受程度也不一样，比如东部沿海城市相对开放，在革新探索中，与相对保守的中部和东部地区相比，在智能制造产业的数字化创新中往往政策引领，率先垂范，因而能够成为智能制造数字创新代表区域的典范。

（3）实证分析结论

通过上文的实证分析，得出以下结论：

第一，数字化创新能够在不同程度上促进智能制造企业的技术创新。中国现阶段正处于经济增长新旧动能转化的关键时期，智能制造与数字经济均属于国家产业结构调整的主攻方向，现阶段将两者结合起来带动制造业市场创新进而促进制造业结构升级已初见成效。

　　第二，科技创新投入、区域教育水平能够促进区域的数字化转型，进而推动区域内智能制造企业的科技创新。科技创新投入和区域教育水平高的地方，往往政府的扶持政策和金融机构的扶持能够有效支撑智能制造企业的发展，也能够从高校和科研机构获得人力资源，说明在企业、政府、高校和科研机构、金融机构等多个创新主体上形成数字化创新的合力。

　　第三，中国省际数字化转型程度和智能制造企业创新效率均存在区域异质性。一方面，对数字信息技术接受程度较快区域的省（市、自治区）和企业能够对市场做出较快反应，制定相应的产业扶持政策和战略部署，进而使得数字信息技术的应用加速了部分地区的数字化创新程度，形成"技术引领效应"；另一方面，数字化赋能智能制造企业的创新在部分省份包括发达省份与科技大省并未完全释放出来，或呈现边际收益递减，说明数字化创新的应用尚未形成较好的覆盖，部分地区开展数字化转型的基础条件仍然薄弱，导致在中国智能制造市场中出现"数字鸿沟效应"。

3.4　中国智能制造企业数字化创新的瓶颈问题及原因分析

　　近年来，中国智能制造产业发展迅速，数字信息技术的应用也推动了中国智能制造业领域的产品和服务创新以及商业模式创新的繁荣，以数字赋能智能制造新技术、新产品、新模式推动了中国传统制造业的转型升级，但中国智能制造企业利用数字信息技术进行创新和实践的过程并非一路坦途、成绩斐然。通过上文对中国智能制造企业数字化创新效率的分析发现，数字赋能智能制造的潜力和作用还是没有充分发挥出来，智能制造产业的数字创新还存在着一定的束缚和瓶颈，制约了中国智能制造业的高质量发展。

3.4.1 数字化相关政策有效性不足

从之前的分析中看到，财政扶持和人才支撑都可以增强数字化转型对智能制造企业创新的促进作用，而目前中国数字经济正处在初级阶段，数字信息技术深度融入智能制造的创新和升级中仍是企业面临的一个难点，中国智能制造企业的数字化创新需要政府政策的扶持和引导。虽然目前中国针对智能制造和数字化都出台了一系列的政策措施，但一方面真正落地到企业的发展中扶持力度和效果仍有一些欠缺，另一方面，不同区域政策扶持和落实力度的不同也导致目前政策的有效性没有充分发挥出来。

首先，政策的有效性不足导致的智能制造企业数字化转型程度存在空间差异性，智能制造产业的创新效率存在着区域发展不均衡问题。虽然近年来中国不断完善发展智能制造的产业政策，统筹布局制造强国的推进路径，但在各个省域对政策具体的落实中，基于当地数字资源禀赋条件、经济社会发展基础和人力资源拥有量、产业发展基础和科技创新转化能力等因素，这些政策并没有得以很好的落地实施，部分省市也没有积极地制定符合当地发展基础和现实的数字化创新和智能制造产业发展扶持政策，这就使得这些省市的制造业在数字经济的浪潮中更加难以追上先进制造业的步伐。

其次，从上文分析结果看到，有些地区数字化转型程度高，而企业的创新效率并没有明显提升，可能的原因之一是对政府扶持政策的实施监督不力。目前，除了基本的智能制造产业和数字经济发展促进政策外，政府还会通过补助或减少税收的方式来扶持智能制造企业的发展。尤其是对于非国有制企业来说，数字化创新需要承担一定的风险，政府的扶持补助是保障企业数字化的一种方式。而数字化过程又是一个复杂的、系统性的过程，它不仅仅是要企业引进和使用数字信息技术，而是将数字信息技术应用和协调到每一个环节中，而这个过程是政府无法监督的，这就导致信息不对称的存在。这就导致部分企业为了获取数字化的补助而进行公关，扭曲了信息企业与政府之间信息传递的真实性，使得一些真正需要扶持和帮助的企业得不到帮助，而将自己的"可靠性"传递给政府的企业却获取了相应的补助，这种政策实施过程中的监督不力使得智能制造相关政策的真实落实效率不高。

第三，缺乏配套的人才政策，高质量的数字人才供不应求。而从上文分析中看到，区域教育水平对数字化转型程度的影响并不明显，而对智能制造企业的创新效率却具有正向促进作用。高质量的技术和研发人才队伍是智能制造数字化创新的主要力量，中国数字经济发展既处于发展初期，也是发展的关键期，制定数字人才培养方案、加强数字人才培养力度、创新数字人才培养模式、优化数字人才引进方案才能为中国数字经济的发展提供"源头活水"。但目前，中国的数字化人才还存在着巨大的缺口，数字人才供求比仅为1∶10左右，人才供需失衡严重，这说明数字经济的发展、政府的扶持与高校人才的培养并没有形成很好的衔接和有效的信息传递。数字化人才的短缺拉长了智能制造数字化创新的周期，限制了企业创新的速度，因此，需要在政府出台数字化人才培养的政策措施，鼓励企业与高校打造智能制造人才培养基地，培育智能制造关键技术的攻关人才，同时出台相应的激励措施，吸引更多的国外优秀人才进入到智能制造企业。

3.4.2 智能制造企业数字化创新乏力

从上文对中国智能制造企业综合创新效率的分析中看到，大部分省份创新效率处于规模效益递减的状态，在制造业发展水平较高的省份，规模效率递减同时伴随着综合创新效率也在一定时期内出现下降的趋势，这说明中国智能制造业在目前的发展中尚未形成系统的数字化战略，企业的数字化创新尚处于初级阶段，更大一部分企业尚未开展有效的数字化创新。造成这种瓶颈问题的原因既有外部因素的影响，也有企业内部自身的问题。

首先，企业缺乏对数字化创新的认知和对数字化能力建设的管理措施。一方面，一些智能制造企业没有真正从问题入手、从需求出发来看待数字化能够应用在企业的哪个环节和部分、能够为企业带来怎样的创新效益，虽然有进行数字化创新的认知和意愿，但本身能力不够，缺乏关键的支撑技术，也没有高水平的数字化设备和业务，因此对数据的采集、挖掘、分析能力都不足，致使数字化创新难以持续下去，在面对数字化创新时束手无策；另一方面，对于具备数字化创新能力的部分智能制造企业，在选择数字化战略以后，通常会借助由此带来的商业模式创新而在市场中迅速发挥出优势，但并没有很好的处理在数字化创新过程中积累的管理问题，没有对管理机制和配套措施及时进行跟进，致使数字化商业模式创新与数字化管理失衡，也会影响数字化创新的速度和效果。尤其是对于国有企业来说，虽然在企业的决策中政府占据很大话语权，并因此享受到更多的数字资源，但同时也会因为对数字化战略的决策环节更烦琐、更保守而无法做出高效的数字化反应与沟通，因此，需要及时地调整管理方式、优化决策流程、改善组织结构，才能将数字化创新的效果最大化、持久化。

其次，缺乏对数字化创新的系统性规划。智能制造企业的数字化创新是一个系统性的过程，需要从全方位、全链条、全角度去布局数字化创新战略，尤其是对于智能制造企业来说，做好数字化能力建设规划，将数字信息技术深度融入企业的全生命周期中去才能带来可持续性的创新。但一方面，由于目前很多智能制造企业没有对数字化创新能力形成一个正确、系统的认知，也就普遍没有形成数字化创新建设的规划线路图，仅是在政策的扶持下对管理或销售活动进行数字信息技术的引入，并没有对企业整体进行数字赋能，尤其是生产层面。而对于智能制造企业来说，只有拥有数字化的生产设备和流程管理，并将销售、管理活动融合起来，才能带动企业整体的数字化创新。另一方面，制定数字化创新战略时追求先进性而忽略了实用性、适用性。自动化和信息化趋势的影响下，一部分智能制造企业在全流程投入了大批的数字信息技术和装备，力图"一步到位"达到智能制造的先进性，却忽略了数字信息技术的应用仅仅是一种手段和工具，而企业真正的目的是要借助数字信息技术来解决智能制造的创新问题、效率问题、质量问题以及节能减排等问题，是企业整体价值的提升。如果企业厘不清数字化创新的手段和目的，过分追求制造技术和数字信息技术的高端性、先进性，而忽略了企业的实践、需求与数字信息技术的契合性和实用性，就会陷入"数字化创新水平看似很高，但数字创新能力却不高"的陷阱。[238]

第三，缺乏数字化创新的公共信息平台建设。一方面，加强数字化基础设施建设是夯实智能制造数字化创新的基础，也是智能制造深度和广度的体现。智能制造企业的创新首先是制造技术的创新，在智能制造的各个环节实现新型制造技术的研发和关键共性技术的突破，建立智能制造技术创新体系。从目前来看，中国数字化基础设施的建设与智能制造企业的技术创新和发展速度并不完全匹配，尤其是数字化和智能化融合的基础设施建设没有为中国智能制造企业的创新活动提前夯实好"底座"。另一方面，除了数字信息技术公共基础设施的建设，在智能制造业的发展中，中国支持建立公共信息平台、鼓励大型企业构建数字化创新平台，通过平台提供数字信息技术公共"云服务"，以智能制造大企业带动中小型企业的发展，避免数字鸿沟给智能制造企业发展带来的不平衡。但目前，这些云平台的具体功能和服务模式并不健全，大部分平台是作为一种示范性存在，缺乏核心价值的创造能力，没有推向真正的实践和应用。虽然有很多的大型智能制造企业如海尔建立了COSMO平台，但这种平台的构建、运行机制、治理机制和评价机制等还有待于更深入的探索才能真正地落实和应用到智能制造全领域各类型的智能制造企业发展中去。也是基于这个现状之一，本书研究数字创新生态系统的构建及其治理，以期能够为智能制造的数字平台创新提供实践指导。

3.4.3 智能制造企业数字化发展水平不均衡

从前文对中国智能制造企业数字化创新效率的分析中看到，在中国智能制造产业的数字化创新发展过程中，不同的技术条件、资源禀赋以及经济社会发展水平，导致智能制造企业在数字化创新发展中逐渐出现不均衡的现象，这种不均衡体现在不同区域、不同所有制类型、不同规模、不同发展阶段中。

首先，不同区域智能制造企业数字化创新发展差异明显。从上一节技术效率分省份和区域的分析中也能看到，由于不同区域的智能制造发展基础和政策环境不同、数字化基础设施情况和应用条件不一、地方用于智能制造的技术资本和人力投入力度不同、数字金融发展程度和帮扶政策有差别、信息社会发展水平和保障能力也不一样，因此，不同区域的智能制造发展基础和速度呈现出明显的差异，东部沿海地区智能制造发展要明显领先于中西部地区，尤其是东部沿海形成了智能制造发展的京津冀、长三角、珠三角智能制造集聚区。另外，对于不同区域的企业来说，在对数字化转型的认知、实践和应用上也存在着差异，这种差异诉诸到政策时明显也会存在不同的需求和落实力度。因此，对于各区域来说，因地制宜地制定智能制造的整体战略规划和相应的扶持政策，设计长远且符合当地发展事情的数字化转型规划和智能制造模式，才能更充分地带动智能制造企业的发展和数字化创新。

其次，不同所有制类型的智能制造企业数字化创新发展也存在差异。国有企业在智能制造市场中占据着主导的位置，同时也占据着资源和政策上的优势。受智能制造技术环境、不同政策的影响，不同所有制类型的企业面临的效果冲击力也不一样。通常，国有企业应能够对智能制造政策和数字信息技术的应用做出更快的反应。对于智能制造企业来说，深度应用数字信息技术才能够在智能制造领域迅速占领高地、获取竞争优势，[239]占据产业价值链上游的国有企业能够在数字经济浪潮中抓住数字化、智能化、网络化的创新情境迅速地开展技术研发和产品服务的创新，并通过建立工业互联网平台，进行产品服务开发的同时，获得其他互补性的资源和信息。而以非公有制为主体的企业能够将智能制造由生产制造链条推广到服务链条，帮助中国智能制造企业价值链实现攀升。因此，国有智能制造企业要利用自己的优势和平台主导地位，引导和引领非公有制企业共同融入于数字化、智能化进程中，协同而形成智能制造的集聚发展。

第三，不同规模和发展阶段的智能制造企业数字化创新发展存在差异。数字经济时代，不同规模和发展阶段的企业都会选择增加研发相关的投入来获取数字化竞争力，但不同规模和发展阶段的企业拥有和能够获取的数字资源及其对数字资源的利用能力不同，从而产生了"数字鸿沟"。由于数字鸿沟的存在，不同规模和发展阶段的智能制造企业在数字创新的思想认知、数字创新要素的配置、技术创新效率以及信息资源的交互方面存在着差异。[240] 往往大型企业、处于数字创新成熟期的企业能够抓住政策时机，对创新资本的投入和数字信息技术的应用做出更大的应对行动，其次是中等规模和处于数字创新发展期的企业，最后是小规模企业和刚开始进行数字化创新的企业。另外，具有一定数字能力的大型企业会积极通过构建互联网创新平台在智能制造领域中占据核心竞争地位，但通常平台对中小企业的吸收程度却不高，无法带动中小企业的创新，中小智能制造业企业本身也因为数字化创新能力和水平不高，而更加难以吸引到优秀的专业人才，这就导致不同规模和发展阶段的智能制造企业发展差距逐渐拉大。

3.4.4 多元利益主体数字化创新协同不够

在前文对数字化转型程度的衡量分析中看到，智能制造企业、政府、高校和科研机构、金融机构、数字基础设施以及数字创新相关环境的共同影响下，不同区域呈现出不同的数字化创新水平。随着智能制造产业市场中创新主体的日益多元化，创新模式的网络化、开放化，以及创新的跨空间、跨边界化，企业的数字化创新越来越离不开外部资源的支持和与外部创新主体的有效互动，如政府的财政扶持政策[241]、金融机构的资金支持、高校和科研机构的人才支持等。尤其是随着数字信息技术的广泛应用，政府、供应商、高校和科研机构、金融机构等多组织开始在智能制造企业的创新中发挥越来越重要的作用，通过与智能制造企业的资源和信息互补，成为智能制造发展的多元利益主体，加速了企业的创新进程。可以说在当前智能制造企业的发展过程中，多元利益主体的协同已成为企业打造竞争优势的重要手段，尤其是在数字经济时代，大型智能制造企业通过搭建互联网平台构建创新生态系统，与其他利益主体共同实现价值创造，已成为企业进行数字创新、占得竞争优势的关键途径。

　　在当前智能制造企业的数字化协同创新中，基于创新生态系统进行多元主体信息和资源的交流是传统的方式，随着智能制造业的发展，这种沟通和交互方式效率开始与智能制造的协同创新要求和价值共创目标不匹配。比如有些企业开始诉诸数字信息技术来搭建更加高效、协同的价值共创网络，着手构建数字创新生态系统，但也有很多的企业由于没有意识到数字信息技术在协同创新中的重要性，或者没有有效地将数字信息技术实践应用到协同创新模式中来；再比如中国智能制造企业长期处于全球价值链的中低端，与高校培养的智能制造人才结构不匹配，或者企业的技术需求与高校的基础研究脱节，以致企业和高校很难在全球价值链上游开展有效合作，这就导致智能制造企业与高校的协同出现"解耦"现象。[242]多元利益主体的协同合作关系没有很好地发挥出应有的效应，企业也就难以在竞争中获取优势地位。

　　另外，除了构成利益共同体的多元主体之间数字创新的协同程度不够，在智能制造企业内部，数字信息技术与企业资源的协同程度也不够。企业进行数字化创新并不是抛弃原有的设备、技术，而是将数字信息技术融合到企业固有的资源和模式中，实现创新最优化，因此，协调好数字信息技术与智能制造企业内部原有的资源尤为重要。但是由于一些企业缺乏数字信息技术应用的经验，在引进和推广数字信息技术时没有与企业原有的生产和管理方式相融合而形成新的生产管理流程或者新的资源基础，带来了资源的浪费反而使得数字化创新的效果没有发挥出来。

智能制造企业数字创新生态系统的构成要素

4

随着新一代信息技术的发展，数字成为撬动制造业智能化的一个战略支点，深度融入了智能制造企业的创新活动中，通过数字创新平台的搭建等多种形式促进了智能制造企业的数字化、智能化转型与创新。但通过前文对智能制造企业数字化创新现状的分析能够看到，当前数字创新在智能制造领域中的应用尚处于初级阶段，如何以多元利益主体协同创新加速智能制造企业的数字化创新步伐成为企业获取竞争优势的重要举措。构建一种能够汇集多种创新要素、促进多个创新主体协同、引致多种生态互动的数字创新生态系统成为智能制造企业的一种新型协同创新范式。那么，智能制造企业构建数字创新生态系统的基本过程是什么，数字创新生态系统中有哪些核心的构成要素？基于这些问题，本章首先分析数字创新生态系统形成的基本过程和理论框架，具体阐述从"平台搭建"到"数字创新生态系统"形成；再到"企业创新变革"的动态演进图，具体分析在数字创新生态系统的搭建过程中，创新主体、创新要素、创新表现形式的变化；然后根据数字创新生态系统构建的基本理论过程，分析和确定智能制造企业数字创新生态系统中的核心构成要素。

4.1　智能制造企业数字创新生态系统形成的理论过程

创新系统理论自21世纪初进入学者视野后，其重要性不断增强，理论体系不断完善和深化，创新生态系统理论研究逐渐从"点式思维"跨向"链式思维"并开始向"环式思维"转变，但目前从严格意义上讲，创新系统的理论框架并未完全廓清，创新生态系统的理论研究依然囿于生态学和社会技术学等理论中。随着数据作为一种重要的要素参与到企业的创新活动中并加速赋能后，开始逐渐为企业的创新范式带来创造性的重构，它打破了创新主体之间原有的边界、生态位和功能，引发了不同创新主体之间交互方式从"多元互动"到"多重网络互动"形式的演进，发展和完善了数字创新生态系统理论。

4.1.1 数字创新平台的搭建

数字创新生态系统的形成并非一蹴而就的，它是企业通过平台化战略，吸引参与群加入，并按照一定的规则框架共同创造价值，进而成为数字创新生态系统领导企业的过程，也是一个从单一发展向整体发展的自组织过程。在这个过程中，平台的搭建是第一步。平台的搭建是智能制造企业数字创新方向的体现，而要进行平台的搭建，首先要确定企业的核心要素。

通常，企业搭建创新平台的核心要素主要包括产品、服务以及技术三种类型，这些要素能够帮助用户快速地实现与平台的链接，同时也能够让系统迅速地扩展到用户群捕捉新的用户信息。对于智能制造企业的数字创新平台来说，核心要素既有平台交流的渠道和规则等软性的技术，还包括了硬性的智能制造技术和数字信息技术及其赋能的产品和服务、链接平台的界面和渠道，其中最核心的要素就是掌握核心数据和数据处理的能力。平台的数字功能会通过智能终端传递给用户，帮助用户获得平台的信息。对于智能制造企业来说，其基本业务的开展也会依赖于这个平台进行。

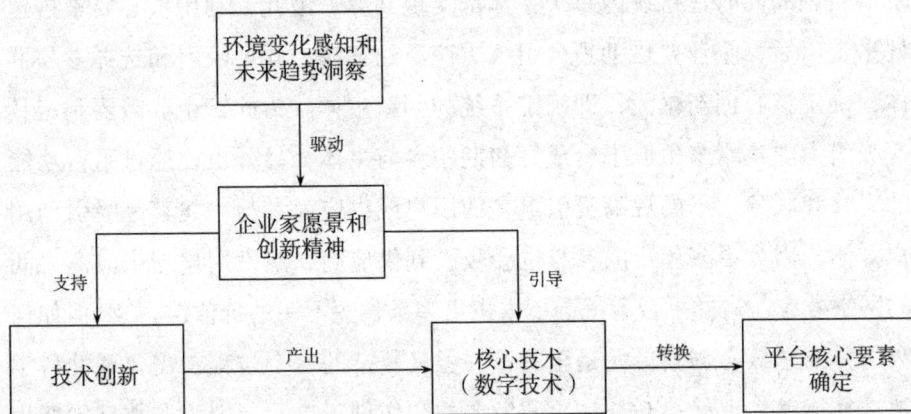

图4-1　智能制造企业获得平台核心要素的过程图

图4-1显示了智能制造企业在搭建数字创新平台时获得核心要素的过程。当前大数据、互联网等现代信息技术的发展对智能制造业的发展带来了颠覆性的影响，中国智能制造企业也面临着不同大小的国内外竞争压力，智能制造企业在感知到这些经济、科技等环境的变化和机会时，会针对企业当前的发展现状和未来的发展规划进行分析和洞察，这个行为会驱动企业的领导者对未来发展做出新的预测并制定企业新的愿景和战略规划，进而激发出领导者的创新动力和精神，这一方面会带领企业通过技术研发和人才引入来对原有的技术进行创新进而引致技术突破，形成企业的核心技术或者直接引导企业引入新的技术来构建核心技术；另一方面，领导者制定的数字战略会驱动企业通过自建或者依托外部的形式来对数字信息技术和资源进行架构，为搭建数字平台准备好基础设施。有了核心技术以后，企业的领导者便会寻找时机，在适当的机会和条件下开始集聚资金和资源，着手搭建平台。在平台的搭建过程中，企业的核心技术便转化为企业数字创新平台的核心要素。

4.1.2 核心创新单元的确定

搭建数字创新平台的目的是为企业与其他主体的交互和协同提供机会，进而在一定的环境和条件下相互作用形成数字创新生态系统，在实现价值共创的同时让系统内每个主体都实现共赢。因此，利用核心要素搭建好平台以后，企业要借助平台引入更广泛的资源，就要吸引和选择参与群体，确定核心创新单元，即确定系统的创新主体。为此，企业需要制定具有吸引力的策略来争取平台成立初期的参与主体，另外也要通过平台功能的完善和服务水平的提高吸引更多的用户或供应商参与，尤其是吸引到用户群体，因为更多用户的参与也会吸引到供应商，激发用户与供应商之间的网络效应，这样平台上就会衍生出更多条长短不一的价值链。[243] 但如何吸引并筛选核心创新单元是至关重要但又复杂的一个过程，需要理性科学地选择能够实现优势互补和协同发展的合作创新单元，因为在数字创新生态系统中，每一个创新单元都发挥着自己的功能，共同协调和维护着智能制造企业数字创新生态系统的有序运转，并且在运转的过程中不断地进行信息的贡献和资源的合理配置。

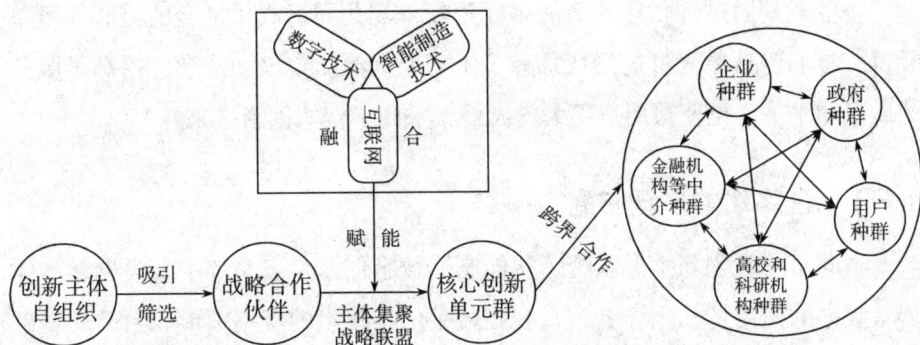

图4-2 智能制造企业平台核心创新单元的确定流程

如图4-2所示，当企业在选择一个合作的创新单元作为战略合作伙伴时，要充分考虑到企业当前资源或信息的紧缺现状以及合作以后各类生产要素能否借助平台在企业与合作创新单元之间实现高速的流动和集聚，弥补企业在原料和技术等方面的欠缺，进而为企业创造更大的价值。在选择好战略合作伙伴以后，各个主体通过集聚的形式形成战略联盟，并借助智能制造企业构建的数字创新平台开始进行初步的跨界合作，形成一个合作网络。

数字创新生态系统的规模和范围通常是非常大的，核心创新单元的确立不仅仅是选择一个创新单元，而是通常选择其他的企业、高校和科研机构、金融机构以及政府、用户等多种类的多个参与主体来形成核心创新单元群。这些创新单元对资源和信息的利用能力不同，对于平台环境的适应性也不一样，因此，在平台中会占据着不同的重要性位置，于是每个创新单元的生态位便形成了。在数字创新生态系统中，生态位体现了一个创新单元在系统中的位置、资源和信息的利用方式以及对环境适应性的综合结果，它的形成是基于其功能和需求来决定的。较之普通创新生态而言，数字信息技术的赋能和融合虽然提高了系统的创新水平和效率，但也因为数字本身的敏感性而增加了系统的风险性，因此在智能制造企业核心单元生态位的确立中，平台领导者企业会更谨慎地根据企业实际的需求和创新单元能够发挥的作用来进行充分衡量后再做出选择，因而创新单元的选择及其生态位的确定也就带有一定的主观性。

企业及其通过评估后选择的多元创新单元共同组成了平台的核心创新单元群，核心创新单元群的形成加速了平台上资源的集聚和流动，提高了服务的质量和水平，也使得用户更大程度地参与到平台的创新中来。

4.1.3 平台终端的广泛布局

不同于一般创新生态系统，智能制造数字创新生态系统中每类创新主体都是数据的使用者和生产者，都会在数字信息技术的应用下形成自己的基础数据库。因此，数字创新平台的布局需要更多的数字化终端设备来实现更广空间的广泛布局，吸引和整合更多的参与群体和潜在利益相关者，提高平台创新单元的多样性和关联性，更有效、更广泛地整合更多资源，同时利用数字信息技术提高智能制造企业需求的可触性和传达率。

如图4-3所示，智能制造企业利用其建立的交流交易平台，以核心要素为基础，通过数字信息技术的赋能，在多个地方通过设置分支机构或者签署部署协议的方式来在广泛空间上大力建设自己的数字终端设备，吸引更多终端所在地的参与群体与企业形成战略联盟，并引导用户和供应商的广泛参与，形成更庞大的创新单元，这些创新单元之间不断进行信息资源的整合、重新配合和协

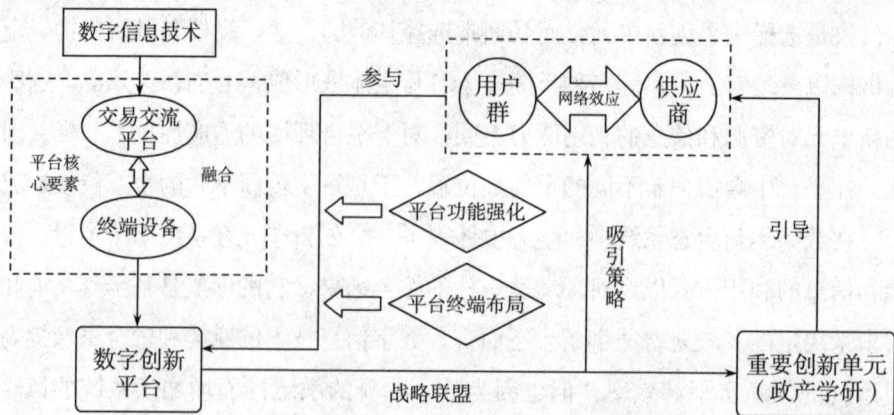

图4-3　智能制造企业数字创新平台终端布局

作创新，使得平台的功能更加强大，为企业建立了强大的竞争优势和天然的竞争壁垒。通过数字创新平台终端设备的布局，为系统核心创新单元之间建立起多条链接的渠道和方式，并通过数字信息技术促进各个创新单元的信息互动、高效连接与协同发展。所以，智能制造企业数字创新平台终端的广泛布局在企业数字创新生态系统的构建与发展中起到了重要的承接作用。

4.1.4 企业数字创新生态系统的形成

智能制造企业通过对数字创新平台进行终端布局，逐渐将企业、政府、高校和科研机构、用户、金融机构等多类型的主体集聚起来，构建起系统的多类创新主体及其基础数据库，形成一个多元创新共同体，即核心创新单元群，并且逐渐加速主体之间的交互，形成价值共创的核心驱动力，在这种驱动力下，核心创新单元之间的功能定位和创新环境开始不断整合。

在企业原来的创新模式中，通常企业是作为智能制造产品和服务的供给者，高校和科研机构是制造新技术的研发者，用户是产品和服务的使用者以及新要素的制造者，政府与金融机构是其他主体发展的支撑者，[244] 如图4-4所示，从旧模式的横切图面看，企业、政府、用户和高校在技术的驱动下展

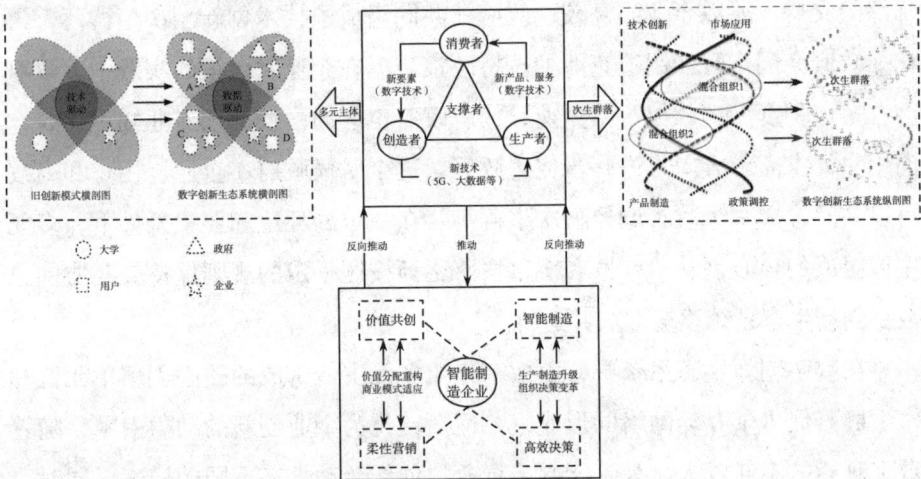

图4-4　智能制造企业数字创新生态系统的理论框架

115

开协作，并占据着各自的固定生态位，从旧模式的纵切面来看，不同主体之间通过互动协作形成简单的混合组织，混合组织之间的有机互动性并不高。

随着数字信息技术开始深度融入和赋能，并直接参与到系统的创新活动中去，企业、政府、高校和科研机构、用户、金融机构等核心创新单元都成为数据的生产者和使用者，数据驱动着系统核心创新单元之间的价值创造由传统的价值链形式逐渐向价值共创网络形式转变，促使系统内部的要素不断重构、功能边界被"创造性破坏"，核心创新单元群里多元主体之间展开功能的延伸、交叉和互动，并由此出现生态位的重叠，打破了原来一个生态位只有一个主体或者一个主体只占有一个生态位的格局，如图4-4中数字创新生态系统的横剖图所示，在数据的驱动下，一个生态位上可能既有企业，又有用户、政府和高校；一个高校可以既在一个生态A位，又能在生态B位、C位或者D位上，这样促使多个不同类型的创新主体基于共同的价值追求和目标展开更广范围的互动，并重新在不同的生态位上集聚耦合、建立新的互动关系，形成多个次生群落。[245] 比如智能汽车生产企业的研发活动依赖于本企业的研发中心，也会与高校联动共同研发，智能汽车的导航、娱乐等操作系统又需要与从事地图和娱乐的企业联动，智能汽车的上路测试也需要交通部门的支持，所以企业、高校、政府就共同组成了技术创新型次生群落；再比如政府会制定智能制造企业的扶持政策，但在企业对政策的实践中，政府会在一定程度上"放权"给企业，或者政府也会向高校征求专业知识建议、向用户征求需求方向来进一步完善政策，这个时候政府、企业、用户和高校可以共同形成一个政策调控型次生群落。在一定的环境和要素条件下，多元主体组成的核心创新单元群和次生群落逐渐按照一定的规则保持交互协同，数字创新生态系统逐渐形成并运行。

在数字创新生态系统中，由数字化的多元主体构成的核心创新单元群和次生群落促进了互动网络的形成，并逐渐转化为企业创新的动力引擎，随着数字赋能的不断深入，为智能制造企业的创新活动带来不同的样态。同时，企业及其创新活动的新样态反过来又会继续推动系统内部的交互运转和数字信息技术的深度应用，形成良性的循环。

　　首先，在系统核心创新单元群的多元主体之间进行交互的过程中，数字信息技术的应用会及时将交互的效果以及存在的问题以信息和数据的形式采集反馈出来，并借助云计算等分析，帮助系统多元主体之间调整和优化当前的互动关系，并形成新的数据反馈给各个创新主体，这个时候的数据是具有潜在的价值的，[246]也就是说价值创造不仅仅存在于系统内的各个主体之间，数据也会作为一种价值创造主体参与到价值链的生成和创造过程中去，进而重构了系统内创新活动中的价值分配体系，[247]不断提升系统内核心创新单元即创新主体通过实时互动所创造的价值以及数据迭代所释放的隐性价值，最终实现整个系统内的价值共创和攀升。

　　其次，随着系统内部交互的深入，一方面不同创新单元之间的互动关系和结果会以数据的形式反映和记录在数据库并上传到云端，实现对系统运转的实时监控和诊断，及时发现问题和障碍，进而随时调整系统的运转规则或方式，实现数字创新生态系统运转的自主监管和优化；另一方面企业的数据模型、平台的一些算法、业务数据等信息也会形成基础的数据库并在云端展示、汇聚，其他的主体可以借助数字创新生态系统网络在云端共享到数据信息并进行自我的动态调整和管理，这样就把智能制造的产业链条、技术链条和服务链条上的所有创新主体都连接耦合起来，使得智能制造企业的生产制造活动更加数字化、智能化、服务化，不断推动智能制造的升级。

　　第三，数字创新生态系统内部各类创新单元之间的互动关系也体现了企业商业模式的创新。构成系统核心创新单元群的各类创新主体是多元化的，由于数字信息技术作为核心要素的融入，不同的创新主体之间的交互以及系统内的价值共创和共享不仅仅是动态的、立体的、网络化的，还呈现出高效化、数字化、智能化特征，尤其是用户的信息更大程度、更广范围的以数据的形式反馈到系统内，使得企业对用户的个性化需求迅速地做出反应并进行精准的供需匹配。因此，数字创新生态系统使得企业的商业模式呈现出多元化、数字化、智能化、柔性化的联动转变。

第四，传统的创新模式中，企业的信息通常是以分散的单链条形式传递，效率低、成本高，且存在着信息的失真、失效，影响了组织的决策效率和质量。而在数字创新生态系统内部，创新主体是数字化的主体，其信息、资源、特征以及与其他主体之间的交流和互动结果都会形成一个基础数据库，因此，本身就具备数字信息输出的快速性，并且不同创新主体之间的交互和协同是频繁而高效的，信息的传递也是高度准确的。因为数字信息技术的深度融入和赋能打破了信息在不同主体之间的边界，使得多元主体之间的信息快速地汇聚并实现网络化的传递和共享，这一方面缩短了信息传递的链条和时间，降低了信息传递的成本，使得决策更加敏捷化、准确化、扁平化，另一方面也避免了信息在传递的过程中出现主观臆断的错误或者人为的篡改而导致决策的失败或无效。

4.2　智能制造企业数字创新生态系统的核心要素

数字时代，智能制造企业仅靠掌握某种核心技术已经不能在竞争中占据优势，打破企业原有壁垒，与其他企业结成联盟已成为赢得市场的重要手段。数字信息技术的赋能和智能制造的特征也决定了智能制造企业的组织架构和价值空间都变成开放式，企业的价值创造路径呈现多样化。为了更有效地实现资源的互补利用，在市场中与多主体协同创新实现价值链的集体攀升，智能制造企业开始借助自身的优势和条件建立网络化的共享平台，并借助数字信息技术升级平台系统，逐渐搭建起数字创新生态系统。

同生物生态系统一样，数字创新生态系统不仅仅是各类合作的企业，它也是由企业、政府、高校、金融机构等不同的个体、组织通过与环境的共同作用形成的有机系统。中国学者对企业创新生态系统构成要素的研究已有较多的积累，无论是从宏观视角还是从微观层面具体的行业，对企业创新生态系统要素的划分基本包括了围绕产业价值链相关的企业及其利益相关者企业、政府等服务主体，高校和科研机构等知识主体以及制度环境等要素，如张贵（2018）[248]将企业创新生态系统的要素划分为核心企业种群、外围企业种群、外围创新团队种群、知识种群、服务种群和制度环境要素。

然而数字创新生态系统区别于一般的创新生态系统：第一，它的要素包含了数字化的技术、资源、基础设施，体现出深度的数字化特征；第二，数字创新生态系统中每个创新主体都是数据的产生者和使用者，其资源、信息都会在数字信息技术的应用下形成一个基础数据库，因此，每个创新主体都是数字化的创新主体；第三，除了实体的数字化创新主体外，数字信息技术又催生出虚拟的创新主体，它们也会通过跨边界、跨空间式的互动成为价值创造主体的一部分。因此，本节内容对数字创新生态系统的要素构成进行具体的阐述和分析，从而更加明确数字创新生态系统区别于一般创新生态系统的独特性所在。

4.2.1 创新基础种群

在智能制造企业的发展中，数字智慧创新源是企业创新活动的基础和根源，没有这些创新源，就无法将创新意识转化为创新行动。恰如马克思所说："思想根本不能实现什么东西，为了实现思想，就要有使用实践力量的人。"[249]智能制造产业是在人的智慧与创意之下，基于新一代信息通信技术与先进制造技术深度融合来提供智能制造产品和服务，数字智慧是由人创造的，人创造的智慧形成创新源反过来又塑造了人，提高甚至改变了人认识世界以及改造世界的能力和手段，人的这种生成性和基础性是智能制造产业发展的不竭动力。因此，在数字创新生态系统中，人是最基础的创新种群。

在智能制造企业的数字创新生态系统中，创新基础种群包括了高校的大学生、科研机构的科研人员、企业的技术人员、将需求转化为创新源的用户，以及其他具有智慧创意的个人等。在这些各类智慧创新载体人的共同作用下，借助数字信息技术和工业互联网，对创意进行整合、整理、筛选，然后借助系统的共享互动功能将创意在系统内的其他创新单元之间流动、传递，在一定的技术、政策和制度环境的支持下，或将创意转化成技术并通过创新主体之间的协同实现技术的成果转化落地，进而转变成创新创造；或直接通过技术创新和知识外溢等方式将创意转换为现实的智能制造产品和服务。因此，对于智能制造企业来说，创新基础种群及其创造的数字智慧创新源是智能制造企业数字创新生态系统的重要基础来源。

数字创新生态系统将创新的基础人联合起来，形成创新基础种群，进而激发更多的数字智慧创新源，这一方面在数量上和质量上提高和优化了智能制造的创新创造能力，还能够带动智能制造市场整体的创新氛围和环境。在大量数字智慧创新源的带动下，也催生了将创意落地实现成果转化的孵化组织和基地，促进了相关产业服务平台的建立以及企业开放式创新平台的搭建，加速了企业创新模式的优化，为数字创新生态系统的形成奠定了创新源基础。

4.2.2 创新主体种群

在智能制造企业的数字创新生态系统中，创新主体种群是由相同或相似类型的智能制造企业或组织构成的群落，具体可以划分为两种：实体创新主体和虚拟创新组织。

（1）实体创新主体

智能制造企业数字创新生态系统中的实体创新主体又可以详细划分为三部分：

第一部分是领导建立数字创新生态系统的核心企业，以及依赖于核心企业但又具有相对独立性的外部企业或团队。核心企业及其外部的创新企业和团队之间异质性的知识、资源、信息和经验是创新的基础，智能制造企业的创新不仅来源于企业内部的研发部门，还会通过创新成果的溢出吸引外部的企业直接参与企业的创新，以此提高智能制造企业的创新意识、加速智能制造企业的创新模式优化。或者智能制造企业会根据创新的需求和研发的实际来并构外部的团队，实现企业与外部团队知识、资源、信息以及创新经验的重组。

第二部分是智能制造企业产业链上游、中游和下游的供应商、制造商和销售商企业。有别于一般行业的产业链，智能制造产业链更需要系统化、集成化的创新，数字信息技术使得供应商、制造商和销售商与企业之间能够进行深度的数据信息交流和交换，实现上中下游环节的真正融合。在智能制造数字创新生态系统中，供应商、销售商不再单纯作为制造企业创新活动的辅助者或者配合者而存在，而是在多技术支撑和多软件应用中，与制造企业进行协同创新来提供系统的创新方案。尤其是供应商企业，这类企业通常具有推进智能制造的丰富实践经验，它们可以集成供应商联盟，为智能制造企业提供原材料和零部件的同时，输入智能系统集成的经验和先进的数字管理知识等，为智能制造企业的创新活动提供支持。销售商也不仅仅是为智能制造产品和服务提供销售渠道，还要借助系统将用户的需求或市场的最新动态迅速传递到企业或供应商那里，比如销售商也可以借助系统与系统中其他的需求方、辅助主体等协作而实现进一步的创新，为系统提供了互补产品和服务，完善了整个智能制造创新生态系统的供给功能。

第三部分是竞争者企业。竞争者企业是指与系统中智能制造企业生产相似产品、提供同类服务或具有相似生产流程的同质企业。竞争企业虽然抢占了市场中的资源，但也促使智能制造企业不断创新来保持竞争优势。随着智能制造市场的发展，企业的竞争以及从"产品和服务的竞争"慢慢转向"供应链的竞争"，并开始升级到"创新生态系统的竞争"，这就要求智能制造企业借助于最先进的数字信息技术和智能制造技术迅速地布局资源和信息配置，构建数字创新生态系统，以更高效的抢占竞争高地。

这些实体的创新主体种群通常会按照既定的规则或合约来实现资源的互补与共享、市场的集体拓展、价值创造成本的降低，这些规则包括研发成本的分担、智能制造技术的共同攻关、信息和资源的快速传播与交流共享等。

（2）虚拟创新主体

在数字创新生态系统中，参与创新的不仅仅包括具有实体组织形式的各类数字化的创新主体，还存在着能够发挥潜在价值创造功能的虚拟组织形式。当数字创新生态系统内部的数字基础设施被企业和各类创新主体很好地感知、深入理解并应用后，企业就能够在价值创造的过程中发现机会进行数字组织形式的创新，比如建立虚拟小组，摆脱物理组织的束缚和组织之间的依赖性，自由地进行虚拟小组创新风暴，为系统内部各主体之间更有效地进行协作创新提供模拟方案。

虚拟创新主体是沟通用户的需求、智能制造产品和服务的设计与制造之间的桥梁，它以系统中汇集的数据为基础，借助数字信息技术、计算机技术，在虚拟的环境中对智能制造产品和服务的全周期、全过程进行虚拟仿真实验，并在虚拟的环境中对智能制造产品和服务进行评估和进一步优化，在缩短开发周期、节约成本的同时提高了产品和服务的质量和供给效率，有效优化了智能制造的供给侧。随着智能制造业全球竞争的加剧，人机结合、虚实融合成为智能制造的一个趋势，越来越多的企业开始将虚拟现实技术应用到全生命周期来推动生产组织方式的变革，并逐渐向管理和服务环节延伸，为用户提供更加完善的智能制造产品及服务解决方案。因此，虚拟创新主体也逐渐成为智能制造企业数字创新生态系统中必不可少的一部分。

4.2.3 创新应用种群

有别于一般创新生态系统，用户或消费者也是智能制造创新生态系统中极其重要不可阙如的核心要素，它们既是智能制造产品和服务的使用者、应用者，也是智能制造创意的提供者和反馈者，因此，智能制造企业的数字创新生态系统的核心要素还有包含了用户、消费者在内的创新应用种群。

在一般的创新生态系统中，消费者或者用户以购买产品和服务为主，极少参与到产品和服务的创意、生产、营销等环节。而在数字创新生态系统中，用户被赋予一定的角色和能力，开始全方位地参与到系统的整个价值创造中，比如用户对智能制造产品和服务的体验和满意度既可以起到口碑营销的作用，也可以反馈给企业，帮助企业产品和服务供给质量的提升；另外用户也可以将自己的消费喜好甚至自己的智慧创意反馈给企业，从而引导企业产品和服务的开发方向和市场导向；甚至在数字创新生态系统中，无边界的数字共享可以让用户成为创意或内容的提供者，模糊了消费者、生产者、供给者的原有框架和边界。因此，在数字创新生态系统中，用户虽然是产品和服务的最终使用者，但这却并不意味着他们代表了数字创新生态系统的结束，相反，他们也可以是新的信息和能量循环的开端，是系统价值链的体现者也是分解者，没有用户群，系统的物质和价值循环就无法实现，系统末端的信息也无法反馈给智能制造企业，企业也就无法真正根据用户的需求有针对性开发产品和服务，创新也就没有意义。

尤其是在当前两化融合的大趋势下，智能制造产业的发展不断趋向绿色化、智能化、服务化，尤其是智能制造服务化成为撬动智能制造企业转型升级的新模式，智能制造企业的创新活动不再单纯围绕着企业本身的生产链展开，而是围绕着创造用户价值而展开，从以自身为中心转变为以用户为中心。在数字创新生态系统中，用户或消费者作为创新的应用种群，可以通过对智能制造产品和服务的使用以及体验来为平台积累大量的评价反馈、需求建议等行为数据，系统中数字信息技术的赋能和深度融入得以让用户或消费者的需求行为数据信息被迅速捕捉、获取、分析、筛选，智能制造企业以及其他创新主体会共同借助这些信息更好地服务于用户或消费者，甚至鼓励用户或消费者参与到智能制造产品和服务的创意设计中去，因此，用户或消费者此时也为系统创造了价值。

4.2.4 知识协同种群

智能制造产业的高质量发展更需要产学研用的深度融合，企业在加强内部研发部门创新的基础上，还会通过与高校或科研院所等机构共同建立研究院或外部开发部门来进行技术的协同创新。在智能制造企业的数字创新生态系统中，作为知识协同种群存在的通常包括高校、科研院所、开放型实验室、智能制造创新试点等组织类型，它们为企业提供知识和人才支持的同时，也承担和发挥着不同的创新功能。他们在系统内部充分结合人才、技术和效益，借助自身优势与企业等其他创新主体逐步形成协同发展的合作关系。

高校是指在系统中与企业或其他创新主体有合作关系的高等教育机构。随着智能制造产业的发展，越来越多的高校开始设置智能制造专业或创建高校版智能制造示教系统，以多种形式为智能制造企业提供高质量的专业人才、最新的理论研究成果以及专利等知识创新成果，为企业解决创新管理中经常面临的设计研发资源紧缺、成本高、人才缺乏等共性难题。

科研院所通常直接参与到智能制造企业的创新活动中，一方面它们会与企业共同参与到前期的研发活动中，为企业提供创意与技术上的支持，协同促进系统的创新；另一方面，科研院所也会通过成立智能制造孵化企业的形式，为科研成果与市场之间搭建一个沟通的桥梁，或以市场化运行的方式多方位地参与到智能制造企业价值链的多个环节中去。

开放型实验室可以通过为智能制造企业及其他主体提供创新实验基地的方式帮助智能制造企业面向创新实践，拓宽系统技术解决方案的渠道，如智能制造与数据科学实验室等。一方面，实验室可以在高校、科研机构和智能制造企业内部研发部门之外为系统提供研发创意基地；另一方面，智能制造企业还可以通过与其他企业、高校和科研院所共同建立联合实验室的方式，打造智能制造系统集成实验室[250]，协同促进系统内部知识协同种群的合作共赢。

智能制造创新试点是通过开展智能制造创新研究及先行示范，打造智能制造技术创新样板，构建智能制造企业创新实践平台，以示范先行将智能制造的技术创新以及系统解决方案逐渐推广。在数字创新生态系统中，智能制造创新试点带动了系统内部其他主体更好地改进技术、提高信息交流效率、拓宽资源共享，促进了系统内部创新效率的提升。

4.2.5 服务支撑种群

智能制造企业的创新活动除了与产业价值链上相关的其他主体之间进行协同交互，还需要有政策的扶持和资金的支持等服务种群。因此，智能制造数字创新生态系统的协调运转离不开服务支撑种群，包括政府、中介机构、金融和风投机构等组织。

企业在建立数字创新生态系统初期，刚搭建起来的平台尚不稳定，创新主体之间的协同尚未迈入常规渠道，因此平台的稳定性及系统的运转能力都相对比较弱，容易受到外部环境的影响，比如智能制造相关政策的不确定性、企业在融资方面的困难比较大、数字基础设施及相关服务也不健全、面临着不对称的市场信息，种种外部环境因素影响了企业的创新。如果数字创新生态系统比喻为一个花园，那政府的工作就是要管理好这座花园，并适当给花园施肥翻土、增加养分，为花园的生机保持提供优良的环境。政府通常会制定智能制造产业发展相关的经济、法律等方面的政策工具来对企业的创新活动进行政策的扶持，比如制定智能制造产业税费优惠政策、完善智能制造知识产权法律法规、提供智能制造专项资金支持，为智能制造企业的发展不断释放政策红利。

中介机构的本质是营利性的一个市场主体，它们大部分是在政府机构改革和职能的转变过程中通过重新组建而发展起来的具有半官方性质的行业协会、孵化中心、企业联盟以及智能制造相关的各种服务中心。中介机构通过发掘和整合信息、技术、交易、投资等方面的人力、物力资源，为智能制造企业提供信息网络服务、创新创业扶持、创业孵化运营、公共服务平台搭建、法律和管理咨询、人力资源管理和培训等服务，帮助企业在市场中赢得更多的创新机会和资源，尤其是降低企业在建立数字创新生态系统初期面临的紧缺和风险。

金融和风险投资机构是数字创新生态系统运行的有效保障，银行、证券公司、保险公司、信托投资公司等金融机构可以帮助智能制造企业在创新活动中面临的资金短缺问题，在中国智能制造产业的转型升级发展中，越来越多的银行通过政企银多方协作方式为智能制造研发提供全流程的智能制造金融服务方案。风险投资机构可以为运行期和成数期的数字创新生态系统提供更牢固的资金支持手段和方案，与金融机构一起为数字创新生态系统的高效运转打出"组合拳"。

4.2.6 技术支持种群

智能制造业本身就是深度融合先进制造技术、新一代信息技术以及人工智能技术而形成的一种新型制造系统和生产方式，因此，智能制造企业的发展离不开其依赖的以物联网、传感网、无线传感技术、增强现实（VR）、3D打印、工业机器人等为代表的智能设备与制造技术，以及以互联网、人工智能、云计算和大数据、5G等为代表的数字信息技术。

在智能制造企业的发展中，技术支持来源于内部和外部两种。内部的技术支持主要是企业通过内部的自主创新、生产要素重组以及资源配置的改善等方式来获取和提高技术创新能力，从而帮助智能制造企业掌握关键技术和核心技术，这是企业保持可持续发展的动力源泉，也是企业获取竞争优势的核心力量。外部的技术支持一部分通过引进先进的技术和掌握先进技术的人才，进一步转化和升级为企业的核心技术，另一部分则依赖于外部技术环境的加强，比如政府完善对技术的知识产权保护制度、加强产学研的有效研发合作、技术孵化等中介服务体系的完善等。

在数字创新生态系统中，把提供技术支持的主体统称为技术支持种群。这些技术支持种群一方面是驱动先进制造技术转变为产业竞争力的核心和关键，保证了制造业的智能化、数字化转型升级发展；另一方面，也为促进和保障工业互联网和人工智能的融合，推动智能制造业的高质量发展优化了创新模式、构建了数字基础设施平台和公共技术服务平台。在数字创新生态系统的运转中，数字信息技术在云平台中全流程、全时段赋能，并将各个创新主体的信息和资源以及它们之间的互动关系和结果以数据库的形式进行收集、分析、传递和交流，保障了系统运转过程中各个创新要素和主体之间在复杂的虚拟环境中实现智能连接、实时交互、信息安全、高效协同、价值共创和知识共享。

4.2.7 创新环境种群

创新环境种群主要包括园区、开发区等创新载体和政策、社会文化、经济、市场、公共基础设施等生境。

为了集聚资源和创新要素，各类智能制造的工业园区成为智能制造集聚创新的栖息地。很多工业园区的智能制造企业依靠工业园区的便利条件和政企合作的优惠政策，积极创建创新网络平台，打造智能制造集聚区，进而引发规模效益，促进数字创新生态系统的高效运转和循环，迅速引领智能制造的发展。因此，创新的载体种群包括了国家或省级政府打造的各类工业园区、经济开发区、高新技术开发区等，它们是智能制造产业创新发展的重要载体。

创新生境是为数字创新生态系统提供养分的政策环境、社会文化环境、技术环境、经济环境、市场环境、公共基础设施环境等要素，它们就好像自然生态系统中的阳光、空气、水分和矿物质等，因此其重要性不言而喻。作为一种生境要素，它们不仅通过直接或间接的作用影响到每一个创新主体的行为，并且还影响着不同创新主体之间的交互作用。比如，为了应对全球气候变化，世界各国或地区都积极地采取以"碳减（少）排+碳吸收"为基础的碳中和政策，中国也做出了"力争于2030年前达到峰值，努力争取2060年前实现碳中和"[①]的承诺，但由于当前中国经济发展阶段的事情与国际分工的特殊性，碳中和政策势必会影响到中国产业的布局、经济发展的质量乃至全民族的生存空间，作为国民经济支柱产业的制造业重构更不例外。在这种国际大环境和国内政策动态下，推动制造业转型升级的智能制造业开始领跑中国制造业的发展，由此引发了一系列智能制造技术和产业的创新行动，推动了智能制造产业的进步。

———————

① 2020年9月22日，国家主席习近平在第七十五届联合国大会一般性辩论赛上的讲话。

智能制造企业数字创新生态系统研究

智能制造企业数字创新生态系统的模型构建

5

数字赋能让智能制造创新生态系统的创新主体和环境了变化，也为企业的创新活动带来变革。前文分析了智能制造企业数字创新生态系统的构成要素，那这些构成系统要素的创新主体的生态位以及不同创新主体之间的交互关系有哪些改变？由此构成了怎样状态的智能制造企业数字创新生态系统？基于这些问题，本章在上一章关于数字创新生态系统构成要素的分析基础上，构建智能制造企业的数字创新生态系统的结构模型图，分析系统的功能，并通过系统结构层次的分析，研究智能制造企业数字创新生态系统内要素之间的内在关系。最后，基于中国创新生态环境的特殊性，构建中国情境下的数字创新生态系统的结构模型，以期为中国的智能制造创新管理提供理论依据和实践指导。

5.1 智能制造企业数字创新生态系统的模型构建

智能制造企业的数字创新生态系统是一个复杂的动态网络系统工程，它涵盖了系统内部的各类创新要素及其量比关系，不同创新主体在时间和空间上的不同分布，各个创新主体的能量和功能体现，信息在不同创新主体之间的传递过程，不同创新主体之间资源的流动途径，系统内部不同主体之间交互的机制和规则等。为了将这种复杂的关系和信息能量流动等具体的问题和规律更加清晰地描绘出来，本书借助分析模型来将复杂的数字创新生态系统进行抽象化、形式化的表达。为此，本节绘制了智能制造企业数字创新生态系统的结构模型图，并具体阐述系统的功能，然后基于中国智能制造企业面对的独特的创新环境来建立中国情境下的智能制造企业数字创新生态系统的分析模型，以此来更加清晰地了解和认知具有普遍性的数字创新生态系统及其功能特征，以及不同情境下更具典型性的数字创新生态系统的具体概况。

5.1.1 智能制造企业数字创新生态系统的结构模型

前文对智能制造企业数字创新生态系统形成的具体过程和理论框架做了分析，详细阐述了系统核心创新要素的构成，并通过对系统的主体结构的分析明确了各个创新主体之间的内在关系，在此基础上，本书绘制了智能制造企业数字创新生态系统模型的结构模型，如图5-1所示。

在智能制造企业的数字创新生态系统中，以技术为纽带，各类创新主体通过正式和非正式的交流与合作，集聚创新要素并通过聚合反应构建起各类主体之间的创新价值链，在一定的规则下，通过不同创新主体之间长期的交互协同，形成了相对稳定的创新交互网络，创新交互网络把所有的创新要素和创新主体联合起来，不断拓展各个创新要素以及系统整体功能的发挥，进而实现智能制造业的可持续创新和转型升级发展。

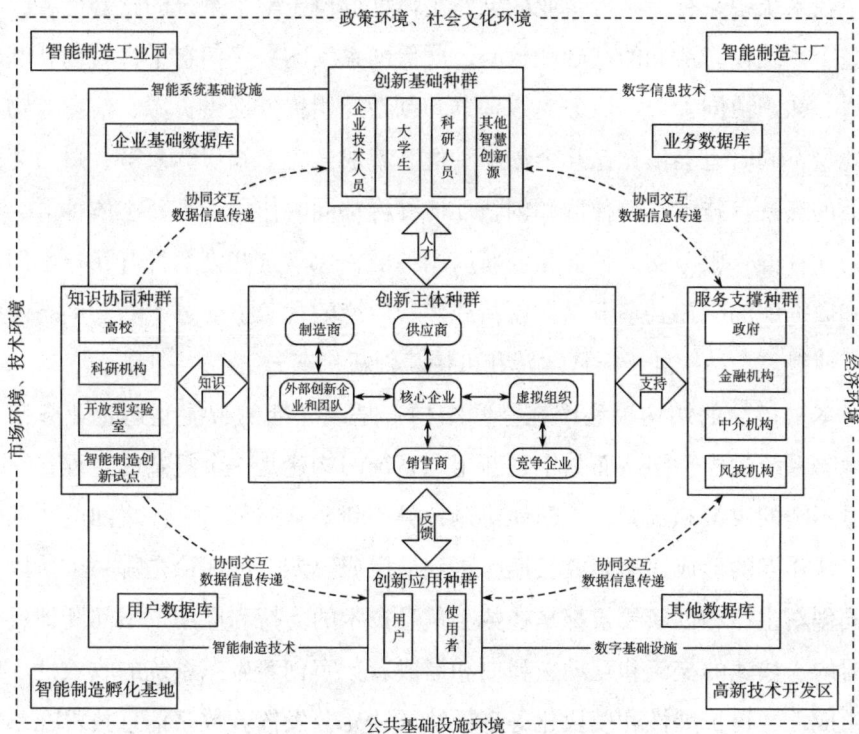

图5-1　智能制造企业数字创新生态系统基本框架模型

如图5-1所示，智能制造企业数字创新生态系统包括了创新基础种群、创新主体种群、创新应用种群、知识协同种群、服务支撑种群、技术支持种群和创新环境种群等创新要素，这些创新要素都体现出深度的数字化特征，是数据的生产者和使用者，每个创新种群内的不同创新要素或创新主体都会进行充分的交流和互动，不同创新种群里的不同创新要素或创新主体也会与其他种群里的创新要素或创新主体进行不断的、充分的交互和协同，这些种群中各类创新主体的信息、资源等基础数据信息和业务信息，以及不同创新主体之间的互动关系和结果信息会在数字信息技术的应用下以数据的形式被记录到不同的数据库中，经过采集、筛选、分析、处理后共享到系统平台中，使整个数字创新生态系统在各类创新主体和创新技术和环境的共同作用下保持运转。

在系统中，智能制造企业的创新主体种群位于整个系统的核心位置，它是整个系统创新活动的基础和核心，既借助系统的数字信息平台为创新基础种群、知识协同种群、服务支撑种群和创新应用种群提供资源、信息等物质和能量，同时也会依靠这几个创新种群来获取人力、知识、政策、财力等多方面的支持。技术支持种群和创新环境种群都同时作用于创新主体种群、知识协同种群、服务支撑种群和创新应用种群，保障这些创新种群在技术的支撑和数据库的链接共享下、在创新载体和生境的承载下通过不断的动态网络交互使得整个系统处于循环运转和可持续创新状态。

本书描绘的结构模型图在空间结构上是成熟期的智能制造企业数字创新生态系统的模型图。而数字创新生态系统的构建是一个复杂的过程，它要经过不断的决策和选择，不断地协调各类创新要素和创新主体之间的相互关系，从初期的形成逐渐到成长期、再到最后成熟期。但无论是哪一个阶段，不同创新主体和创新要素都是在数字信息技术的支持和应用下不间断地进行即时的、快速的交流和互动，释放和形成着数字创新生态系统的收敛性、内在生成性、可扩展性和模块化等多样特征，充分发挥着数字信息技术在系统中的作用。

5.1.2 智能制造企业数字创新生态系统的功能体现

智能制造企业数字创新生态系统的形成是一个创新要素集聚并聚合反应、创新价值链和网络形成并拓展的过程，在这个过程中，数字创新生态系统不仅仅体现了能量流动、物质循环、信息传递等基本功能，还充分表现出数字创新生态系统在集聚要素、功能再造、价值获取和创造、系统动态平衡和调解等方面的不同功能。

第一，具备要素集聚和功能再造功能。数字创新生态系统由多个优势互补、协同发展的创新种群构成，这些创新种群在系统中提供了信息、技术、知识、人才、资金等各类创新要素，并将这些不同创新要素集聚到系统中进行再次配置和使用。在系统中，这些创新要素的集聚并不是简单的聚集和堆积，而是在系统环境和技术支撑下进行有机的聚合，使这些创新要素不仅被系统的核心领导者、构建者所用，还要跨越企业边界、跨越空间实现创新要素被不同创新主体的有效利用，产生叠加的效应；功能再造也不仅仅是脱离实际地将各类创新要素进行硬融合和生应用，而是要从每个创新主体自身不同的基础条件和需求出发，通过对创新要素合理的配置和应用来实现不同创新主体自身的完善、拓展以及动态的协同进步，共同创造更大的价值。

第二，具备能够顺利实现各个创新主体之间交互的功能体系。在智能制造企业的数字创新生态系统中，数字信息技术改变了企业的创新方向和企业间的竞合关系，也改变了创新主体的价值获取和价值创造路径，因此，不同创新主体之间物质、能量和信息的价值转换与一般的创新生态系统不一样。从数字创新平台的搭建到核心创新单元确立再到平台终端的广泛布局，智能制造企业数字创新生态系统的整个过程中都伴随着能量的流动，在系统的运转中，各个创新主体在提供自身的创新要素资源、发挥自身的创新功能的同时，也会从系统中获得创新的价值回报，这些回报会促进创新主体的进一步发展，如此循环往复，形成促进创新主体成长和创新的良性可持续发展。在系统由创建到运转的整个过程中，数字信息技术使得能量、资源以及信息的传递更具流动性，原本不能聚集在一起的资源也会被聚到同一个平台，并且因为数字信息技术的可编程性，他可以跟随创新要素之间互动关系的改变而不断更新迭代，通过自身的动态变化来提高物质、能量和信息在不同创新主体之间的流动效率和流动方向，进而解决创新主体在交互过程中遇到的各类问题。

第三，具备维持上述功能体系动态平衡和应对环境变迁的调节体系。数字创新生态系统中，系统表现出较强的自组织性。一方面会根据外部环境的变化，按照系统自身的逻辑来发展、演化和完善，将不确定的因素逐渐内在化，通过自身的壮大来维持系统的动态平衡；另一方面，数字信息技术的深度融入使得系统内不同的创新主体能够根据外部环境的变化和内部战略的调整而展开灵活性、创新性的互动，在新的技术和市场条件下，基于共同的价值追求和目标展开更广范围、更多模式的互动，不断形成多个功能不同的次生群落，比如应对智能制造产业扶持政策变化的政府政策次生群落，应对外部技术变化的技术创新次生群落。通过建立新的网络互动关系，在原有的系统动态运转基础上不断吐故纳新，促使系统的功能升级，系统应对风险和环境变化的能力从无序走向高度有序，系统的功能体系由松散走向动态调节下的平衡和稳定。

5.1.3 中国智能制造企业的创新生态环境特征

中国企业走入国际市场40多年来，在市场体制、制度形态和技术体制等方面不断成熟完善，但也都依然保存着独特的中国特色，体现出大市场、强政府、弱技术的独特中国情境。

（1）中国市场体制特殊性

在中国市场发展初期，广阔的市场空间作为一种战略性的资产，成为企业面向全球市场追赶的敲门砖，以市场换技术虽让中国在制造业高端失去阵地，但也催生了市场与技术转移捆绑的新战略，为中国市场获得了大批的共性技术与核心技术。随着中国市场的转型与发展，消费者需求偏好和行为的差异、国内外市场竞争的加剧使得中国的市场环境颇具动荡，这使得一部分难以适应中国市场环境的企业被竞争者被淘汰，也使得一部分企业在竞争中不断强化并在全球市场中胜出。在中国市场的发展中，区域之间、城乡之间、东西部之间的市场一直存在着差异，这种差异随着中国市场的不断发展而愈加表现出明显的不均衡性，这为中国企业开拓市场带来挑战的同时也带来了突破口，开发低端市场、利用中低端用户需求进行颠覆式创新，这些"剑走偏锋"的方式成为许多中国企业在全球产业链攀升的"奇招"。

在中国这种市场广阔、环境动荡、市场不均衡的情境中，如何运用好市场体制的双刃特征成为中国企业在全球市场实现地位攀升的关键。在中国智能制造业的发展中，这种市场体制也影响了中国智能制造企业在构建数字创新生态系统时的行为和规则，即要求中国智能制造企业数字创新生态系统中的各类创新主体要以新兴技术融合创新带动企业自主创新，以创新主体间的协同共生应对中国市场的动荡环境，以多类型主体的优势互补打通智能制造高、中、低端市场，利用数字创新生态系统捕捉创新机遇，实现中国智能制造创新能力的突破。

（2）中国政府制度的特殊性

中国特色的市场经济体制造就了中国企业独特的市场规则，体现出中国政府制度的独特优势：首先，驱动企业创新的要素资源依然大量的掌握在政府手中，政府通过对这些资源的调节、控制和分配来引导着中国企业的创新方向，这也是中国独特的"制度性市场"存在的原因，因此，如何优化资源的供给和分配是促进企业创新的关键；其次，中国市场制度是从无到有、从"摸着石头过河"到"逐渐清晰"的过程，这种制度完善的渐进过程虽然在一定程度上抑制了中国企业的创新步伐，但也催生了许多新生市场的萌芽和发展，互联网市场就是很好的一例；第三，中国政府层级的差异、不同主体的差异以及区域的差异带来了制度的复杂性，这种复制性虽然阻碍了企业对制度的认知和解读，但也带来了创新的多样性，在体现复杂性的同时也体现出了较强的包容性。

近些年来，中国制定了一系列推动制造业发展的政策方针，为智能制造业的发展提供了有效的引导和制度供给。这些政策是在中国政府制度下通过要素分配、体制完善、复杂制度来驱动企业创新的路径策略。充分利用好中国政府制度所体现出的双面的、融合性的效应来促进智能制造企业的创新已成为必然。数字创新生态系统的创建，要实现不同创新驱动的有效融合和链接，使各类创新要素在系统中得到更合理优化的配置，联合异质性创新主体以技术创新为纽带，借助数字创新生态系统实现协同共生和价值共创，促进中国整个智能制造业市场的集体攀升。

（3）中国技术体制的特殊性

从技术体制来看，在创新的独占性、技术创新累积性、技术生态稳定性、技术机会和轨道、初始知识存量和流动等方面，中国都处于相对薄弱的环节。但是中国的企业普遍具有很强的学习能力，尤其是近些年中国企业的飞速发展也说明了中国的企业通过对技术的学习与应用、人才的培养和整合等多种方式为创新追赶不断地累积知识和技术；另外中国独特的公有制为主体多种所有制共同发展的格局虽然会在一定程度上造成企业创新能力和创新结构的失衡，但也将不同所有制类型企业的技术、知识、人才更多地融合到了一起，形成了多种类型企业协同发展的机制。数字信息技术的高度不确定性不断催生出新的创新模式，带来组织形式的改变，这种改变挑战了现有的制度，但也为中国企业的赶超带来了机遇。因此，在智能制造企业的数字创新生态系统构建中，要协调好组织形式与中国技术体制之间的不对称性，优化不同创新主体的学习方式，共同推动中国智能制造企业的自主创新。

5.1.4 中国情境下智能制造企业数字创新生态系统的结构模型

中国制造业市场规模巨大，市场格局分层越来越明显，制造业震荡仍在加剧，这为数字创新生态系统的构建提供了丰富的适应情境。可以说，中国当前智能制造发展的情境为数字创新生态系统的相关研究提供了肥沃的土壤。尤其是在当前，中国进入全面对外开放的新阶段，亟需构建符合中国国情和中国智能制造发展战略的创新体系，实现中国市场与全球价值链、全球创新体系的链接，数字创新生态系统为解决这个问题提供了创新方案。中国大市场、强政府、弱技术的独特情景决定了企业要在一种非对称性环境下寻找具有中国特色的自主创新前行路径，即利用不对称的市场、制度和技术，充分发挥中国智能制造业自己的独特优势，采用区别于其他国家的差异化、非对称创新战略路径，实现中国智能制造企业的全面赶超。为此，本书借鉴魏江等（2017）[251]学者提出的"非对称创新战略"，从制度安排、组织设计、追赶路径和学习方式四个方面对中国智能制造企业的数字创新生态系统进行设计。

基于中国智能制造企业发展的现状，以及中国智能制造产业发展面临的生态环境特征，本书绘制了中国情境下智能制造企业数字创新生态系统的分析模型框架，如图5-2所示。中国情境下的智能制造企业数字创新生态系统受中国市场、制度和技术的非对称性特征影响，在系统内部的组织设计、学习方式、治理制度设计和创新追赶路径上都也体现出非对称性。

第一，系统内部组织设计的非对称性。随着中国制造业的崛起，智能制造企业的传统链式创新已经难以满足当前中国对智能制造产品服务的需求和应对全球智能制造市场的竞争，创新网络的形成为中国创新主体提供了进入复杂的创新生态系统的"绿色通道"。智能制造企业在构建数字创新生态系统时，要充分考虑、选择和平衡好国内市场和国外市场的模式和结构：一方面，要将技术和市场双重驱动结合起来，将已有的技术、新的技术与市场的开拓扩张结合起来，比如在当前国内智能制造企业的市场环境下，系统领导者企业选择创新合作伙伴、协调创新主体之间的关系、内部的具体组织形式等问题；另一方面，数字信息技术的应用将智能制造企业的创新生态系统迅速地与全球智能制造创新系统连接起来，为中国智能制造企业"走出去"建立了快速通道，但是中国制度环境的特殊性和技术能力的相对薄弱，使得企业在"走出去"的过程中不可避免地存在着"东道国"给予的壁垒和压力，因此，在数字创新生态系统网络的组织设计上，可以采取"本地—超本地—全球"超模块化形式，即基于不同的战略目标、创新主体不同的功能，赋予系统内部不同模块上的创新主体不同的组织形式选择权，在中国境内、在中国境外和在全球市场等不同模块中，利用创新主体的多元性、无边界性和柔性化特征来分解系统功能并形成每个模块的子功能。

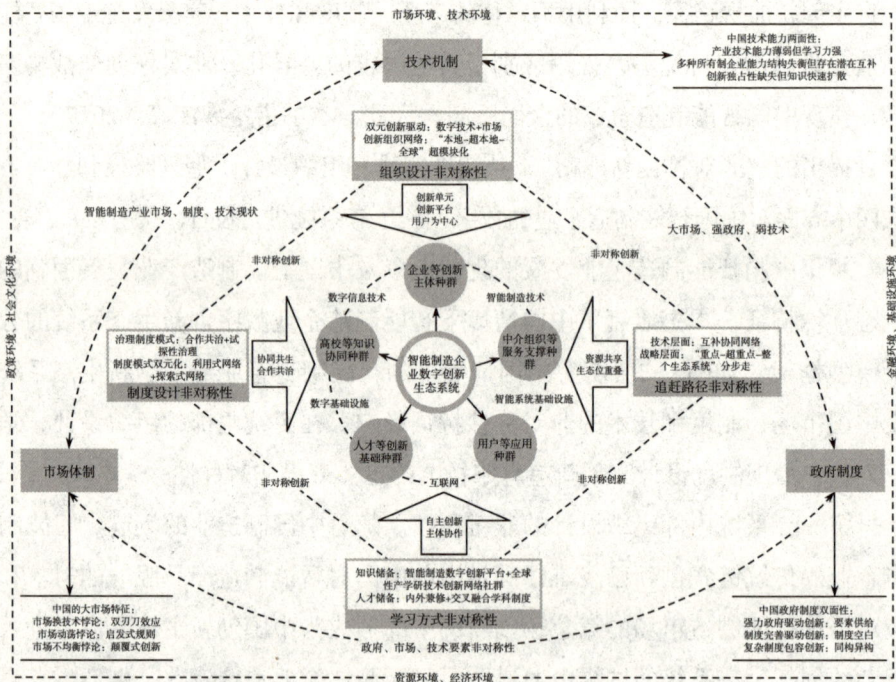

图5-2　中国情境下智能制造企业数字创新生态系统基本框架模型

第二，系统学习方式上的非对称性。在中国制造业的发展过程中，企业依靠引进外来技术或学习国外制造业强国的创新成果积累了大量制造技术和知识，然而仅靠学习和引进外部的技术和知识是无法真正实现中国制造业的自主创新的，中国技术体系的薄弱性也说明制造业的技术学习既要"学外"也要"强内"。因此，中国的智能制造企业在构建数字创新生态系统时，要利用数字化的创新平台，在全球范围内建立产学研技术创新网络社群，不仅要将中国智能制造企业的技术创新和研发与国内的高校、科研机构、成果转化中介机构建立链接，还要与世界前列的高校、科研机构和研发中心建立全球性的产学研网络，不仅要通过国内智能制造交叉融合学科的方式来储备高端智能制造人才，还要通过"内外兼修"的形式让中国的人才"走出去"，培育具有全球视野的高端智能制造人才，以多种学习方式克服中国与全球在制度和技术上的要素不对称带来的创新障碍。

第三，系统治理制度设计的非对称性。中国不对称的制度体制使得中国的智能制造企业在通过构建数字创新生态系统来打造内部创新网络和嵌入全球创新网络时都采取不同的治理机制和制度安排。数字信息技术的开放性、动态性决定了系统内部创新主体之间关系的多边性和复杂性，因此，在系统的国内创新网络中采用合作共治的方式，以国内创新主体之间的协同治理来提升系统应对全球竞争的能力，在系统的全球创新网络中则采用试探性治理的机制，充分考虑中国制度设计与国外的差异性。将利用式的治理网络与探索式的治理网络结合起来，建立起智能制造企业在国内、国际市场中的价值独占。

第四，系统创新追赶路径的非对称性。智能制造企业构建数字创新生态系统的目的是通过互补资源的获取来提高创新能力，在中国独特的市场体制下，系统内的创新主体通常既包含了国有企业也包含了民营企业，多种所有制企业既有自身的差异性也有互补性，要通过不同类型的企业协同互补来共同维护数字创新生态系统的平衡。另外，中国智能制造市场大但技术创新能力弱，要实现中国智能制造业在全球竞争力的攀升，需要采取分步走的战略，即首先明确中国智能制造企业的技术创新要实现的重点目标、进一步目标和融入全球智能制造生态系统的目标，针对不同的目标，对智能制造企业的数字创新生态系统进行具体层面和具体模块功能的整合和拓展，以分步走的方式实现中国智能制造企业在全球创新的追赶和超越。

5.2 智能制造企业数字创新生态系统要素间内在关系

5.2.1 智能制造企业数字创新生态系统结构层次

在创新生态系统中，创新活动不单单依靠某个主要的企业或者某一层面的创新主体来完成的，而是不同创新要素共同作用的呈现。这些创新要素在系统中都不可或缺，同时又各自发挥着不同的功能，并通过各自功能的发挥和叠加推动着系统价值的共创。如前文理论部分的分析，在数字赋能下的创新生态系统中，创新要素发生重构，其功能边界被"创造性破坏"，不同类型的创新主体出现生态位的重叠，这就使得同一个生态位上的多个不同类型的创新主体集聚耦合，或者同一创新主体在不同的生态位上与其他不同创新主体建立新的互动关系，从而形成多个目标或功能不同的次生群落，比如以产品制造为目标的次生群落、以市场应用为目标的次生群落、以技术创新为目的的创新群落以及以政策调控优化为目标的次生群落。这是从功能的视角来看数字创新生态系统内创新要素之间的互动关系。

同时，智能制造企业的数字创新生态系统又是一个复杂的系统，在系统内，不同的创新要素在交互协同的关系中也会因为功能的不同、重要性的不一，而在结构上体现不同创新主体的层次，形成不同的创新子系统，这些子系统是智能制造企业数字创新生态系统内部各个要素的不同功能相互作用的结果，也是系统内部不同要素之间关系的具体体现。

如图5-3所示，在智能制造企业的数字创新生态系统中，按照结构层次还可以划分为三个子系统：以核心企业（系统构建者）为主，包括供应商和销售商在内的外部创新企业或团队等各类企业是数字创新生态系统中的主要创新主体，它们构成了系统最基本的创新子系统，即创新主体子系统；以用户为中心，围绕着满足用户需求的各类企业、高校和科研机构等知识协同主体以及数字创新平台，它们之间的互动构成了系统中的一个创新子系统，也是整个系统中最核心的系统，是系统价值创造的主要协作子系统，即创新核心子系统；政府、金融和风投机构、孵化基地、创新载体以及其他社会资源和组织共同构成了系统的创新支持子系统。

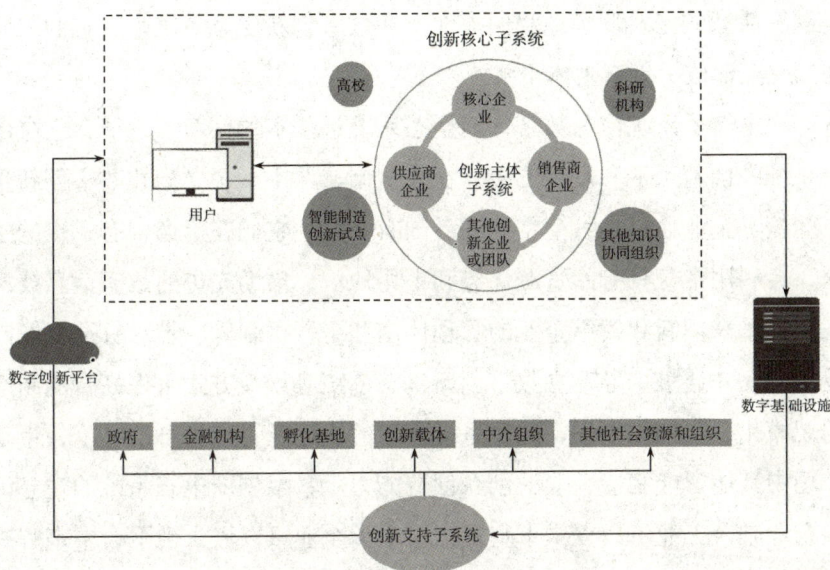

图5-3 智能制造企业数字创新生态系统的主体结构

在智能制造企业的数字创新系统中，不仅创新主体子系统、创新核心子系统与创新支持子系统这三个子系统中的每个创新主体都保持着紧密的交互关系，同时，这三个层次之间的每个主体之间都在虚拟的数字环境中不断进行着跨边界、跨空间的无边界交互，在开放性的系统内部共享着平台的资源和信息，不断地与外界的环境交换着能量、信息、知识。并且随着智能制造产业的发展、市场的变化和数字创新生态系统的运转，系统内部的创新主体及其关系也处于动态的变化之中，系统的结构和功能不断优化。

5.2.2 创新主体子系统

企业是实践活动的承担者和创新决策的主导者，是产业技术创新体系的主体，也是数字创新生态系统的主体。智能制造企业通过搭建平台，与产业链上的其它企业或团队结成优势互补、资源共享的联盟，并借助各类创新要素和数字信息技术主导构建起数字创新生态系统。作为系统构建者、领导者的核心企业，以及其产业链上中下游的各类企业和团队是整个系统的中心，也是创新活动的主要发源地和回流地。在数字创新生态系统中，它们之间的协同和交互形成了创新主体子系统。

创新主体子系统作为数字创新生态系统最基本的创新子系统，它决定了整个系统的创新水平和发展方向。在智能制造业中，领导构建数字创新生态系统的核心企业通常是大型企业或者国有企业，它们在市场中有一定的主导作用，会利用本身具有的资源优势和市场地位，借助先进的数字信息技术和互联网技术来创新和改革企业的管理体制和运行机制等，带动打造智能制造产业集群，并通过主导建立数字创新生态系统等创新方式来提高智能制造产业的规模化、集约化水平，通过系统资源的优化配置和信息的共享，带动整个市场中其他智能制造企业的创新创造能力。数字创新生态系统的建立为中小型企业融入工业革命提供了契机，中小型企业可以嵌入到平台中来解决自身在资源、技术等方面的困境，所以在系统中，核心企业以外的产业链上的其他企业则以中小型企业居多，中小型企业虽然在资源和市场中没有足够的份额，但具有管理决策快速、市场反应灵敏等特征，能够与数字信息技术等新兴技术快速地融合，更容易对新的数字商业模式创新做出迅速的反应和快速地适应，是市场中创新的新兴力量。[252]因此，在数字创新生态系统中，核心企业的作用不仅是构建平台系统形成优势互补和实现资源高效配置，还要通过平台资源的共享和大型企业引领作用的发挥，"以大带小"、"以强带弱"来帮助其他的企业尤其是小型企业、民营企业应对智能化转型升级意识薄弱、内外部资源匮乏等瓶颈问题，对内带动整个智能制造产业的高质量发展，对外促进中国智能制造业在全球竞争力的攀升。

5.2.3 创新核心子系统

随着全球制造业创新体系的变革，创新的轨迹从企业内部转移到外部、并跨越领域向多主体协同的创新网络转变，创新的流程也从单一的技术创新向高新技术赋能下"商业模式+技术"的融合创新改变，尤其是在数字经济时代，跨边界、跨空间、高度协同的智能制造数字创新生态系统正在形成。

与此同时，全球智能制造服务化趋势也促使智能制造企业的创新从以产品和服务为中心转向以用户为中心。在这种趋势下，围绕着用户而实现产业上中下游企业的协同成为创新的核心力量。

在数字创新生态系统中，数字信息技术使得创新主体能够跨越组织边界来共享更多的数据和程序，用户也成为价值共创者，参与到系统的价值共创中。因此，系统创新的核心子系统构成主体具体包括了三类：一是用户，用户是核心主体层次的中心，即智能制造的创新以满足用户的需求为目标；二是围绕着用户的核心企业（系统的构建者）、外部创新企业或团队、包括供应商和销售商在内的其他企业；三是包括高校、科研机构、开放型实验室、智能制造创新试点在内的知识协同主体。

如图5-4所示，智能制造企业依托企业现有的资源构建数字创新生态系统来满足用户的多样化、个性化需求，实现智能制造价值链的攀升，而核心系统是满足用户需求的主要子系统，作为数字创新生态系统的构建者和领导者，核心企业需要不断地对智能产品和服务进行创新，并通过数字信息技术的嵌入对商业模式进行优化创新，优化企业原有的业态，或者发展新的业态。为了实现创新，核心企业内部研发部门首先会根据自己的资源条件和企业发展现状，选择与外部的创新企业和团队合作来对战略资源进行整合，重塑现有的组织框架，供应商和销售商等外部的创新企业会以直接参与平台创新或者利用数字创新平台的资源提升自身创新能力等多个途径参与到与核心企业的协同创新中去。随着数字创新平台上资源的不断整合和信息的汇聚，核心企业也会利用平台的资源和信息来成立新的研发团队，与原有的研发院队一起协同致力于核心企业的创新。另外，随着数字信息技术的不断深入，核心企业还会通过平台的数字基础设施来构建虚拟小组，对企业生产的全流程、管理以及生产组织形式进行虚拟现实的仿真和虚拟实验，以虚实结合来帮助核心企业做成正确的决策，同时优化和提高智能制造产品和服务的质量，赢得更多的市场先机。

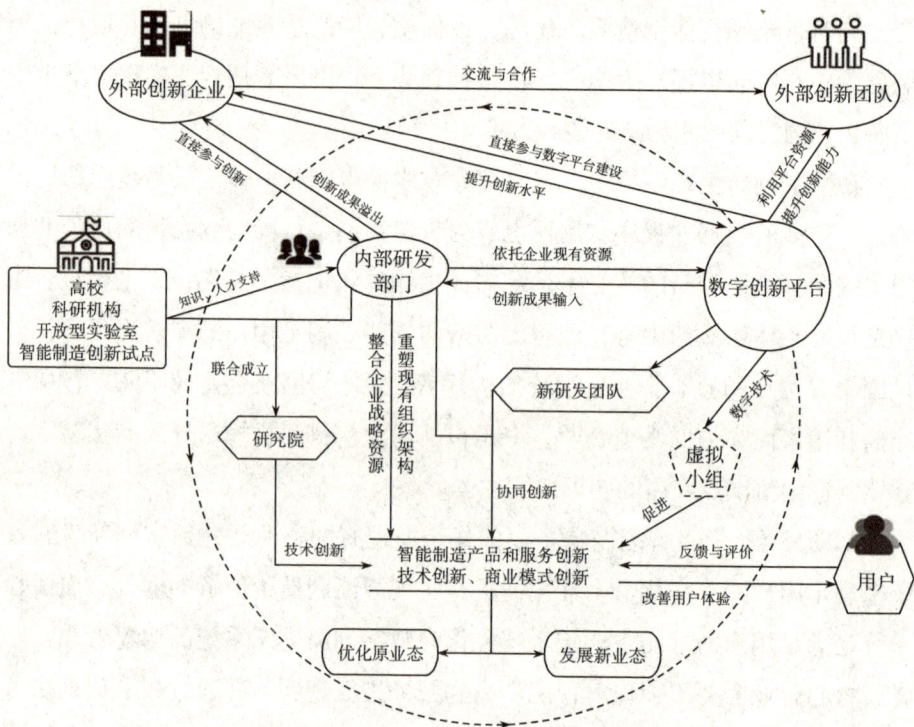

图5-4 智能制造企业数字创新生态系统核心系统图

　　高校、科研机构以及开放型的实验室、智能制造创新试点等创新主体一方面会通过为企业提供人才和知识支持的方式为智能制造企业以及整个系统内的其他创新主体的创新活动提供知识和人才的协同支持，另一方面，也会基于核心企业技术创新的需求与核心企业一起联合成立研究院，共同致力于智能制造新技术的研发和创新。

　　在创新的核心子系统中，用户既是所有创新活动的中心和目的，也是创新中不可缺少的主体。企业的创新会为用户带来更好的产品和服务体验，满足用户的多样化需求，用户也会将其对智能制造产品和服务的体验以及更多的需求反馈到企业，并在系统内部转化成具体的用户体验和需求数据在平台中记录、共享。企业会对用户反馈来的数据信息进行分析，进而根据用户数据来改进或提升新的产品和服务，为用户提供更精准的、更多样化的体验。

在创新的核心子系统中，不仅仅是核心企业与其外部包括供应商和销售商在内的创新企业和团队、高校和科研机构等知识协同机构，以及用户这几个创新主体之间不断地进行交互和协同，所有的这些创新主体也会基于系统的数字创新平台进行不间断的、动态的、网络的交互，通过整体的协同来推动智能制造企业数字创新生态系统的价值创造。

5.2.4 创新支持子系统

在智能制造企业的数字创新生态系统中，技术创新一部分来自核心系统内部，另一部分来源于核心系统外部的支撑。政府、金融机构、中介组织、孵化基地以及其他的社会资源和组织共同构成了系统创新的支持子系统。

在系统内部，数字创新平台会基于企业、政府、高校等各个类型的创新主体的基础数据来构建创新要素的数据库系统，并通过数字信息技术的驱动，对系统内部的创新资源和要素进行摸底和分析，对数据进行集成处理，然后共享到数字创新平台上。这些数据会帮助企业进行智能化、数字化的管理和运营，为不同创新主体之间的协同创新提供信息和资源，同时，也会反映出企业在创新过程中的需求和不足。比如政府通过系统平台数据库的反馈信息了解到企业在创新中的需求后，就会通过优化区域创新资源、出台扶持政策、加快数字基础设施建设等途径来支撑企业的创新；金融机构会根据企业的经营状况数据和资金需求数据来提供智能制造创新经费支持；中介机构会及时发现系统内的新技术研发，并迅速展开技术的转化与落地，将孵化后的成果再反馈给企业，帮助企业对技术创新的应用；孵化基地也会借助平台系统的信息和数据，为企业提供精准的一站式孵化服务，为系统内部的集聚创新提供平台和基地。

智能制造企业数字创新生态系统的价值共创仿真

6

价值共创是各类创新主体通过资源的互补与整合、产品与服务的交换等互动来共同创造价值的过程，也是一个系统内部组织关系不断协调和协同的过程。[213] 结合不同的平台特征，将价值共创嵌入到不同的生态系统中已成为当前学者关注的热点。有别于一般的创新生态系统，数字创新生态系统更具复杂性和动态性，更加强调用户的作用，并且将数字资源作为一种要素参与到系统内部创新主体之间的资源共享和互补之中，因此，如何将数字要素的创新价值进行概念化，并深入解析数字创新要素参与系统创新的逻辑以及不同创新主体之间的互动关系成为数字创新生态系统价值共创研究中亟须解决的问题。

对数字创新生态系统价值共创相关的研究，学界已有积累，研究视角主要集中在系统价值共创的参与主体、影响因素、价值共创机制等方面。万兴和邵菲菲（2017）[253] 从平台创造者、供给方和需求方三个角度阐述了数字平台生态系统的价值共创机制；Suseno等（2018）[254] 认为用户和专业人士也会影响到数字创新生态系统的价值共创；王莉和游竹君（2019）[255] 从知识流动角度对系统的价值创造进行了仿真模拟；冯军政等（2021）[256] 认为整合能力在数字创新系统的价值创造中起到中介作用，会通过影响系统平台的兼容性和扩展性对系统的价值创造产生正向的影响；宁连举等（2021）[257] 认为数字创新生态系统的价值创造是核心式和卫星式数字企业共生单元与高校科研机构三类主体互惠共生的模式；孙静林等（2022）[258] 将创新生态系统的价值共创模式分为"契约型""关系型""经济互惠型"和"社会协商型"4类；韩洪灵等（2021）[259] 强调了数字要素在系统中的核心作用和地位，并指出在数字要素赋能下的价值共创是数字商业生态系统价值创造的核心；刘鸿宇（2021）[260] 认为数字共享经济平台的价值共创包括了关系价值共创、品牌价值共创与价值观共创三个方面。杨伟等（2020）[261] 利用"种群—流量"组态来研究数字创新生态系统中的资源交互和要素配置关系，将数字创新生态系统按生态种群分为数字产品服务生产者、网络运营者、平台运营者、科研机构和消费者5大种群，根据系统规模不同，生态种群会选择与经济流、技术流与关系流形成不同的组态。

从现有研究来看：第一，对数字创新生态系统的价值共创重点关注了企业、高校等创新主体，但对数字要素和数字主体层面缺乏分析。数字创新生态系统的价值共创体现的是数字信息技术嵌入和赋能下系统内部各类创新主体之间互动关系的实践，系统的价值不仅仅是数字要素与其他创新主体之间价值的混合，也不单单是增加了数字要素这单个的要素或者价值创造步骤，而是嵌入数字要素后各类创新主体之间互动关系的重塑；第二，数字信息技术和数字要素会随着系统内部活动的需要和外部环境的变化而发生迭代，因此，随着时间的变化，数字要素在价值创造的过程中也会随着创新参与者和环境变化而演变，因此，有必要探索随着时间变化数字创新生态系统内部创新主体是如何通过互动来实现价值共创的；第三，现有研究多以各类企业和高校等创新主体为对象来研究不同创新主体之间的互动关系或采用案例分析的方法来研究各类企业与高校等价值共创的结果，忽略了用户和数字基础设施、数字平台的供给者在系统价值共创中的重要作用，尤其是在数字创新生态系统中，用户作为重要的创新主体，是系统价值共创不可缺少的主体要素。

为此，基于上一章对智能制造企业数字创新生态系统构成要素和架构的分析，结合数字信息技术嵌入和赋能下系统的独特属性，这一章通过构建仿真模型来深入剖析影响系统价值共创的静态路径以及路径的动态作用机制，厘清在智能制造企业数字创新生态系统的创新过程中，各个创新主体是通过怎样的互动实现了价值共创，并梳理了智能制造企业数字创新生态系统中价值共创随着时间的演变规律，从而更加清晰地阐述系统内创新主体互动关系的动态变化过程，帮助核心企业与其他创新主体之间形成稳固的互动关系，提升企业数字创新生态系统的稳定性和健康性。

6.1 智能制造企业数字创新生态系统价值共创的影响因素

为了构建系统价值共创的仿真模型，厘清系统创新主体之间的互动关系，尤其是核心企业与数字创新生态系统之间的资源交互和要素配置关系，首先要明确智能制造企业数字创新生态系统中价值创造规律的特殊性、系统价值创造的各类主体，以及影响系统内价值共创水平的因素。

6.1.1 数字创新生态系统价值创造规律的特殊性

数字创新生态系统是不同的数字创新主体和创新要素在复杂的虚拟环境中通过竞合共生而形成的生态系统，数字创新生态系统的价值共创便是系统内各类创新主体通过交互协作创造价值的过程。数字创新生态系统区别于一般创新生态系统，其创新主体呈现虚拟化、创新要素更具数字化、创新组织更加平台化，尤其是具有收敛性和内在生长性特征的数字信息技术颠覆了创新主体之间原有的价值创造逻辑，更加强调数字化创新要素的重组配置以及数字化行为逻辑下的协同共生关系，因此，数字创新生态系统的价值创造过程体现出特殊的规律和特征。

第一，数字创新生态系统价值创造过程中强调数字资源的共享和优势互补。一方面，数字创新生态系统是一个动态的网络系统，也是一个价值交换的网络系统，在系统中，数字信息技术作为一种重要的创新要素参与到价值创造过程中，使得数据成为一种重要的资源，因此，系统的创新主体之间不仅仅围绕着数字资源的获取展开交互，整个系统也是一个数字化的价值交换和价值共享的网络；另一方面，数字信息技术使得创新主体可以跨越层级和市场来获取互补的资源和优势进行创新，实现了系统内部不同创新主体、不同创新层级、不同创新流程之间的快速链接，围绕着数字信息技术这一共性技术范式，系统内实现了全新的、快速的、直接的价值组合，即不再像传统创新生态系统那样，需要借助中央基础设施来进行不同创新主体之间的资源共享，而是借助数字信息技术进行去中心式的协同和交互，形成新的价值组合。

第二，用户、虚拟创新主体以及数字基础设施等平台也是价值创造中不可缺少的一部分。在数字创新生态系统中，用户是核心创新系统的重要组成部分，数字信息技术的应用使得用户更大程度地通过体验和反馈参与到企业的创新活动中，成为系统价值创造者的一员。系统内的竞合关系、协同交互关系不仅仅发生在企业、高校和科研机构等创新主体之间，还强调与用户之间的互动关系，围绕着满足用户的需求来进行动态的价值组合和价值反馈，进而进行价值共创。随着虚拟现实技术在智能制造业中的应用，企业能够在价值创造的过程中进行数字组织形式的创新，虚拟小组等非实体的组织也推动了创新组织形式的变革，为用户提供更加完善的智能制造产品及服务解决方案，另外数字基础设施以及数字终端平台等也为系统内的创新主体之间开展交流互动和资源整合共享提供了线上空间。因此，借助数字基础设施和数字终端平台及数字赋能形成的虚拟创新主体也是智能制造企业数字创新生态系统中价值共创主体必不可少的一部分。

第三，数字创新生态系统的价值共创体现出高度的复杂性。数字信息技术不仅作为一种创新要素参与到系统的创新中去，同时也为系统内部创新主体、创新要素之间的互动关系提供了新的技术环境，且由于数字信息技术的动态性、内在生长性、高度动态性等特征，会重新定义不同创新主体之间进行资源共享和优势互补的方式，将创新过程与产出不断交织，进而改变创新主体之间价值共创的过程和方式，重构系统组织的逻辑，加之数字信息技术在可靠性、监管和治理等方面的困难，使得系统的价值创造体现出高效复杂、动态中融合、交互中新生等趋势和特征。

6.1.2 智能制造企业数字创新生态系统价值共创体系

数字信息技术不仅拓展了系统的边界，也拓展了价值创造的范围。在智能制造企业的数字创新生态系统中，价值共创主体有哪些？其功能作用是什么？厘清这些问题，才能明确智能制造企业在数字创新生态系统中是通过怎样的机制路径实现价值共创的、影响价值共创的因素包括哪些、如何提高系统内创新主体的价值共创能力等问题。

价值共创的主体从最开始的"企业-顾客"二元结构，逐渐发展到现在的价值共创网络结构。通常，一般创新生态系统的价值共创主体包含了系统内参与创新的所有组织和个体，而在数字创新生态系统中，价值共创主体同样也包括了系统创新基础种群、创新主体种群、创新应用种群、知识协同种群和服务支撑种群等创新要素中的所有组织和个体，即用户、核心企业（系统的构建者）、外部创新企业或团队、包括供应商和销售商在内的其他企业、高校、科研机构、开放型实验室、政府、中介机构、金融和风投机构以及其他能够提供大众智慧源的组织和个人等。但除此之外，在数字创新生态系统中，数字终端、虚拟组织等数字化的设备和平台也会参与到智能制造产品和服务的价值链各环节，因此，它们也属于多元的价值共创主体之一。这些创新主体按照系统内的规则和系统提供的价值主张形成了多个互动的关系模块和网络，既有微观上企业之间、企业与用户之间、企业与高校之间等二元的互动，也有中观上企业、用户、高校层面，或者企业、政府、用户、中介机构层面等多个主体之间的多层面、多模块的互动，还有宏观上所有创新主体、创新要素之间的互动。

在系统中，价值共创主体通过互动体现了三方面的功能作用：第一，这些价值共创主体会充分发挥自己的优势和功能专长，实现系统内部创新主体之间的优势互补，这是智能制造企业建立数字创新生态系统的基础和前提，即通过构建系统，吸引企业等创新主体参与进来，弥补核心企业在某一方面的缺陷和不足，形成优势互补；第二，围绕着共同的价值追求，创新主体之间会通过资源的整合和重新配置来促进系统内部资源的合理分配、流动和利用，尤其是数字资源的整合利用，能够帮助企业精准地根据供需水平调整供给，这也是创新主体为实现价值共创而展开协同合作的契合点。比如在数字创新技术的赋能下，供应商企业、销售商企业、用户、政府、中介组织之间的互动会形成消费关系数据、供需关系数据以及社会关系数据等多层次的数据，这些数据资源能够帮助企业更准确地制定战略，优化智能制造产品和服务供给，促进企业与其他创新主体之间的协同创新；第三，在系统中，价值共创主体不仅进行优势的互补、资源的整合和利益的共享，它们也共同承担着系统的项目投资风险、成果转化风险、数据资源可靠性风险等创新风险，即以利益和风险共生共担的状态维持着数字创新生态系统的可持续性创新和健康运转。

6.1.3 智能制造企业数字创新生态系统价值共创影响因素

在智能制造企业的数字创新生态系统中，价值共创过程不仅包括了创新主体等组织和个人之间的优势互补和资源共享，数字终端和基础设施等平台也影响了系统的组织活动实施、系统发展轨迹，因此，它们也是系统价值共创的参与主体，系统内的创新交互是在组织、个人和数字信息技术之间进行的。基于此，在分析了智能制造企业的数字创新生态系统价值共创特征、主体和功能的基础上，本书将智能制造企业的数字创新生态系统的价值共创过程分为3个子模块：价值共创主体与技术子模块、价值投入子模块和价值产出子模块，通过对子模块主要影响指标的分析，确定了影响价值共创主体和过程的25个具体指标，这25个指标涵盖了智能制造企业数字创新生态系统的创新基础种群、创新主体种群、创新应用种群、知识协同种群、服务支撑种群、技术支持种群和创新环境种群这7个种群的创新要素，最终建立了系统价值共创过程的关系框架。

如图6-1所示，价值共创主体与技术子模块中，在个人或个体互动中主要的影响因素指标包括了企业研发人员和相关科技人员的数量；影响组织参与互动关系的主要包括高校与科研机构数量、核心企业与合作伙伴数量；影响数字信息技术参与价值共创的因素包括了数字基础设施和平台终端的运行能力；影响构成创新主体的各类组织间交互关系的因素指标主要包括组织间的知识整合能力、组织间的知识链协同度、组织间的互补关系强度、企业之间的竞争强度、组织之间的绩效分配5个因素；技术互补有效性是数字信息技术资源流动来参与系统内价值共创的主要影响因素；创新的风险性、数字资源的共享程度和创新的互动频率影响了个体、组织和数字信息技术三者间的互动。

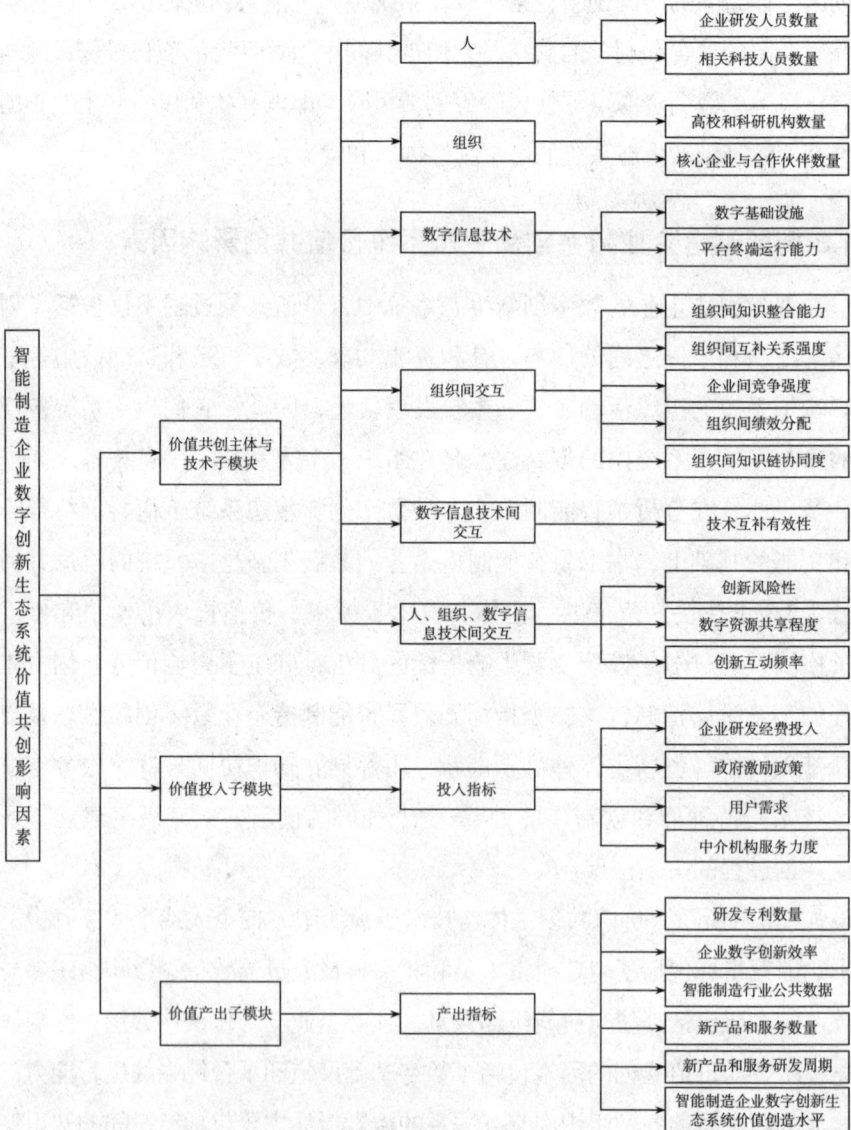

图6-1 智能制造企业数字创新生态系统价值共创影响因素

在价值投入子模块中，企业研发经费的投入量、政府的激励政策、用户的需求和中介机构的服务力度作为投入的指标影响了系统的价值共创水平；在价值产出子模块中，研发专利数量、企业的数字创新效率、智能制造行业公共数据、智能制造新产品和服务的数量及研发周期[262]、智能制造企业数字创新生态系统的价值创造水平则作为系统价值共创主要产出指标或结果指标的影响因素。

6.2 智能制造企业数字创新生态系统价值共创的仿真模型构建

从系统论的角度来看，智能制造企业数字创新生态系统的价值共创是多个创新主体和要素通过多层次的、非线性的、网络性的互动和反馈来实现智能制造产品和服务的有效供给的过程，并且随着时间而不断地发生演变，这个过程和条件适应于采用可以研究复杂信息反馈难题的系统动力学来进行研究。另一方面，系统内部之间各类创新要素之间的互动关系和结果很多是难以量化的，但可以借助仿真模型来分析系统内创新要素之间的互动和反馈回路，因此，本书采用系统动力学的研究方法，通过构建仿真模型来展示智能制造企业数字创新生态系统价值共创的路径，深入解析创新要素之间的互动关系和互动规律，为提供数字创新生态系统内创新主体的协同交互提供指导。

6.2.1 系统边界与假设条件

要利用系统动力学来构建仿真模型，首先要明确数字创新生态系统的边界和假设条件。Storbacka等（2016）[263]提出了一种从中观视角解析价值共创过程中创新要素之间互动关系的思路。在上文对系统价值共创影响因素的研究中，将智能制造企业的数字创新生态系统的价值共创过程分为价值共创主体与技术子系统、价值投入子系统和价值产出子系统三个子模块。因此，在模型的构建中，数字创新生态系统的边界就包括了这三个子模块对应的各个影响因素。因为系统动力学关注的是系统内部的关系和机制，强调系统内部的创新主体行为，因此系统边界考虑的是内部主要影响因素的集合。

系统动力学将定性研究与定量研究相结合，通过对系统内部创新要素关系的定量研究和定性优化，解决复杂系统的模型建立问题。为此，为了提高仿真模型的科学性和适应性，在对智能制造企业的数字创新生态系统价值共创机制进行建模分析时，需要做出基本的前提假设，根据探索的基本问题，对系统进行基本的概念化。基本假设如下：

假设1：智能制造企业的数字创新生态系统处于连续的、健康的、稳定的运转状态，系统内部创新要素之间的互动是充分的、不间断的。

假设2：排除不可抗力因素、外界环境因素对数字创新生态系统稳定性的影响。同时，为简化模拟，本模型不考虑时间延迟问题。

假设3：以统计数据的平均值表征智能制造企业的创新水平和数字创新生态系统的价值共创水平。

假设4：数字创新生态系统平台的服务质量保障了各创新主体之间的协同创新，各创新主体的创新成果包含了协同创新部分，因此，协同创新成果不再单独计算。

假设5：数字创新生态系统的研发投入包括了企业投入资金、国家政策补助等；数字创新生态系统的支出包括研发投入、平台管理费用、市场调研费用、标准管理费用等，并且系统的共创的价值全部用来进行上述支出；系统的价值共创水平为由系统数字创新得到的科研成果最终转化的创新产品和服务的价值。

6.2.2 因果关系模型构建

智能制造企业的数字创新生态系统是由相互作用、相互影响、相互关联的不同创新主体、创新要素共同组成的，这种相互的关系是对系统内部互动关系的一种定性描述，在系统动力学中可以将其归纳为因果关系。基于前文对智能制造企业数字创新生态系统结构和价值共创影响因素指标框架的分析和建构，在借鉴国内外学界对数字创新生态系统价值共创理论和方法研究相关的成果基础上，利用Vensim软件构建了智能制造企业数字创新生态系统价值共创的系统动力学因果关系模型图。

如图6-2所示，由于数字信息技术的动态性、智能制造企业的数字创新生态系统的复杂性和系统价值创造体系的特殊性，本书在分析系统内部价值共创的因果关系时，没有分别对创新个体或个人之间、创新组织之间、数字信息技术之间以及这三类之间的互动进行因果关系的模型分析展示，而是将三个子模块纳入到一个总体的因果关系模型中来，这样既体现了让数字信息技术全流程、全过程、全体系的赋能，也将系统内部的创新主体在数字信息技术赋能下更加紧密的、频繁的、高效的互动关系展示出来。在图中，智能制造企业数字创新生态系统的价值共创水平是关系图的终点，围绕着这个终

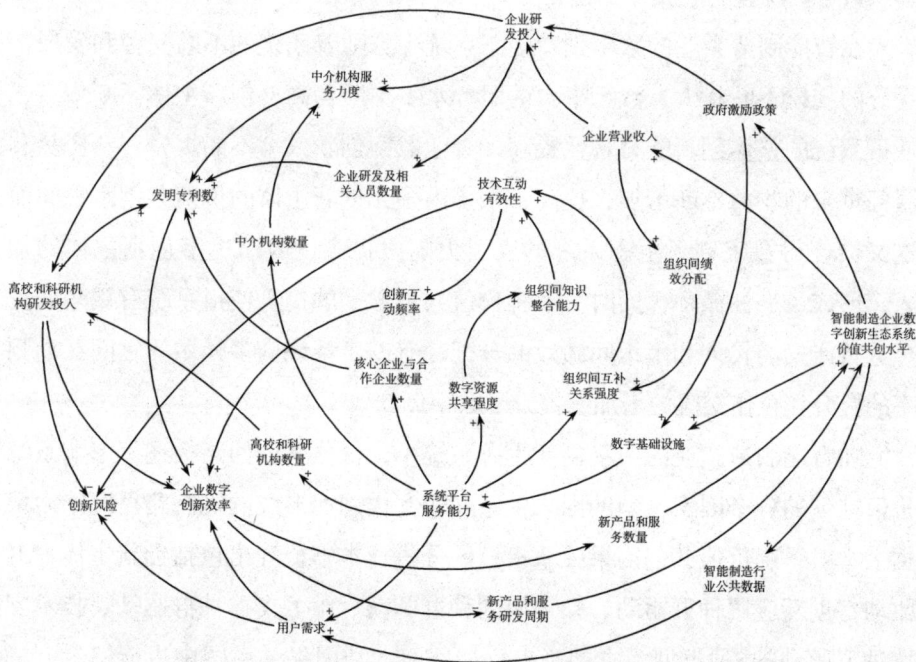

图6-2 智能制造企业数字创新生态系统价值共创因果关系图

点，形成了多条因果链和因果反馈回路，在因果链中，"+"表示一个变量的增加会引起相连接的另一个变量的相加，"-"则表示相连接的两个变量变化方向是相反的。链接的因果链构成了系统的因果反馈回路，如果回路中负因果链的个数是偶数，则为正反馈因果回路，如果负因果链个数是奇数，则代表了负反馈因果回路。

在图6-2中，存在着7类创新主体：企业、高校和科研机构、用户、政府、中介机构、数字基础设施以及智能制造企业数字创新生态系统。其中，企业、高校和科研机构、用户、政府、中介机构、数字基础设施可独立进行创新活动的创新主体，能够在系统中借助数字信息资源的交流和共享进行协同互动和创新研发，并将创新活动转化为智能制造产品和服务；而数字创新生态系统则不具备开展创新活动的功能，其创新功能主要是作为创新主体合作交流的枢纽，及时获取市场信息，制定技术标准和平台准则，为创新主体提供数字资源整合、交互的平台。

在智能制造企业的数字创新生态系统中，随着系统的不断完善和发展，系统的规模不断壮大，数字平台的服务水平不断提高，创新主体不断增多，使得系统的整体创新能力日益提高，企业数字创新效率不断提升，新产品和服务带来的收益不断增加，提高了系统内多元创新主体的价值共创水平，而这又会使得数字创新生态系统的吸引力随之提高，吸引更多创新主体的加入，形成了良性循环；同时，系统价值共创水平的提升使得系统有更多的资金进行研发的投入和组织间绩效的分配，有助于系统内多元主体之间互动频率的提升和合作交流的增加，提升了数字创新效率。

在智能制造企业的数字创新生态系统中，价值共创回路描述了影响系统价值共创的各个因素之间的因果关系和相互作用而形成的机制路径回路。根据上文对系统价值共创因果关系模型的分析，本书梳理出包括创新主体种群驱动、创新应用种群驱动、知识协同种群驱动、服务支撑种群驱动、技术支撑种群驱动的5种类型为主的静态反馈回路。从因果关系图中也能够看到，这5种类型的反馈回路在价值创造过程中，借助数字基础设施的平台服务能力，实现了与其他创新主体的高效链接与协同，促进了系统的壮大，也拓展了创新主体借助系统平台实现价值共创的路径和效率。

（1）企业等创新主体种群驱动的静态反馈回路

在智能制造企业数字创新生态系统中，数字信息技术的应用能够帮助相关企业更加准确地识别系统内部的资源和外界的市场环境，降低创新主体种群内部以及与外部互动的成本，进而促进企业营业收入的增加。随着企业收入的增加，一方面会激发企业进一步将更多资金投入到研发活动中，通过研发创新来提高企业的数字创新效率，帮助企业创造更大的价值，带来更多的营业收入，因此这个反馈回路是正向循环的；另一方面，创新主体种群协同带来的企业营业收入的增加也会增加系统内创新主体之间的绩效分配额，使得合作企业更愿意加入系统中来参与协同创新，这样使得系统内的资源整合更加多样、有效，增强了创新主体之间的互补强度和互动频率，进而通过更加紧密的协同来供给更多样化的智能制造产品和服务，实现系统的价值共创。

（2）用户等创新应用种群驱动的静态反馈回路

智能制造产品和服务的生产和供给是以满足用户和消费者的需求为中心的，在系统中，用户和消费者的需求信息以及对产品和服务的反馈信息以数据的形式形成并传输给系统中的企业及其他创新主体，一方面，用户和消费者的需求信息、产品和服务的反馈信息以数据资源的形式被企业获取以后，会直接刺激企业提高数字创新效率，缩短研发周期，增加有效供给，为用户和消费者提供更多样化、柔性化的产品和服务，进而提高了系统的价值产出；另一方面，企业及其合作企业和团体会对获取的用户和消费者的需求与反馈信息进行大数据分析和掌握，从而帮助企业对智能制造的市场需求有更清晰的认知和精准的定位，也为用户和消费者提供更加精准化的供给，这就降低了企业创新的风险性，促使不同创新主体围绕着精准的目标加强互动或增加研发，进而提升企业的创新效率和系统的价值共创水平。

（3）高校和科研机构等知识协同种群驱动的静态反馈回路

高校和科研机构等知识协同种群通过建立自己的数据分析中心或与企

业建立联合研究院等形式来为系统提供知识支持。高校和科研机构研发投入的增加能够通过增加专利发明数量等途径直接或间接的提高企业的数字创新效率，进而增加智能制造新产品和服务的数量，缩短新产品和服务的研发周期，推动系统的价值共创。

（4）政府和中介机构等服务支撑种群驱动的静态反馈回路

智能制造数字创新生态系统的价值共创实现除了需要企业、用户等核心创新主体之间的协同，还离不开政策扶持、资金支持、孵化加速等服务支撑种群。政府的产业补贴政策、税收政策、金融扶持政策、政府数据的开放以及对数字基础设施的完善都会增加企业对产业环境、政策环境和社会环境的清晰认知，企业会根据不同情境调整研发投入和相关研发人员的数量，或借助中介机构来对新的研发进行成果孵化的加速，帮助企业提升数字创新效率和产品服务的供给效率，增加系统的价值产出。

（5）数字基础设施等技术支撑种群驱动的静态反馈回路

数字资源是数字创新生态系统中价值共创的核心要素资产，[264]创新主体之间的价值共创伴随着数字资源的传递、共享和开发的过程，因此，数字资源的获取和使用离不开数字基础设施的完善。数字基础设施能够为系统内数字资源的交流、整合和共享提供土壤，增强系统平台的终端运行能力，提高数字平台的服务水平，这就会吸引更多的企业、高校、用户、中介机构等参与到系统的创新活动中来，促进多元创新主体之间的数字资源共享，提高创新主体之间的知识整合能力和协调性，实现系统价值共创水平的提升；另外，数字基础设施的完善会促进创新主体的数字化发展，增强数字信息技术赋能下创新主体之间的互动，为系统内的创新活动提供动力，为企业的技术创新提供孵化的平台，缩短新产品和服务的研发周期，带来系统价值共创水平的提升。

6.2.3 主要变量设定与结构方程式

根据系统动力学模型设定的原则，模型中的变量主要包括描述外部环境的常量、充当中介桥梁的辅助变量、随着系统时间变化的流位变量以及影响流位变量的流率变量。其中，系统动力学中的流位变量和流率变量最能反映模型演变特征，是模型最为重要的两类变量。本书设置了包括流位变量、流率变量和辅助变量在内的25个变量，同时也设定了结构方程及相关参数，参数和方程的设定均立足于高引用频率的文献和作者本人前期累积的实地调研资料。具体的变量及相关说明如表6-1所列。

表6-1　系统动力学模型主要参数

变量类型	变量代码	变量名称	变量说明
流位变量	L1	企业营业收入	L1=INTEG（营业收入增量，原始数值）
流位变量	L2	用户需求	用户参与数字创新生态系统系统价值共创，L2=收入水平与消费力影响因子 × 环境影响因子 × 智能制造消费趋势影响因子[265]
流位变量	L3	高校和科研机构研发投入	L3=LN（企业研发投入 * 权重 A）/高校和科研机构规模
流位变量	L4	数字基础设施拥有量	L4=企业拥有的网站数量＋数字中心数量＋云计算中心数量
流位变量	L5	中介机构服务力度	L5=LN（中介机构投入 * 权重 B）/中介机构规模
流位变量	L6	政府激励政策	L6=INTEG（政府激励政策增量，原始数值）
流位变量	L7	价值共创水平	新产品和服务数量与价值共创水平增量呈正相关关系，新产品和服务研发周期与价值共创水平增量呈负相关关系 L7=新产品数量 *（25- 产品研发周期）
流速变量	R1	核心企业和合作企业数量	与系统平台服务能力有关，系统平台服务能力强，会吸引更多企业。R1=LN（企业数量 * 权重 C）*SQ R T（数字基础设施拥有量）*EXP（系统平台服务能力 * 权重 D）
流速变量	R2	企业研发投入	R2= 核心企业研发投入因子 × 智能制造产业规模，亿元

变量类型	变量代码	变量名称	变量说明
流速变量	R3	企业数字创新效率	在传统企业采用企业研发人员数量与发明专利数为指标衡量创新效率的基础上，[266] 将用户需求和政府政策也作为指标列入。R3=LN（企业研发人员数量＋研发专利数量＋用户需求＋政府政策数量）
流速变量	R4	高校和科研机构数量	R4=INTEG（新增高校和科研机构数量－流失高校和科研机构数量，原始数值）
流速变量	R5	中介机构服务数量	R5=INTEG（新增中介机构数量－流失中介机构数量，原始数值）
流速变量	R6	系统平台服务能力	R6=LN（平台管理投入＊权重E）/系统规模
流速变量	R7	企业研发及相关人员数量	R7=INTEG（新增研发人员数量－流失研发人员数量，原始数值）[267]
流速变量	R8	发明专利数	R8=INTEG（发明专利数增量，初始值）
流速变量	R9	新产品和服务数量	R9=SQRT（科研成果数）+LN（市场调研投入＊权重F）
流速变量	R10	新产品和服务研发周期	新产品和服务研发周期是反映数字创新生态系统的价值创造指标之一，数字创新效率越高，周期越短。R10=100/企业数字创新效率
辅助变量	F1	智能制造行业公共数据	F1=（0.5×数字资源＋0.3×智能制造市场资源）+0.2×财政投入/亿元
辅助变量	F2	创新互动频率	创新互动频率与互动的有效性有关，也会促进企业的数字创新效率。F2=F3＊互动协同次数
辅助变量	F3	技术互动有效性	技术互动有效性取决于组织间知识的整合能力，也与数字资源的共享程度和组织间互补关系强度有关。F3=F4＊F7+F4＊F6

变量类型	变量代码	变量名称	变量说明
辅助变量	F4	组织间知识整合能力	组织间知识整合能力与组织的知识存量有关，F4=企业知识平均存量*知识共享系数[268]
辅助变量	F5	组织间绩效分配	组织间绩效分配取决于企业的营业收入，同时影响组织互补关系强度。F5=企业营业收入*企业创新收入权重
辅助变量	F6	组织间互补关系强度	组织间互补关系强度反映系统内合作网络的紧密程度，取决于系统中组织合作绩效分配及数字基础设施数量。F6=组织绩效分配*平台终端运行能力
辅助变量	F7	数字资源共享程度	数字资源的共享程度与平台服务能力有关，平台服务能力一定的情况下，系统规模大，平台系统管理投入越大，数字资源共享程度就会降低，而增加平台管理的投入会提升数字资源共享程度。F7=LN（系统平台管理投入*权重G）/系统规模
辅助变量	F8	创新风险性	用户需求预测越准确，研发风险越低。根据前文分析，高校和科研机构提供技术等方面的支持，降低研发风险。F8=1/用户需求－高校和科研机构数量

6.2.4 系统存量流量图

为了从动态上对智能制造企业数字创新生态系统的价值共创机制进行研究，根据上文建立的价值共创因果关系图，在变量和方程式的确定基础上，对研究变量进行变量归类、编辑方程、赋值等一系列操作，继续建立存量流量图来进一步阐释智能制造企业数字创新生态系统价值共创的动态过程机制，同样也是对价值共创的三个子模块整体进行存量流量模型分析，如图6-3所示。

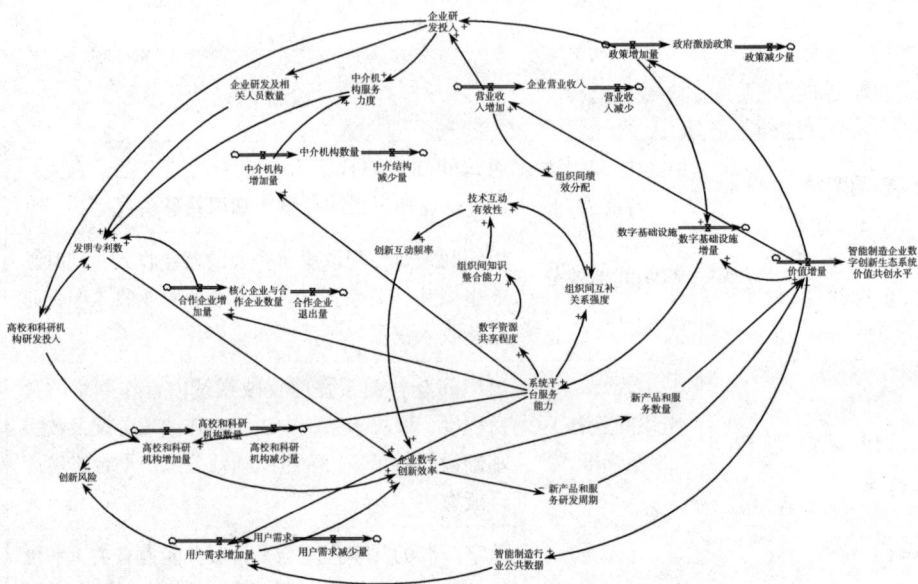

图6-3　智能制造企业数字创新生态系统价值共创存量流量图

6.2.5 参数设定及有效性检验

（1）样本的选取和数据的来源

智能制造企业融合了人工智能技术等新一代信息技术，更能体现数字信息技术赋能下的创新生态系统的价值共创规律，揭示中国智能制造企业的数字创新生态系统构建现状。[269]领导构建数字创新生态系统的核心企业通常是大型企业或者国有企业，为了便于选取数据来对智能制造企业所构建的数字创新生态系统的价值共创进行仿真模拟，本书选取信息披露较为完整、全面的上市企业数据作为统计样本。

根据确定的样本范围，从巨潮网和同花顺等网站梳理智能制造上市企业名单，并筛选出已经初步构建了智能制造云服务平台系统的上市企业包括在沈阳机床、航天科工、浪潮、华为、海尔、工业富联等企业在内共计23家，这些智能制造上市企业的业务范围涵盖了智能装备、智能制造机床、智能家电、智慧医疗、工业机器人、交通运输、航天航空、自动化、船舶工业等不同的智能制造领域。最终确定本研究的样本对象为这23家智能制造上市企业构建的数字创新生态系统，相关数据来源于这23家智能制造上市企业年报，数据获取时间范围为2016年到2020年。

（2）参数的设置

在设置仿真模型参数之前，需要对变量的原始数值即初始值进行设定和确定。在存量流量模型方程式中的速度变量以及辅助变量的初始值确认上，以23家企业在2016年的平均值为确认初始值，状态变量和相关常量的初始值在本研究中根据模型进行自行设定。通过计算和设定，最终确定水平变量上的相关初始值如表6-2所列。

表6-2　智能制造企业数字创新生态系统价值共创模型参数

指标	均值	初始值
用户需求（人）	9041	9041
高校和科研机构数量（个）	15	15
数字基础设施拥有量（个）	18	18
中介机构数量（个）	7	7
政府激励政策（个）	21	21
企业营业收入（亿元）	123.7	123.7
智能制造企业数字创新生态系统价值共创水平	—	10

另外，在研发专利数等方程的设定上，采用如下计算方法：

研发专利数=2.315*企业研发投入-766.384[①]

价值增量=新产品和服务数量*（28-新产品和服务研发周期）[②]

[①] 在计算研发专利数时，依据国家对专利数据的确定，借助Minitab统计分析软件来对企业的研发投入和研发专利数进行回归分析，最终得到的回归方程为Y=2.315X-766.384。

[②] 在智能制造产品和服务的研发周期上，同样采用均值的方法，将企业信息披露的研发周期以月为单位进行平均计算，得到的均值为28。在价值增量公式中，企业的价值增量与智能新产品和服务是正相关的关系，与智能新产品和服务研发周期之间是负相关的关系。

其中，新产品和服务研发周期=100/企业数字创新效率

（3）有效性检验

为了验证所构建的模型能否真实客观地反映智能制造企业数字创新生态系统价值共创的规律，需要根据信息和数据来进行模型的有效性检验，观察仿真模型与现实系统的适配性。考虑到对价值增量的影响大小，选取企业的研发投入指标来进行仿真模型的有效性检验，时间区间为2016—2020年，步长设为1年，将23家企业研发投入的均值作为检验数值，对数值进行无量纲化处理后再进行拟合优度检验，将所得结果与实际的数据进行比较。检验结果如表6-3所列，可以看到，检验值的误差都小于5%，即变量的仿真结果与数字创新系统内实际的变化规律是一致的，因此，本书构建的智能制造企业数字创新生态系统价值共创的仿真模型是有效的。

表6-3　有效性检验结果

年份	仿真值 （企业研发投入/千万）	实际值 （企业研发投入/千万）	误差（%）
2017	126.578	133.112	2.16
2018	133.412	143.370	3.46
2019	141.143	153.078	4.45
2020	162.518	172.216	3.01

6.3　模型仿真与结果分析

在智能制造企业的数字创新生态系统中，随着时间的变化，系统内部价值共创的路径也是一个动态的作用过程，利用动态仿真分析能够剖析出在数字创新生态系统中，创新主体之间随着时间的变化而体现出的互动规律，以及在这种互动作用下，系统价值共创水平所呈现的变动规律。

6.3.1 价值共创水平总体变化趋势分析

在动态仿真分析中，利用前文构建的模型和方程式，首先以智能新产品和服务的生产和研发周期的长短来反应价值共创水平，对各种创新驱动下的价值共创进行动态仿真分析，仿真结果如图6-4所示。

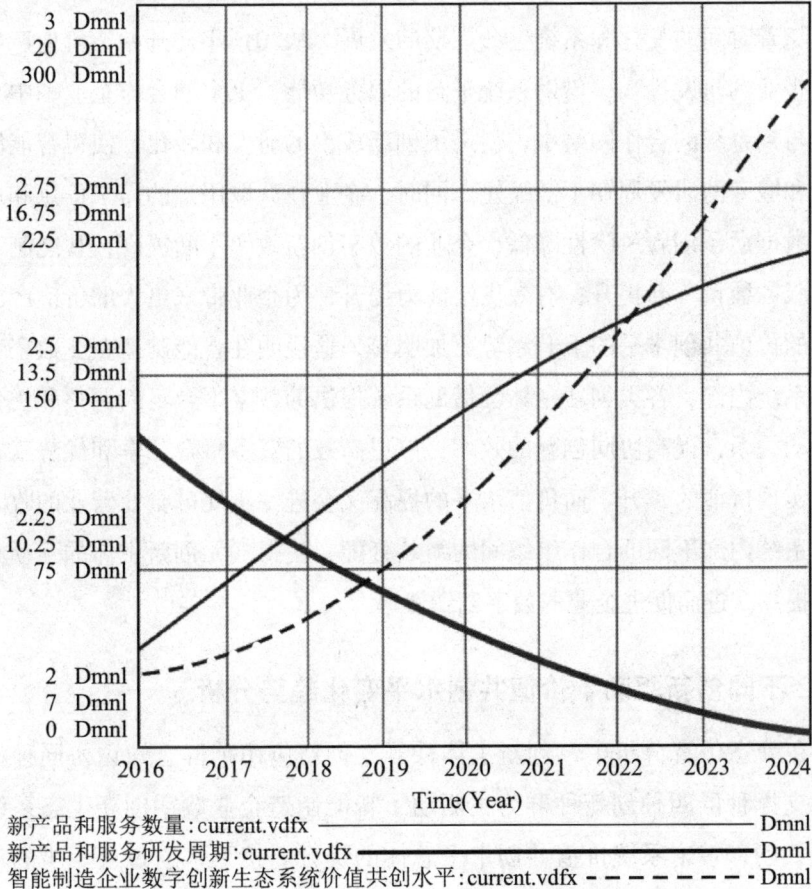

图6-4　价值共创水平总体趋势仿真

在智能制造企业的数字创新生态系统中，各类创新主体之间通过不间断的交互和协同共同维持系统的有序运转和不断完善。智能制造产品和服务的有效供给带来价值共创水平的提升，而智能制造产品和服务研发周期对系统价值共创水平是负影响作用，在系统发展初期，2016年到2017年下半年，虽然智能制造产品和服务研发周期的无量纲指数要高于智能制造产品和服务数量的无量纲指数，但在两者共同的作用下，系统的价值共创水平依然呈现出上升的趋势，这说明数字创新生态系统的构建能够促进不同创新主体之间的协同创新，增加企业的价值产出，带来系统价值共创水平的提升。

随着时间的变化和系统生命周期的发展，从2018年初开始，价值产出增加了企业的研发投入，借助系统平台的服务功能，更多的合作企业和中介机构参与到系统的合作网络中，促进了创新成果的研发和转化，使得智能制造产品和服务的研发周期不断缩短。同时，企业在获取用户的需求信息和反馈信息数据后，创新风险性降低，企业的数字创新效率不断提高，智能制造产品和服务数量不断提升，有效供给能力提升，为企业带来更大的价值产出，系统的价值共创水平的上升趋势更加明显，这说明在智能制造企业数字创新生态系统内部，各类创新主体会借助系统提供的数字平台不断调整和优化协同互动关系，提高协同创新的效率，以更高效的资源整合分享和优势互补，不断实现价值的攀升。而价值水平的提高又会进一步促进企业营业的收入，增加系统内部不同的合作组织间的绩效分配，使得多元创新主体的互动频率显著提高，进而促进企业的数字创新效率。

6.3.2 不同创新驱动下价值共创水平变化趋势分析

在静态仿真分析中，创新主体种群、创新应用种群、知识协同种群和服务支撑种群四种创新种群为主驱动了智能制造企业数字创新生态系统的价值共创，带来系统价值共创水平总体的提升。接下来通过进一步的动态仿真模拟，来分析这四种创新驱动下对价值共创的影响机制，仿真结果如图6-5所示。

从图中可以看出，在系统运行初期，服务支撑种群对系统价值共创水平有明显的驱动作用，尤其是在2016年到2018年之间，随着政府扶持政策逐渐明确、扶持力度逐渐增大，中国智能制造产业走过了"摸着石头过河"的阶

2	Dmnl
9000	Dmnl
2M	Dmnl
300	Dmnl

1	Dmnl
8000	Dmnl
1M	Dmnl
150	Dmnl

0	Dmnl
7000	Dmnl
0	Dmnl
0	Dmnl

服务支撑种群驱动：current.vdfx ———————————————— Dmnl
创新主体种群驱动：current.vdfx ———— ———— ———— Dmnl
创新应用种群驱动：current.vdfx — — — — — — — — Dmnl
知识协同种群驱动：current.vdfx ·················· Dmnl
技术支持种群驱动：current.vdfx ‐·‐·‐·‐·‐·‐·‐·‐· Dmnl
智能制造企业数字创新生态系统价值共创水平：current.vdfx ———————— Dmnl

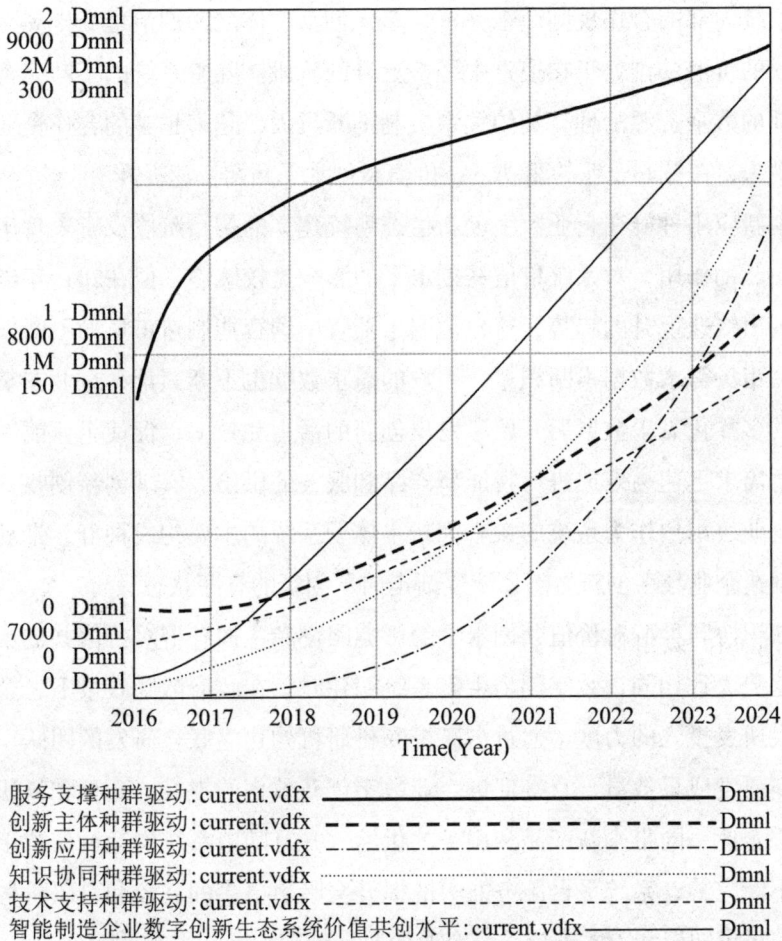

图6-5 不同路径下的价值共创水平仿真

段，开始逐渐走向协同创新、有制可依的发展阶段，在政府激励政策的扶持下，企业通过不断加大研发的投入力度、吸引更多创新合作主体的方式来提高企业数字创新效率，驱动实现价值产出的提升。这也在一定程度上说明了中国政府的激励政策和金融扶持政策的合理性、有效性。

包含了核心企业和合作企业的创新主体种群是系统价值共创的主力，在数字创新生态系统初期，就在核心企业的引领下通过数字创新实现价值的产出，但在初期价值共创水平是较低的，因为此时系统平台的服务功能尚不完善，系统内部的合作规则尚未完善，多元创新主体之间的治理尚未展开，这个时候的价值共创处于在摸索中缓慢上升的阶段。随着系统的不断完善，系统内部的数字资源治理、契约关系机制不断巩固，越来越多的合作企业加入系统中来，在核心企业的驱动下，价值共创水平开始快速提升。

创新应用种群在企业数字创新生态系统建立的初始阶段没有表现出较强的正向驱动作用，对系统价值共创水平的影响比较缓慢，但在2019年以后开始呈现出快速上升的趋势，这也说明了随着中国智能制造市场的不断发展和成熟，市场需求数据不断积累，用户的需求数据也不断累计，企业在掌握了用户的多样化需求数据后开始激发出创新的活力和效率，促使企业能够根据用户的需求迅速高效地进行智能新产品和服务的供给，实现创新创收。并且各类企业、用户作为系统的核心创新主体子系统的主要构成种群，带动整个智能制造企业数字创新生态系统逐渐走向了创新的有序状态。

知识协同种群对价值共创水平的影响跟创新主体种群对价值共创水平的影响趋势大致相同，数字创新生态系统初建时，在政府激励政策下，企业开始加大研发投入的力度，通过与高校和科研机构建立联合研发的团队，来提高创新研发成果数量，直接促进企业数字创新效率的提升，高校和科研机构与核心企业一同带来新产品和服务的供给。并且随着系统的运行，数字基础设施不断完善，系统平台服务能力的提升会吸引更多的高校和科研机构入驻系统来提供知识和人才支持，为企业的数字创新注入活力和动能。

技术支撑种群对价值共创水平始终起到比较明显的促进作用，尤其是在系统初建时，一方面，企业通过内部自主创新和外部技术引进等方式来提高技术创新能力，从而帮助智能制造企业掌握关键技术和核心技术，提高企业的数字创新效率；另一方面，数字信息技术的发展促进系统数字基础设施不断完善，为系统内的创新主体进行数字资源的交流、整合和使用提供了平台，平台服务的不断完善也提升了多元主体之间的知识互动频率和创新互动效率，快速地促进了企业的数字创新效率。随着系统的不断成熟，越来越多的组织加入，系统不断壮大的同时也增加了数字基础设施和平台的维护管理费用，对系统价值共创的促进有所放缓，但整个系统的价值共创仍然是在数字基础设施的完善基础上有序地实现。

从5种驱动下的整体影响仿真结果来看，在智能制造企业数字创新生态系统的运行过程中，最开始驱动系统价值共创水平提升的是政府等服务支撑种群和技术支撑种群，随着系统的成熟和发展，创新主体种群、创新应用种群和高校等知识协同种群开始表现出较强的驱动作用，使得整个智能制造企业数字创新生态系统的价值共创水平呈现出"创新支持子系统驱动—创新核心子系统驱动"的变动规律。这种变动规律也为企业根据数字创新生态系统的发展运行阶段来制定相应的治理机制措施提供了指导。

6.3.3 价值共创水平影响的灵敏度分析

灵敏度分析是有效性分析的后续环节，通过调整参数取值或模型结构的方式来观察模型输出图像的前后变化。通过灵敏度分析得出某变量或指标对整体系统的影响程度，以此作为指导实际工作的决策依据。通过仿真分析厘清智能制造企业数字创新生态系统价值共创的影响因素和作用路径后，再通

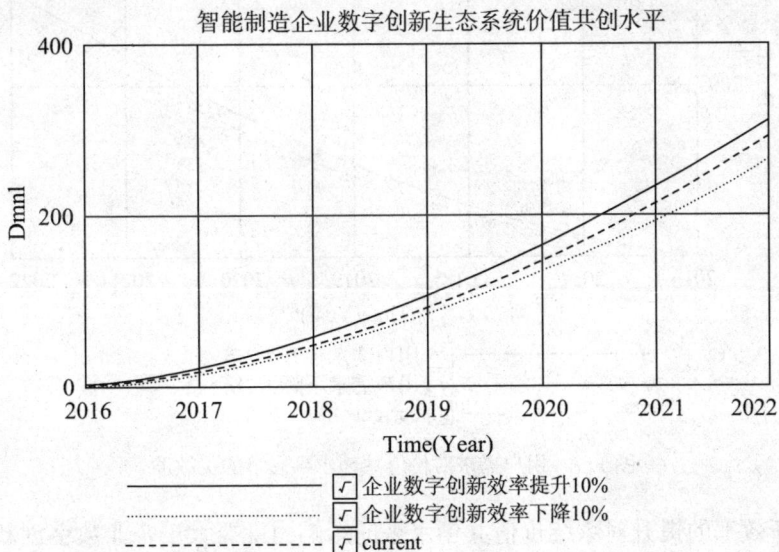

图6-6　企业数字创新效率对价值共创水平影响的灵敏度

过灵敏度仿真来分析这些因素和路径变化下系统价值共创影响的敏感程度。

本书分别选取涵盖了创新主体种群、知识协同种群、创新应用种群、服务支撑种群、技术支撑种群5种主要驱动种群的企业数字创新效率指标，通过指标的调整进行系统价值共创水平的灵敏度分析。

在前文模型方程的建立中，以企业研发人员数量、研发专利的数量和用户对智能产品、服务的需求数量、政府政策数量四者的总和来代表企业的数字创新效率，根据本书获取的样本数据，借助Vensim模型对企业数字创新效率变动引致的智能制造企业数字创新生态系统价值共创水平变动情况进行仿真分析，将企业的数字创新效率分别提升和下降10%来观察系统价值共创水平的变动情况，仿真结果如图6-6所示。

从图中可以看出，企业数字创新效率的提升会引起系统价值共创水平的提升，企业数字创新效率的下降会阻碍系统价值共创水平的提升，但企业数

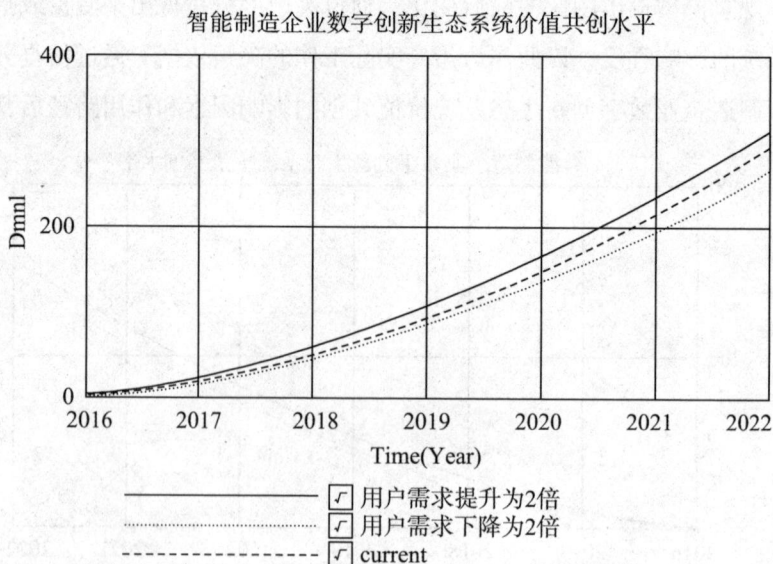

图6-7　用户需求对价值共创水平影响的灵敏度

字创新效率的提升对系统价值共创水平的影响力度要大于企业数字创新效率下降对系统价值共创水平的影响力度。

再将数字创新效率指标中的用户需求数量指标单独拿出来检验其变动对系统价值共创水平的影响。分别将用户需求指标提升2倍和下降一半来分析价值共创水平的变动情况，仿真结果如图6-7所示。

从图中可以看到，用户对智能产品和服务需求的上升和下降也都会引致系统价值共创水平的提高和降低。但不同的是，企业数字创新效率的变动对系统价值共创水平的影响在一开始就表现了出来，并且随着时间的变化对价值共创水平的正向力影响也越来越大。相比之下，用户的智能产品和服务需求对系统价值共创水平的影响在早期并没有很明显地体现出来，并且影响力度随着时间的变化呈现出缓慢上升的趋势。这也说明数字创新生态系统是一个复杂的适应性系统，数字信息技术的赋能和应用会为系统逐渐提供和累积更多的数据信息和资源，为系统和各个创新主体之间提供越来越多、越来越完善的创新协同解决方案，并且通过系统内不同模块、不同子系统的创新主体之间的协同交互，带动系统产生价值涌现的良性循环。[270]

智能制造企业数字创新生
态系统的价值共创治理

治理是选择、协调和实现集体目标的过程，[271] 企业创新生态系统的治理是指在一系列正式制度和非正式制度的约束下，通过对系统进行资源配置和优化，协调系统内部利益主体之间的权责关系，通过利益主体之间的交互共生实现系统价值共创的过程。在企业的数字创新生态系统中，数字资源和数字化的创新主体是系统的主要创新要素和创新主体，数字信息技术使得虚拟的创新主体也成为价值共创主体的一部分，并且使得大量异质性的数字化创新主体打破原有边界进行跨空间的虚拟链接，创新主体之间的交互更具动态性和复杂性。因此，数字创新生态系统的治理不仅仅是在既定的规则制度下来协调创新主体之间的关系，还包括了数字化主体之间现实与虚拟互动的治理，以及系统内部数字资源的保护、共享和开放的治理。

在传统创新生态系统的治理问题上，学者从治理的边界、结构、机制等方面已经展开深入的研究，为数字创新生态系统治理的相关研究奠定了基础。杨伟等（2020）[272] 提出进行数字转型的产业创新生态系统试探性治理的概念框架；余维新等（2020）[273] 通过构建共生模型，从知识生态系统的角度提出了从共生单元到界面、环境的数字创新生态系统的治理机制；魏江和赵雨菡（2021）[274] 构建了包括关系机制、激励机制和控制机制的数字创新生态系统治理机制；杨伟和劳晓云等（2021）[275] 实证分析了"知识-资源"和"市场驱动"两种治理利基组态是如何影响区域数字创新生态系统的韧性的；资武成（2021）[276] 将区块链应用到创新生态系统中的数据治理中；李宇（2022）[277] 提出创新生态系统的知识治理和知识共创需要契约治理和信任治理的交互作用；虽然围绕数字治理和数字创新生态系统已有相关研究，但研究方法上以案例解释为主，关于数字创新生态系统的治理重点、治理目标、治理主体、治理利基等基本理论问题尚未明确，海量数字创新主体之间互动关系的治理机制尚未廓清。

通过第5章对智能制造企业数字创新生态系统价值共创的仿真分析，得到系统中各类创新要素和创新子系统是通过交互和协同共同实现系统价值共创的，因此，需要通过约束、协调和激励等机制来对不同创新要素和子系统进行治理。为此，本书基于前文对智能制造企业数字创新生态系统价值共创机制的分析，进一步提出数字创新生态系统价值共创治理的框架模型，分析数字创新生态系统价值共创治理的不同机制及其前因后果、过程机制，进而形成稳定又有约束力、解释力的数字创新生态系统价值共创治理体系。以期为智能制造企业的治理理论提供理论分析工具，为多元数字创新主体的协同和系统数字资源的整合治理提供行动指南，弥补数字创新生态系统治理研究滞后于实践的不足。

7.1 价值共创治理的目标与困境

数字创新生态系统的治理即通过一系列正式的、非正式的制度安排，优化系统内数字资源的配置、协调系统内数字创新主体的交互关系，通过科学的决策，形成一套系统惯例来约束创新主体的创新行为、促进创新主体的协同创新，保证数字创新生态系统的健康有序远转。数字创新生态系统的特征决定了智能制造企业在构建数字创新生态并进行价值共创的治理时，既要面临着海量创新主体之间交互关系治理的复杂性，又面临着数字资源治理的种种难题，因此，厘清治理的目标和困境对智能制造企业维护系统的有序运转不可或缺。

7.1.1 治理的目标和重点

数字创新生态系统区别于一般创新生态系统，在数字信息技术的赋能和深度融入下，创新生态系统中创新主体之间原有的边界、生态位和功能被打破，改变了创新生态系统参与者的数量和种类，促使更多数字化的创新主体和数字要素在复杂的虚拟环境中进行协同和交互。然而，多元创新主体的广泛参与、海量数据资源和虚拟创新要素的汇聚、动态复杂的互动交流关系也为数字创新生态系统带来了创新资源管理难、创新主体协同难、创新过程管控难等治理中的挑战。如何通过一系列制度安排协调和约束创新主体的行为，促进数字资源与创新主体的协同与交互，实现数字创新生态系统的价值共创，已成为数字创新生态系统构建和运行的关键问题。

对于智能制造企业的数字创新生态系统来说，其治理的目标就是通过正式和非正式的制度安排，为数字化的创新主体、创新要素之间建立良好的、有序的协同机制，促进系统内不同创新主体之间通过数字化的动态复杂网络进行数字信息资源的生产、传递、共享和应用，实现系统内数字信息资源的快速整合和优化配置，推动系统内不同创新主体、创新种群之间通过优势互补和协同创新创造最大价值，实现数字创新生态系统的价值共创。因此，智能制造企业数字创新生态系统价值共创治理的重点也应该围绕着数字创新生态系统的特征和治理的目标展开，具体包括：

第一，数字创新生态系统的数据治理。数字创新生态系统内的创新种群要素是各类数字化的创新主体和创新环境，围绕数字创新主体产生和使用的数字资源是系统创新活动中的核心资源和核心要素，能够激发创新主体之间的创新活力，提升创新效率，促进数字创新生态系统的不断演进和完善。因此，对这些数字资源的保护、利用、开放和共享是数字创新生态系统治理的重点之一，尤其是当前中国还处于数字经济发展的初期，围绕着数字的相关制度规范并不完善，数字资源的产权问题、价值界定等还不明确，数字鸿沟和数据垄断问题在创新生态系统中普遍存在，[278]这不仅破坏了数据作为系统内创新要素资源的价值创造能力，也阻碍了数字创新生态系统内创新主体之间的数据要素配置和协同创新。因此，对智能制造企业来说，治理的目标和重点之一即通过对数字创新生态系统内数字资源的治理，明晰系统内数字资源的所有权，建立系统内数据生产和应用的相关机制，通过数据治理来协调不同创新主体之间数字资源的分配、整合、分享和利用，提升数字创新生态系统创新效率，促进数字创新生态系统实现协同创新和价值共创。

第二，数字创新生态系统内部运行机制的治理。数字创新生态系统是一个由多元创新种群要素组成的开放式的、动态的、复杂的交互系统，不同的创新种群和创新要素在系统中通过有序的、良性的、多边的交流互动，以协同创新实现数字创新生态系统的价值共创。通过调节数字创新系统内部各个创新主体、创新种群之间物质、能量、信息的循环流动，以及不同创新主体之间的竞争与合作关系，系统就会在健康的运行机制下处于良性的运行状态，相反如果调节不到位，系统就会处于紊乱和无序的运转状态，创新效率低下，难以在有效的协调中实现系统的价值共创。因此，智能制造企业数字创新生态系统价值共创治理的目标和重点也应该包括对系统内部运行机制的治理，包括数字创新生态系统内部不同创新主体之间的协同演化过程、创新子系统之间的协同状态，以及系统内部的自组织性。通过对系统内部各个创新要素之间、创新种群之间、创新子系统之间共生演化、协同交互、竞争合作等微观作用机制的治理，促进智能制造企业数字创新生态系统内部不同创新主体之间的协同创新。

第三，系统中治理和被治理关系的匹配与协调。智能制造企业的数字创新生态系统价值共创的治理主体来源于系统内部的不同创新主体，被治理主体同样也是系统内部的创新主体和创新要素，政府、核心企业、其他创新主体都可以成为治理的主体和中心，因此，如何基于某一个和多个共同的目标和行动，通过匹配的治理机制来协调治理方和被治理方的关系，构建多中心的治理秩序也是推动数字创新生态系统稳定有序运行的关键因素。因此，智能制造企业数字创新生态系统治理的目标和重点也包括从理论上解析清楚治理主体和被治理主体的特征，通过案例与实践探索协调二者之间关系的路径，并选择与之匹配的治理机制，从而建立有效的、稳定的治理体系。

第四，通过治理最终实现可持续的价值共创。数字创新生态系统的构建旨在通过大量数字化创新主体的交互优化和协调数字资源配置来提高创新效率，实现系统的价值共创。因此，要通过治理来对系统内的创新目标进行识别，并根据不同的创新目标选择实现创新的具体方法和路径。而数字创新生态系统是一个动态的，不断演化和迭代的系统，因此它的治理也是一个持续迭代和演化的过程，价值共创路径的多样性、复杂性和不确定性也使得系统价值共创的治理目标在不同阶段发生不同的变化，因此，对于企业来说，要不断优化治理机制，处理好数字创新生态系统的稳定、平衡、有序运转，实现系统可持续的价值共创，这是数字创新生态系统治理的关键。

7.1.2 治理的困境

数字创新生态系统呈现出创新要素数字化、创新主体虚拟化、互动关系生态化等特征，给系统价值共创治理带来了全新挑战，主要反映在以下几个方面：

（1）虚拟主体参与增加了创新主体交互的困难

在智能制造企业的数字创新生态系统中，有海量异质性虚拟主体参与到了系统的创新活动中去，让创新主体之间的交互协调存在了极大的挑战与困难。这些创新主体本身具有不同的产业属性、拥有不同的动机、来自不同的区域，它们加入数字创新生态系统中，增加了系统内创新资源的多元性和异质性，但与此同时也存在着在虚拟的空间中进行远距离交流互动的挑战与困难。比如通过核心企业构建的数字创新平台，吸引了大量具有合作意向和合作可能性的企业借助平台网络与核心企业开展合作，原本简单的双元治理关系和传统的交易规则都被改变或打破，必须创建更符合多元交易规则和多边治理关系的利益协调和资源交互机制，才能促进系统内多元主体的价值共创。

（2）数字信息技术增加了系统的不确定性

当前数字信息技术发展迅速、不断更迭，对系统内创新活动的路径方法和最终的成果都有着客观的不确定的影响，另外，创参与创新的各类主体虽然对创新的成本收益、面临的风险进行了初步的衡量，但这种有限理性在客观不确定因素下也会带来创新主体主观上的不确定性。因此，在企业的数字创新生态系统中，一方面，参与的创新主体一部分是真正意识到了数字转型的必要性并采取了数字化转型措施，也有一部分是在参与的过程中才逐渐开始进行数字化的转型，这势必对系统的创新会带来不确定性的影响。另一方面，为了实现自身利益的最大化，不同的创新主体会采取不同的方式参与到系统创新中，但由于不同创新主体所掌握的信息的不对称性，加之外部环境对不同创新主体的不同影响，往往在系统中进行合作时，并不能将所有情况下的资产支配和应担职责写入合作契约中，这也在一定方面说明在数字创新生态系统中，数据资源的产权明晰非常重要，基于数字资源而建立的治理机制能够推动不同创新主体和创新要素实现价值的最大化。

数字创新生态系统是一个动态的、复杂的、网络的、开放的系统，这些特征也使得不同创新主体在价值共创过程中面临着诸多的不确定性。数字创新生态系统内的创新活动不再是产业链中传统的线性方式，而是围绕着不同的创新活动而在不同创新主体群里中产生的"多中心"交互方式、组织架构和演进模式，这就使得创新主体之间的关系处于一种既有合作又有竞争的模糊状态，自然会影响系统内部协同创新的深度和广度，难以进行可持续性的创新，因此，在治理中需要采取激励的措施来增强不同创新主体之间合作关系的稳定性，提高创新主体进行价值共创的积极性。

（3）数字资源的共享面临诸多挑战

在数字创新生态系统中，数字化的创新要素使得系统的治理焦点转向数据资源的共享。数字创新生态系统由大量异质性的创新主体构成，其彼此拥有的数字资源在丰富系统内部资源信息的同时，还会伴随产生数据垄断、数据孤岛以及数据安全等问题，给系统内部的数据交易和应用、数据资源配置和管理、数据资源的安全维护等方面带来不少挑战：一方面，在数字创新生态系统中，创新主体尤其是企业，介于对合作方的信任程度、对自身知识产权的保护和市场的维护等因素的考虑，其业务数据信息、合作协议、商务合同、技术信息、市场交易信息等基本的数字信息资源不会完全甚至不愿意公开，或者系统内具有合作关系的多个创新主体共同产生的数据资源信息权属难以清晰界定，每个合作方都是这些数据信息的创造者和使用者；另一方面，数字创新生态系统是一个规模庞大的多中心组织结构，不同的创新主体占据着可跨边界的生态位，可以基于创新活动而不断形成创新小组或创新种群，由此会产生大量的数据信息，这些数据会借助大数据分析等技术进行初始、二次甚至多次的加工和处理，使得数据信息的产权归属问题随着加工层次的深入而变得更加复杂，并且多中心创新种群中的创新要素和主体交互合作过程中，数据的产生、共享和使用等环节很难进行实时的高效监督，而数据信息又容易被复制和传播，致使一些对创新主体来说具有敏感性和保密性的信息容易被泄露，使得数字创新生态系统内部很多创新主体进行数据资源共享的意愿明显下降。

以上两个方面的挑战也导致了在对数字创新生态系统进行治理实现价值共创的过程中，传统的产业平台理论、交易成本理论和社会关系网络理论等基本理论应用的失效。首先，在一般的创新生态系统中，传统产业平台理论认为系统的核心领导者企业采取的战略及其构建的创新生态系统内多元创新主体之间的交互关系和行为是系统治理的重点，[279] 而在数字创新生态系统中，大量异质性的创新主体打破了原有的系统边界，根据不同的创新活动和目标不断建立新的互动关系，实现了跨空间的多方向多层次的动态链接，使得分工与合作变的更加复杂，增加了系统价值共创治理的难度。其次，在传统的成本交易理论中，系统内创新主体按照契约进行协同合作创新，[280] 正式的契约制度能够对参与创新的创新主体行为以及创新的结果进行有效管控，但在数字创新生态系统中，虚拟的创新要素和空间以及复杂的动态交互关系给以契约为基础的治理带来挑战，并且，系统内数据要素的价值衡量是进行合作交易的基础，也是在系统内部进行数据传递、流动和应用的前提和关键，但是数据资源自身的特征使得它的应用效果和价值计量难以准确界定，这对数字创新生态系统内的创新主体之间进行数据资源的共享带来很大限制。第三，在一般的创新生态系统中，信任机制是对多元创新主体治理的关键，也是社会关系网络理论中治理措施中常常关注的核心内容，但在数字创新生态系统中，多中心的协同关系、跨空间的交互和广泛的多边互动关系，加之对数字资源的安全性和合法性等方面的综合考虑，使得系统内创新主体之间的数据资源共享面临着信任困境，这就导致系统内数字资源共享不充分，共享效率下降，进而影响到了数字资源的有效配置，难以在优势互补中促进系统数字创新效率的提升。

7.2 价值共创治理的关键构成因素

数字创新生态系统多主体协同实现价值共创过程中的治理困境体现了治理的基本条件、背景以及治理的主体和对象等一系列基本问题，也说明了智能制造企业在对数字创新生态系统进行治理时需要面对的难度和考虑的多重综合因素。虽然智能制造企业构建数字创新生态系统是有着明确的目标和规划的，但数字化的创新系统本身具备的各种不确定性因素，也使得治理的过程体现出一定的动态变化性和不稳定性，加之系统内部复杂的动态交互关系也使得数字创新生态系统的治理目标体现出多元性，所以，智能制造企业数字创新生态系统价值共创的治理要根据价值共创的多层次目标和多阶段特征，进行有针对性的、能够符合各阶段价值共创特征和治理目标的设计和实施。另外，虚拟主体的存在和数字信息技术的应用使得数字资源的治理也成为数字创新生态系统价值共创治理的重点。因此，智能制造企业数字创新生态系统价值共创的治理需要应用数字治理的新理论和新方法，结合智能制造企业数字创新生态系统的特征，设计具有动态灵活性的、能够协调多元创新主体及其数字资源的、促进系统多目标均衡推进的治理方式，对智能制造企业数字创新生态系统价值共创治理的难题提供思路和借鉴。

创新生态系统的治理机制通常包括治理主体、治理机制和治理利基3个关键要素，在智能制造企业的数字创新生态系统中，治理机制的关键要素则表现为：多中心治理主体、多元治理利基以及在它们基础上形成的综合协调治理机制。其中，治理主体要反映出智能制造企业数字创新生态系统中创新主体的多元性、异质性、海量性以及虚拟性等特征；治理利基除了包涵一般创新生态系统关于资源配置、市场形成等基本治理领域外，还要关注到数字创新生态系统中的核心创新要素资源——数字资源，以及智能制造企业的具体产业特征和发展实际；治理机制则涉及多种治理的手段和方法，充分体现智能制造企业数字创新生态系统价值共创目标的过程和特征。

7.2.1 多中心治理主体

智能制造企业的数字创新生态系统包含了海量的异质性创新主体和要素，它们构成了不同的创新种群，形成了多中心协同的创新子系统结构，因此其治理结构也是多中心协同下各类治理主体和被治理主体之间相互合作、共同作用的治理网络。多中心治理理论认为每一个治理主体都是独立的决策主体，[281] 不同的治理主体之间相互影响。因此，在智能制造企业的数字创新生态系统中，每一个数字化的创新主体都是治理主体的组成部分。按照其重要性和功能，可以将数字创新生态系统的治理主体划分为核心治理主体和支持治理主体两类。

核心治理主体是系统价值共创治理的主导主体，包括三类：一是包含核心企业、供应商企业等创新企业和团队在内的创新主体种群，二是包含用户、消费者在内的创新应用种群，三是政府等创新支持种群。其中，主导构建智能制造企业数字创新生态系统的智能制造企业既是系统创新主体的主要构成要素，也是系统治理的主要实施主体。智能制造企业外部的供应商等创新合作企业和团队能够为核心企业提供技术解决方案和支持，也是系统价值共创的治理主体。政府作为国家数字创新战略和智能制造产业数字化创新方向的推动者和主导者，尤其是在系统价值共创的初期，能够为智能制造企业的数字创新生态系统发展提供政策法规的指引扶持以及规范，是系统价值共创的重要治理主体。

支持治理主体主要包含了高校、科研机构、开放型实验室、智能制造创新试点等在内的知识协同种群以及中介机构、孵化中心等服务支撑种群，它们能够通过提供市场信息、知传递识学习、供给中间产品和服务的方式参与到智能制造企业数字创新生态系统的价值共创与治理活动中。[282] 尤其是在智能制造企业数字创新生态系统运行期的价值共创过程中，构成支持治理主体的服务支撑种群与构成核心治理主体的创新主体种群和创新应用种群是价值共创活动的主要参与主体,也是价值共创治理的重点。

治理主体和被治理主体都是数字创新生态系统价值共创治理不可缺少的一部分,只有厘清治理主体和被治理主体,协调二者之间的关系,才能选择与系统价值共创目标相匹配的治理机制。

7.2.2 多元治理利基

治理利基代表了治理的具体目标或领域,对应到数字创新生态系统中,则是代表了系统的主要功能单元,包括系统内的创新活动,数字资源的配置,专业知识的学习和传递,市场的形成等。Hekkert等(2007)[283]将技术创新系统的治理集中在7个具体的领域,包括了技术创新活动、知识的形成与扩散、市场的形成与完善以及资源的配置等。Hopkins(2019)[284]结合具体的产业现状提出了包括资源配置、知识形成、技术创新和合法性在内的4个领域。在过往研究基础上,本研究结合智能制造产业的特征和数字创新生态系统价值共创治理的具体实践,将治理的重要领域放在数字资源配置与共享、智能制造市场形成、协同创新活动和安全合法性4个方面,这4个重要领域对应着数字创新生态系统价值共创过程中的价值投入、价值产出、价值共创主体与技术互动的具体过程,同时也反映了在数字创新生态系统价值共创治理中面临的难题。比如当前随着数字经济的发展,数字资源的投入不断增加但数字经济市场的发展速度并不与之匹配,智能制造企业数字化发展仍然是产业市场竞争力提升的关键治理方向;再比如,在当前利用创新平台促进中国制造业高质量发展的进程中,统一架构、高效运转的创新平台仍然缺乏,促进制造业数字化、智能化发展的数字基础设施建设仍然缺乏,智能制造数字资源的处理和应用仍然不充分。因此,在智能制造企业数字创新生态系统的治理中,要结合实际形成多元治理利基。

(1)数字资源配置与共享

数字创新生态系统的构建建立在数字信息技术的支持和发展之上,数字资源是系统创新活动中的核心资源和核心要素，系统内的创新活动离不开数字化的创新主体之间将其拥有和产生的数字资源进行收集、传递、分享和应用，因此，在数字创新生态系统的治理中，数字资源的配置和共享是价值共创的重要过程和治理的关键领域，它能够激发创新主体之间的创新活力，促进系统的不断演进和完善。同时，缺乏对数字资源的合理、有效配置也是当前智能制造企业数字化创新中存在的问题，将数字资源的配置与共享作为多元治理利基之一，更加强调了对智能制造企业数字化创新过程中关键核心资源和创新要素障碍的破除。

（2）智能制造市场形成

数字创新是一种复杂的、动态的创新，并且随着数字信息技术的更迭发展而不断迭代，数字信息技术的赋能和应用会为系统累积更多的数字信息和资源，为系统和各个创新主体之间提供更多的创新协同解决方案，最终在智能制造市场中实现系统的价值共创，因此，数字创新生态系统的治理也需要在智能制造市场形成并不断完善的基础上通过治理方案的实施来应对和解决市场创新过程中可能面临的数字鸿沟、数据垄断等问题，为系统内的创新主体实现协同创新提供充足的市场空间。

（3）协同创新活动

数字创新生态系统中的各类创新主体通过数字资源的合理配置和优势互补，在协同交互中进行创新。这个过程中，如何协同是系统价值共创治理的关键利基，在智能制造企业的数字创新生态系统中，创新活动不单单依靠核心企业或者包括核心企业在内的几个关键创新主体来完成的，而是各类创新主体相互协同、不同创新要素共同作用的结果。这些创新要素、创新资源对每一个功能不同的创新主体来说意义也不同，需要通过各个创新主体功能的发挥和叠加来推动实现数字创新生态系统的价值共创。因此，协同创新活动这一治理利基强调要在充分了解协同方优势和资源信息的基础上，通过优势互补或供需匹配在协同创新过程中来进行交流和互动。

（4）安全合法性

伴随着数字信息技术的迅速发展，数字信息技术的应用增加了系统的不确定性，也使得数字创新生态系统中的数字创新方案和路径呈现出多样性和变化性，由此产生的数据安全性、合法性问题成为数字创新生态系统价值共创治理必须关注的重点领域。在数字创新生态系统中，每个创新主体都是数字信息资源的创造者和使用者，不同创新主体之间的交互协作建立在数字信息的准确传递和有效共享基础上，对于每一个创新主体而言，其数字信息的安全性，数字信息使用的合法性等问题是整个数字创新生态系统得以有序、高效运转的重要保障。因此，将安全合法性作为多元治理利基之一，引导系统通过安全合法的数字创新方案和方法设计实现智能制造企业数字创新生态系统的价值共创和治理。

多元治理利基是复杂的创新系统价值共创治治理的重要特征。对智能制造企业数字创新生态系统而言，多元治理利基组合既可以有效应对和解决价值共创过程中面临的各种困境和难题，也能够满足构建数字创新生态系统实现价值共创的多层次目标追求，充分发挥出数字创新生态系统在智能制造企业数字化创新中的功能。智能制造企业数字创新生态系统的多元治理利基和价值共创过程相互对应，准确反映出对价值共创的治理措施和作用机制。

7.2.3 综合协同治理机制

治理机制是实现治理目标的具体方法和措施。智能制造企业数字创新生态系统的治理需要将政策激励机制、智能数字契约机制和模块化关系机制等多种机制综合起来，协同作用于系统的价值共创目标。一方面，构建数字创新生态系统提升创新效率是市场主体的一种经济行为，需要市场在系统构建和运行过程中发挥数字资源的合理配置作用，因此，按照契约经济理论，应该将契约治理作为系统价值共创的主要治理机制之一。另一方面，数字创新生态系统又具有复杂动态性特征，数字信息也体现出不确定性，因此需要结合关系机制和政府的政策激励机制来实现价值共创机制的"取长补短"。

智能制造产业和数字创新作为中国推动实现经济高质量发展的重要领域和战略方向，需要政府政策和规划的正确引领和规范指导，尤其是在产业发展初期，尤其需要政府的治理机制发挥充分的作用协调和帮助应对产业在数字创新过程中面临的困难，避免智能制造产业主体在市场中的不良行为。随着智能制造产业市场的不断发展，单凭契约机制很难帮助创新主体应对协同创新过程中存在的诸多"信任困境""数据垄断"等难题，这就需要充分发挥模块化的关系机制来进一步规范创新主体的行为，增加创新主体之间的信任度。

（1）政策激励机制

政策激励机制的治理主体通常以政府为主，对合理配置、利用数字资源实现的协同创新进行激励。在上一章的研究中，本书得出智能制造企业数字创新生态系统的价值共创过程表现出"创新支持子系统驱动—创新核心子系统驱动"的动态变动规律，在数字创新生态系统不同的运行阶段，价值共创体现出动态变化性，因此，治理的方式也应该体现出动态性，即政府的激励性治理机制要在系统的不同运行阶段采用不同的方式才能产生最佳的治理效果。

在智能制造企业数字创新生态系统的运行过程中，最开始驱动系统价值共创水平提升的是政府的各类优惠和补贴政策，这些措施能够帮助企业有效面对数字创新的风险，增加对智能制造技术创新的投入。随着智能制造产业的不断发展和数字创新生态系统的不断完善，价值共创水平处于稳定上升的状态，创新活动更加围绕着用户的多样化需求满足展开，并且随着大数据、云计算等数字信息技术的应用，用户更大程度地参与到企业的创新活动中，这个时候政府的激励政策就会转向对协同创新环境的打造和优化中，推进用户成为系统数字资源的供给者和应用者，创新产学研与用户的协同合作模式，帮助创新主体把握市场数字化创新的准确方向，强化系统内创新主体应对风险的能力，激励用户和多元主体协同实现可持续的创新。

（2）模块化关系机制

数字创新生态系统内复杂的多边互动关系需要关系机制的治理和协调。

数字创新生态系统的构建使得智能制造企业与海量异质性的创新主体能够协同交互实现价值共创，也为产业的数字化创新提供了基础设施平台。

在智能制造企业的数字创新生态系统关系治理机制中，跟一般创新生态系统一样，系统的运行规则是保证创新主体按照既定的规则参与创新和进行协同交互的行为准则，也是保证系统平稳运行的基本规则。系统领导者企业主导设计数字创新生态系统中进行资源共享和优势互补的标准，各类创新主体按照系统的标准进行优势互补，迅速建立起交流互动关系。尤其是对于系统内的虚拟创新组织来说，数字接入规则提升了虚拟边界的信息渗透性，共同的规范有利于创新主体的共同行动，[285]降低数字信息资源共享的不确定性和风险性，维护系统内部的数字信息安全。

另外，数字创新生态系统体现出模块化的特征，智能制造企业数字创新生态系统的关系治理也应该按照模块化的方式，建立智能多边互动关系。数字创新生态系统是庞大而复杂的，模块化的多边交互关系打破系统内部多节点的信息交流和数据传递模式，可以实现创新主体在其所在的模块中直接进行数据信息的供需传递，这种方式一方面能够帮助创新主体迅速地选择数据信息交互的方式、时间以及具体进行交流互动的内容，实现系统内部数据资源模块化的迅速匹配供给，增加数字信息资源在系统内部的流动速度和交互效率；另一方面，模块化的多边交互关系还能够将所有的交互数据记录在模块中，降低多边关系传递带来的信息失真等问题，并且易于随时进行数据信息交流的跟踪和反馈，实现系统内部创新主体之间数据信息资源共享的规范化和可追溯。

（3）智能数字契约机制

契约机制是对系统内部创新主体行为的控制治理。数字信息技术的发展为控制治理带来了新的手段和工具。智能数字契约就是应对数字经济下对传统成本交易理论中契约机制的有效治理方式。

智能数字契约作为一种新的契约形式，能够有效避免传统契约治理方式中数字资源的产权界定、价值估量和数据交易等困难，降低数字信息资源在系统内部共享时的风险。[286] 比如，在智能数字契约中设置数字信用，并在系统内部进行数字信用的公开化处理，创新主体之间在进行交互时能够清晰地了解对方的数字信用情况，进而构建安全的合作信任关系，同时，还会督促整个系统内部创新主体数字信用水平的提高，避免违规行为的存在，降低系统创新的风险性。

在智能数字契约中，要明确系统内部数据信息和资源的权益管控，即通过数字契约的形式，明确系统内部创新主体拥有的数字信息资源应用权利和应履行的数字信息资源共享职责，将每个创新主体所拥有的数字信息写入数字契约中，并对数据信息资源进行合法性的保护，确保创新主体的数字信息资源所有者权益，避免在价值共创过程中可能产生的数据风险。

7.3 价值共创治理的过程与作用机制

在智能制造企业数字创新生态系统的价值共创过程中，多中心的治理主体、多元治理利基和体现智能化、数字化特征的综合协调治理机制能够有效应对价值共创过程中面临的复杂系统内部风险性较高、创新主体交互困难、数字资源共享面临诸多挑战等问题，达到多层次的治理目标，最终实现系统持续的价值共创。根据上一章对智能制造企业数字创新生态系统价值共创机制的分析，智能制造企业数字创新生态系统价值共创的水平呈现出"创新支持子系统驱动—创新核心子系统驱动"的变动规律。因此，在治理的过程中，要针价值共创的具体过程和特征来调整治理的重点、治理的主体和利基。

为此，本研究建立了智能制造企业数字创新生态系统价值共创治理的模型，如图7-1所示。智能制造数字创新生态系统的价值共创治理要将政策激励机制、智能数字契约机制和模块化关系机制3个治理机制整合为一个综合的治理体系，通过综合的协同治理机制、多元治理利基和多中心治理主体的动态协调演化，共同围绕着价值共创总目标对数字创新生态系统进行协同治理。

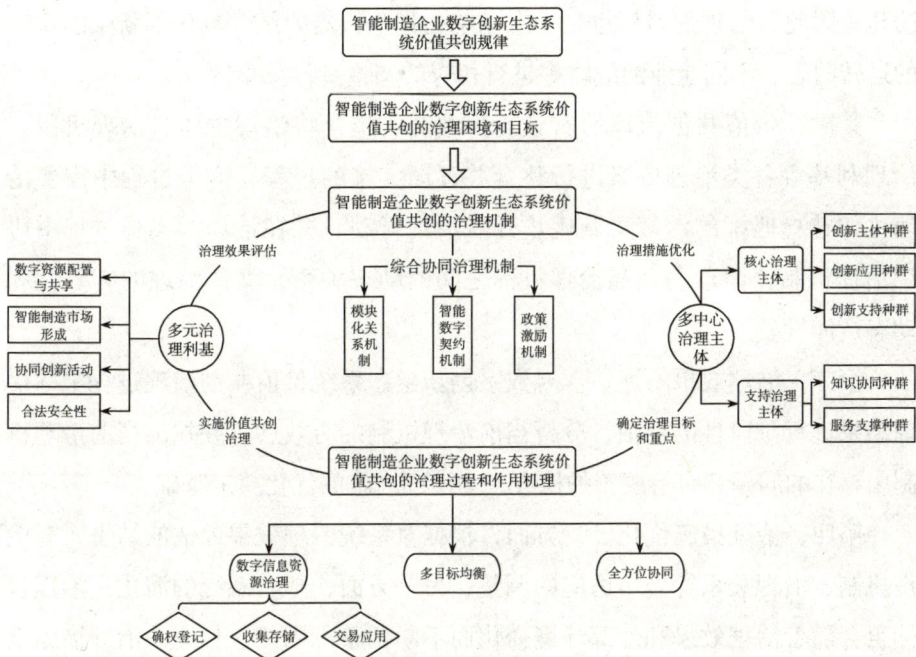

图7-1 智能制造企业数字创新生态系统价值共创治理机制

7.3.1 治理的基本过程

智能制造企业数字创新生态系统价值共创治理的基本过程包括了治理目标和重点的确定、实施价值共创治理、治理效果评估和治理措施优化四个步骤,这四个步骤是一个动态的循环过程,围绕系统价值共创治理的多层次目标,根据治理的效果和外部经济环境因素的变化不断优化和调整治理的具体方案,不断提升治理效果,带动智能制造企业数字创新生态系统产生价值涌现的良性循环。

首先,确定智能制造企业数字创新生态系统价值共创治理的目标和重点。一方面,由主导建立数字创新生态系统的领导者企业制定通过创新活动要达到的总目标来确定治理实现的总目标和重点,同时,系统内部不同创新主体、创新子系统之间也要围绕着创新的各类目标通过协商确定治理的分目标;另一方面,随着数字创新生态系统的成熟和完善,相应的目标也会不断演化，因此，治理的目标也是一个动态的过程，需要结合数字创新生态系统的运转状态、不同企业的战略等进行相应的调整。

其次，价值共创治理的实施。治理的实施是将治理主体、治理机制、治理利基等各类治理要素进行整合并逐渐实施的过程，这个过程中需要治理主体选择匹配的治理机制逐步开展治理行动，并在治理的实施过程中协调治理机制、治理利基和治理目标之间的动态关系，保证治理的有效性和动态严谨性。

第三，治理效果的评估。对数字创新生态系统价值共创治理过程中的治理结果进行阶段性的评估，分析当前治理机制的有效性，并找出当前治理机制中存在的问题和有待改善的地方，为治理措施的优化奠定基础。

第四，治理措施优化。一方面，根据对系统治理效果评估的结果，对治理机制、治理关系等做出适应的调整；另一方面，随着系统的演化，治理目标也会随着治理效果和外部环境变化而不断调整，因此，相应的治理措施也要进行动态的调整和进一步的优化完善。

7.3.2 数字信息资源的治理

对智能制造企业数字创新生态系统内部的数字资源进行治理的目的就是要确保数字信息资源在系统内部共享和使用的规范性和合法性，保障数字信息资源的安全，促进数字信息资源要素配置的最优化，实现系统内部数字信息资源交易的透明化和可追溯。

第一，对系统内的数字信息资源进行确权管理，并按照价值共创节点的形式对数字信息资源进行登记，备份保存并进行标记，确保数据资源所有者的唯一性。这样既能够对虚拟的数据信息资源进行明确的标记和有效的保护，也是系统内创新主体进行数字信息资源共享和应用来共同实现价值共创的前提。通过对数字信息资源的确权管理，进一步激发了数字创新生态系统内部每一个创新要素提供数据资源的积极性，也为从数字创新生态系统外部获取数据信息提供了明确的产权来源和收支证明，丰富了数字创新生态系统的数字信息资源，同时也促进了数字信息资源生产的多元化。

第二，系统内数字信息资源的收集与存储。数字创新生态系统内部每个创新主体都要对自己的数字信息资源进行收集，并根据自身的目标规划、需要的成本、预期的收益等因素来综合考虑如何将自身拥有的数字信息资源进行选择性地收集和共享。在这个过程中，数字信息资源的确权者具有主动性，可以决定如何使用和交易数字信息资源，同时区别于一般的数据信息资源，经过确权后的数据已经成为一种资产，是其拥有者企业的重要生产要素资源，这个时候的企业可以根据数据信息资源的价值和可能的收益制定智能数字契约。收集完毕的数字信息资源要按照不同的类别、不同的用途、不同的属性进行存储，并且明确哪些数字信息资源是安全使用的、哪些是建立在一定的信用基础上使用的、哪些是可以进行即时共享的。

第三，数字信息资源的交易与使用。在数字创新生态系统中，数字信息资源是核心的创新要素，同时它也需要与其他创新主体之间进行创新要素的优势互补和协同整合才能实现系统创新效率的提升，共同创造价值。这就需要在系统内部对创新主体之间的数字信息资源交易、共享行为进行全流程的跟踪记录和安全管理，为创新主体之间的协同交互建立透明的、可追溯的信任机制，提升数字信息资源在系统内部的共享效率。同时，各个创新主体也要对自身拥有的数字信息资源进行有效的维护和不断的处理，形成更有利于与其他创新主体进行协同共享的形式，提升其拥有的数字信息资源的价值。

7.3.3 多目标均衡

智能制造企业数字创新生态系统的治理要实现系统内部数字化创新主体的有效协同，优化数字信息资源配置，促进和保障系统内数字信息资源的生产、传递、共享和应用，推动系统内创新主体通过优势互补创造最大价值，实现系统内创新主体的协同创新和价值共创。这些目标是多层次的，既是系统内所有创新主体的共同愿景，也是所有治理主体的共同目标；既包含了治理的总目标，也包含了不同创新主体、不同子系统之间的多层次目标。智能制造企业数字创新生态系统是复杂的，也是处于动态的演化和更迭状态中的，因此，系统多个治理目标的实现不分时间先后、不分目标轻重，而是，随着数字创新生态系统的动态变化和价值共创的动态变化规律，围绕着最终的目标，在动态和静态中逐渐形成一个多目标的均衡状态，这是对系统复杂性和数字信息技术应用带来的不确定性等问题的有效应对。

由于数字创新生态系统的动态复杂性，以及系统内创新活动的不确定性，治理的目标跟治理的效果一样，并不是能够完全预知和可控制的，也非一蹴而就并保持静态不变的，而是需要根据外部环境、政策的变化、新的机遇和挑战对治理的目标进行不断地调整和优化，对多层次的治理目标进行动态的、循序渐进的完善，相应的治理措施也要根据治理目标的调整和优化而进行对应的更改和完善，通过动态的治理最终推动实现价值共创。

7.3.4 全方位协调

在智能制造企业数字创新生态系统中，全方位协同既要求多元创新主体与系统内的资源配置形成协同，又要将治理主体与多元治理利基和综合的治理机制协同，既要实现治理复杂性与不确定性的协同，又要与价值共创的动态过程实现协同。

第一，多中心治理主体与综合协同治理机制间的匹配。

智能制造企业数字创新生态系统是多中心协同创新结构需要多中心的治理主体协同开展价值共创的治理，并且要与3个治理机制协同起来，实现治理效果的最优化。政府及相关部门作为治理主体时，要充分利用政策激励机制来开展治理活动，并且要按照智能制造企业数字创新生态系统价值共创的规律，在不同的系统运行期匹配不同强度、不同方式的激励手段。比如在系统构建运行前期，以智能制造试点、智能制造孵化基地建设等引导型、扶持型的治理手段为主。随着智能制造企业数字创新生态系统的稳定运行，核心主体中的企业以及辅助主体则主要通过智能数字契约的形式对市场行为进行规范治理，并且在智能制造契约的设定中，要在明确数字信息资源的权属和治理主体的职责范围基础上，对数字信息资源的价值计量保留一定的误差空间，以应对数字信息技术迭代更新带来的创新的不确定性。模块化的关系机制是对智能制造企业数字创新生态系统价值共创治理的有效完善和补充，既能对复杂动态的交互关系按照模块化的方式进行直接的、迅速的治理，还能够弥补政策激励机制和智能数字企业机制在不确定环境下存在的治理不足，从长远上保证系统的有序运行，为创新主体之间的协同交互提供可持续的、稳定的创新规范。

第二，综合协调治理机制、多元治理利基与治理目标间的动态协同。

在智能制造企业数字创新生态系统价值共创的治理中，不是一种治理机制作用于一个治理利基，而是3种综合的治理机制协同作用于同一个治理利基，从而减少单一机制可能带来的治理乏力，实现系统多元治理机制的有效协同与互补。同时，政策激励机制、智能数字契约机制和模块化关系机制这3种机制也不是一开始就能在同一个治理利基中实现治理手段的协同，而是在动态的过程中跟随着系统价值共创的动态变化过程而不断试探和调整，最终实现高效协同的状态。而且，在这个过程中，多元治理利基也并不能代表系统治理目标的完全实现，更多的是治理目标与多元治理利基的协同，这个也是在动态中实现多元治理利基与多层次治理目标相统一的过程。

第三，多中心治理主体间的动态共演。

智能制造企业数字创新生态系统的治理主体和被治理主体通常也是参与系统价值共创的创新主体。这些创新主体进行创新交互的意愿和与其他创新主体协同的行为也会受到治理机制的影响，进而影响到了治理手段的实施。因此，在数字创新生态系统中，多中心的治理主体之间也是一个动态演化的关系，当治理主体在系统中协同创新、演化方向一致的时候，治理的效果就能充分发挥出来，这也说明了在价值共创过程中，治理活动对于创新主体之间开展交流互动、共同创新的重要协调作用。这从另一方面说明，多中心的治理主体也需要根据系统治理的效果调整协同创新的方向和行为，在有序的交互中确保协同创新，实现系统的价值共创。

7.4 案例分析

7.4.1 研究设计

　　本书以中车青岛四方车辆股份有限公司（简称中车青岛四方）作为案例分析的对象，对智能制造企业通过构建数字创新生态系统进行数字创新过程中的价值共创治理进行分析。中车青岛四方是中国轨道交通装备制造业中的核心企业，也是中国高速列车自主研发、设计、制造和出口的重要基地。选择中车青岛四方作为本书案例分析的对象，主要原因包括：第一，基于资料的易得性和调研的方便性，本书选取本土智能制造企业作为案例；第二，本书对智能制造企业的研究范围界定为进行数字化转型和创新的传统制造业行业，中车青岛四方作为开展数字化转型、进行平台创新的装备制造业企业，能够反映中国传统制造业在智能化、数字化创新等方面的现状，为智能制造企业的数字创新提供经验借鉴；第三，由于数字创新生态系统在中国的发展和应用尚处于起步状态，相关的研究也刚刚兴起，因此，本书主要借助理论框架阐述、现状描述和发展实际展示等方法进行案例分析，以进一步阐述智能制造企业数字创新生态系统价值共创的治理机制，而没有用到企业的数据来进行实证的检验和仿真模拟分析。

　　本案例分析的相关资料来源主要有：第一，省市级人民政府官方网站的相关政策和信息；第二，企业官方网站和巨潮网上披露的上市企业的年报等相关文件信息；第三，报纸和新闻媒体关于中车青岛四方的相关报道；第四，到企业进行实地调研考察时获取的一手资料，包括与企业相关领导的座谈、与企业员工的交流，参加企业举办的相关专题研讨。

7.4.2 中车青岛四方数字创新概况

中车青岛四方始建于1990年，前身为四方机车车辆厂，是青岛工人运动的发源地和中共青岛党组织的创建地，新中国成立以后，开始加大自主研发力度，并在1952年制造了新中国第一台蒸汽机，引领了中国铁路工业的变革，成为共和国机车车辆的摇篮。改革开放后，中车青岛四方进一步加快创新步伐，开启了大规模的技术改造，扩建了客车系统，依靠科技创新，成为中国铁路提速的主力军。2002年，正式注册成立中车青岛四方机车车辆股份有限公司，此后，围绕打造"原始创新、集成创新和引进消化吸收创新"综合创新体系的目标，建立了5个国家级研发试验机构和3个海外研发中心，形成了开放性的技术创新体系。

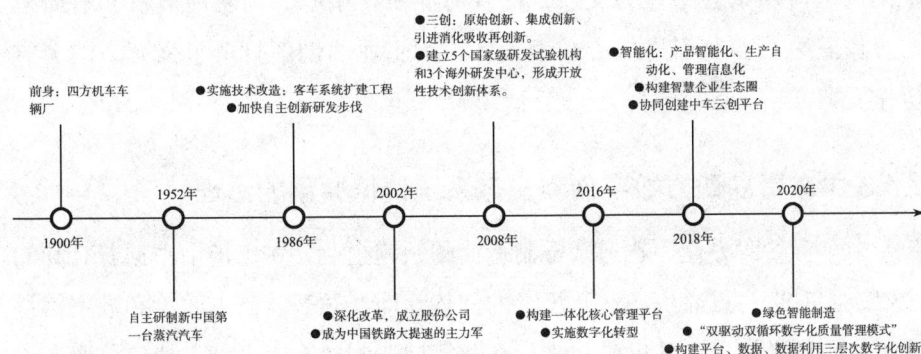

图7-2　中车青岛四方机车车辆股份有限公司创新生态系统的发展与数字化转型

图7-2展示了中车青岛四方机车车辆股份有限公司创新生态系统的发展与数字化转型历程，2016年，中车青岛四方开始实施数字化转型战略，并构建了一体化的核心管理平台，加速数字化转型步伐。2018年，以"数字化+智能化"为方向，逐渐实现智能化转型，并构建起智慧企业生态圈，协同创建"中车云创平台"，打造了创新生态系统，加速与产业链企业的协同创新，实现中国机车制造技术在全球价值链的攀升。2020年，进一步以"绿色智能制造"走在中国制造业高质量发展的前列，开启"双驱动双驯化数字化质量管理模式"，并构建了包括"平台、数据、数据利用"三个层次的数字

化创新生态体系，全面推动数字化、智能化、低碳化发展。中车青岛四方发展的历史沿革充分体现了本书探讨的智能制造企业数字创新生态系统的相关内涵和特征。

中车青岛四方积极培育轨道交通装备全产业链"技术+产品+服务"的数字创新生态体系，"十三五"以后，以智能制造为核心的数字化创新开始占据中车青岛四方企业创新的主导地位，持续推动现代轨道交通装备研制。与此同时，数据资源开始成为中车青岛四方创新的重要资源，将高速列车生产线接入到云创新和管理平台，借助数字信息资源进行仿真模拟试验，借助人工智能和大数据分析应对全球多元化市场需求，提升了企业的创新效率。在这个过程中，中车青岛四方不断加大对协同创新的布局，以5个国家级研发试验平台为支撑，联合海洋研发中心，与多所高校和科研机构合作着力培养和引进核心技术人才，为企业的创新打造了强有力的多方协作支撑。

7.4.3 中车青岛四方数字创新生态系统价值共创的治理

中车青岛四方作为轨道装备制造业的领跑企业，在市场中占据着有利的位置，同时也占据着资源和政策上的优势，能够对智能制造政策和数字信息技术的应用做出更快的反应，进而在智能制造领域迅速占领高地、获取竞争优势。在构建数字创新生态系统来进行协同创新方面，中车青岛四方虽刚开始处于起步阶段，但在应对中国制造业智能化、数字化转型过程中存在的协同程度不足，缺乏创新的平台和数字化转型的条件等问题和困境上，中车青岛四方已经探索出了独具特色的模式，这也体现了中车青岛在智能制造企业数字化创新治理领域的优势。

第一，多中心的治理结构。在中车青岛四方的数字化转型创新过程中，地方政府、高校和科研院所以及金融机构等多类主体共同发挥作用，形成协同的多中心治理结构。地方政府以降税减负政策激励中车青岛四方的数字化转型创新，并通过孵化基地、创新示范中心的建设，引导构建了数字创新生态系统，加速中车青岛四方与全球智能制造产业的接轨；中车青岛四方与地方多所高校合作共建实验室和研发团队，联合进行核心技术的研发和专业技术人才的培育；金融机构也在中车青岛四方与国际市场的交易中提供数字货币支付支持，并推出多种综合的数字金融解决方案。

第二，综合协调治理机制。在中车青岛四方的数字化转型创新过程中，综合运用了政策激励机制、智能数字契约机制、模块化关系机制等治理机制。在政策激励机制方面，青岛市出台了《青岛市互联网工业发展行动方案》以及《青岛市"十三五"制造业转型升级发展规划》等多项政策，并提出了《青岛市"高端制造业+人工智能"攻势作战方案（2019—2022年）》，中车青岛四方的"高速动车组转向架智能制造试点示范工程"成为全国智能制造试点示范项目。在智能数字契约方面，中车青岛四方积极拓宽全产业链，以契约式的合作，与国内轨道交通最大箱式电站供货商青岛特锐德合作，并以智能的数字契约合作形式积极遴选国际市场供应商。在围绕产业链各个环节开展协同创新方面，以模块化的关系治理建立完善的全价值链互动网络。

第三，多元治理利基。中车青岛四方数字创新生态系统价值共创多元治理利基主要包括数字资源配置与共享、智能制造市场形成、协同创新活动和安全合法性等4个方面。在数字资源的配置与共享中，中车青岛四方积极与多方合作进行技术和资金的整合来推动企业的数字化创新进程，政府为中车青岛四方提供专项资金支持，青岛银行等为企业提供金融服务，山东大学、青岛科技大学等高校也为中车青岛四方提供技术支持。在智能制造市场形成方面，中车青岛四方加快动车组关键技术的自主创新研发，在中国轨道车辆行业高端市场中占据明显竞争优势。在协同创新活动中，除了与国内的供应商企业、高效、科研机构、中介机构和金融机构展开合作外，中车青岛四方与全球20多个国家和地区开展合作。在安全合法性上，以自主研发设计作为主要的创新，对创新数字资源进行积极的知识产权申报和权属确认，同时建立了数字化专家小组，对企业的数字化创新项目进行严格把控和监督。

第四，多目标均衡、全方位协同的动态治理过程。在中车青岛四方构建数字创新生态系统进行数字化创新的过程中，企业、政府等核心治理主体以及高校和科研机构、金融机构等辅助治理主体在激励机制、数字契约机制和模块化关系机制等综合性的治理机制协同作用下，逐渐形成了"政、企、供、研、智、金"等多类创新主体协同创新的局面。在对数字信息资源的治理中，建立数字化管理系统对动车的焊接、转向架的装配、总装的调试等过程数据进行实时采集和监督，通过数字化的转向架实现制造过程数据的可追溯，借助大数据护航动车运行状态。从最初的数字化管理平台和数字化生产线，到后来逐步建立轨道运输统一数据标准，再到建立数字化的合作共享机制，中车青岛四方在"数字+""智能+"的创新进程中不断调整，持续提升数字信息技术水平，为交通运输装备产业插上了"数字翅膀"。

7.4.4 案例总结

通过案例分析，可以看到中车青岛四方的数字创新能够对本书构建的治理模型进行进一步的印证和阐释，如表7-1所列。中车青岛四方通过构建数字化的创新生态系统进行数字创新的过程体现出了多元治理主体之间的协同、综合治理机制的协同、多元治理利基的并重和有效的数字信息资源治理过程。同时，从案例中也可以看出，中车青岛四方目前依靠自主创新以及政府的支持走在了智能制造企业数字化创新的前列，这也说明中车青岛四方主导构建的数字创新生态系统已开始发挥出数字平台的支撑作用，治理的重点主要围绕着对创新核心主体和创新支撑主体的协同创新展开。

表7-1　案例分析结果

理论模型构成	具体要素	中车青岛四方案例
治理要素	多中心治理主体	青岛市政府、中车青岛四方、特锐德等企业、山东大学、青岛银行、智能制造创新示范基地

续表

理论模型构成	具体要素	中车青岛四方案例
治理要素	治理机制	政策激励机制：青岛市出台的推动智能制造和数字化发展的相关政策。 智能数字契约：与特锐德企业合作，与智利 Temoinsa 等 20 多个国家的企业合作。 模块化关系机制：作为本地企业的社会关系网络以及全球合作方的关系网络
	治理利基	数字信息资源配置和共享：自主创新研发、数字货币支付。 智能制造市场形成：中国轨道车辆行业高端市场竞争优势。 协同创新活动："政、企、供、研、智、金"协同。 安全合法性：自主研发，知识产权申报和权属明确
治理过程	数字信息资源治理、多目标均衡、全方位协同	从数字化管理平台和数字化生产线，到建立轨道运输统一数据标准，再到建立数字化的合作共享机制

促进智能制造企业数字创新的支撑体系

8

数字经济时代，数字信息技术成为企业创新发展的核心要素，驱动着中国产业的转型升级。在数字信息技术的赋能下，中国传统制造业加速数字化转型，以数字创新来生产新的产品和服务、改进生产流程、进行组织变革、创新商业模式，逐步向中国智能制造跨步发展。本书研究和总结了中国智能制造企业目前在数字创新发展中存在的问题和瓶颈，通过数字创新生态系统的构建和价值共创机制的研究，为智能制造企业搭建数字创新生态系统来提升创新效率提供决策和参考。但更重要的是，借助数字信息技术，以数字创新来探索当前经济环境变迁下中国制造业高质量发展的道路，已成为中国在全球制造业竞争中占据高地的重要方式。中国制造企业要把握新发展阶段、贯彻新发展理念，以数字创新构建中国智能制造的新发展格局，在国家顶层设计规划下，在政府政策的扶持和引导下，加快数字信息技术应用，搭建多元化数字创新平台，打造智能制造完整产业链，推动中国智能制造创新从量变到质变的巨大跨越。

8.1 打造智能制造完整产业链

新冠肺炎疫情对全球制造业的影响依然延续，制造业企业不得不寻求新的供应链企业来拓展产业的供应链布局，这就使得全球制造业的供应链被缩短。与此同时，在新冠肺炎疫情的长时间影响下，安全问题成为制造业发展考量的重要因素。尤其是伴随着新一代产业科技革命下数字经济的发展，制造业很容易出现"强者越强、弱者越弱"的现象。中国的产业体系较为完备，制造业产业链已经形成了明显的集群式发展优势，自主创新和科技研发能力也在迅速攀升，推动着中国的制造业链条不断完善，制造业的智能化、数字化发展趋势加快。在这种契机下，中国智能制造产业要在全球制造业市场中占据竞争优势，就要尽快打造完整的智能制造产业链，实现中国智能制造产业发展的弯道超车。

第一，把握当前背景下全球智能制造产业发展面临的机遇，利用好数字信息技术，加强数字创新应用。要加强对中国智能制造产业发展现状的摸底调查，发现中国智能制造产业链、价值链发展存在的问题以及需要改进、突破的方向。加大智能制造领域关键核心技术的研发，提升中国制造业智能化、数字化发展水平，促进中国制造业的高质量发展。

第二，利用中国"人力广""技术底子好""市场大"等优势，形成智能制造产业的全球吸引力，尤其是吸引高端智能制造产业到中国市场。同时，完善政府对智能制造产业发展的保障机制，提高政府对智能制造产业的支持和服务力度，制定和完善加强产权保护的法制法规，完善国内智能制造发展和投融资环境，加强与国内外智能制造先进企业的合作，形成智能制造全产业链集成高地。并以此为契机，不断完善中国智能制造体系，解决当前中国智能制造在供应链等环节存在的隐忧，实现中国智能制造价值链在全球的攀升。

第三，利用中国当前拥有的独立的工业体系，优化制造业全产业链布局。为此，要立足于中国国情，从中国制造业发展区域不平衡等实际出发，根据制造业在中国产业空间布局的梯次结构，制定合理的发展空间布局规划，发掘不同规模和不同结构的市场需求潜力，因地制宜制定发展战略、提供政策支持，促进制造业要素资源的合理配置和区域制造业的协调发展。

第四，打造智能制造产业发展的技术优势，掌握智能制造技术发展的主动权。中国智能制造产业的发展需要做大做强技术与服务两个大市场，持续打造技术竞争优势。在技术上，目前全球智能制造产业尚未形成强大的技术壁垒，中国要充分利用体制优势，加快核心关键技术的研发和突破。在市场上，鼓励企业形成创新联盟，建立创新生态体系，利用数字信息技术创新商业模式和产品服务，形成智能制造市场联盟，引领智能制造产业发展。

值得注意的是，打造智能制造完整的产业链不是只打造高端产业链摒弃低端产业链，而是实现高端产业链和低端产业链的有机融合，从智能制造产业发展的整体视野、长远视角来看待产业的发展问题，并据此制定相应的发展战略和扶持政策，推动中国智能制造产业实现整体高质量发展。

8.2 加强智能制造数字创新的顶层设计

当前新一轮科技革命和产业变革加速演进，顶层设计和机制体制建设是智能制造业数字创新发展的蓝图和指南。智能制造业的数字创新发展是一项复杂的、长期的、系统的、庞大的工程，要在科学的顶层设计和统筹规划下，以政府为主体，制定智能制造产业向数字化转型的战略目标和方向，通过一系列政策的制定，鼓励和引导制造业企业的智能化、数字化转型发展，完善智能制造产业数字创新发展的基础设施建设，走中国特色智能制造数字创新发展道路。

首先，立足于国家智能制造发展的全局，构建从中央到地方的系统性、集成化的智能制造数字创新政策体系。积极部署中国智能制造企业的数字化创新发展的行动方案和发展规划，根据中国制造业发展的实际、区域制造业发展水平与基础条件，制定智能制造发展的差异化战略布局，平衡区域数字基础设施建设，形成中国智能制造产业数字创新的协调发展格局，并打造东西部智能制造数字资源调度先导区、智能制造数字创新样板区、智能制造企业数据治理示范区，以示范先行带动中国智能制造企业的数字化创新步伐。同时，强化智能制造标准化体系构建，引导建立智能制造数据治理的行业标准，逐步取得全球智能制造产业数字创新体系建设的话语权。

其次，智能制造企业要在国家政策的支持和引导下，积极应对数字化带来的机遇和挑战，加快数字创新步伐，形成"数字+创新创业"的有效驱动。在智能制造产业的发展中，企业要借助先进的数字信息技术进行技术创新、产品和服务创新、商业模式创新等多项创新措施，形成智能制造企业发展的数字化创新驱动。同时，利用数字信息技术，准确掌握国内外市场需求状态和用户的需求升级，以用户为中心，借助关键核心技术创新来培育智能制造发展新业态和创新新模式，探索满足用于多样化需求的智能制造供给模式。

8.3 夯实智能制造业数字创新的基石

发展数字经济，数据是关键要素，网络是基础设施和载体，信息技术应用是重要的推动力。因此，数字创新发展也离不开数字信息技术的应用、数字基础设施的完善以及数字资源的管理与治理，夯实这些智能制造企业数字创新的基础，才能推动数字创新的有序进行。

在加强数字信息技术应用方面，一方面，要加强数字信息技术与智能制造领域的融合深度和广度，不断创新智能制造产业新业态、新模式，重塑智能制造产业的组织形态，借助数字信息技术推动智能制造企业的业务模式创新、管理模式变革与核心能力提升；另一方面，数字信息技术的无边界属性可以拓宽智能制造产业融合的横向边界，同时延长纵向产业链，通过强化对数字信息技术的应用，可以更深度地将服务业与制造业融合起来，促进智能制造产业链上下游、新旧业态之间，包括企业内部更大程度的融合和协同。

在加快新型数字基础设施建设方面，加快建设工业互联网、大数据、云计算、人工智能、区块链等新一代基础设施，深入实施工业互联网创新发展工程，统筹布局绿色智能数据与计算设施建设。培育一批数字化创新运营大平台，集中力量支持若干跨行业、跨领域的数字创新平台，推动智能制造业的数字创新发展。加大对数字基础设施的投资力度，适度超前推进数字基础设施建设，为智能制造业的数字创新发展提供更多支持。

在数字资源的管理与治理方面，必须将推进数据资源建设放在首要地位。数据资源既是智能制造企业的重要生产要素，也是智能制造企业协同创新的核心要素，数字创新发展离不开数字资源的建设，因此，要收集、存储和引进数字资源，建立智能制造企业数据库，提升数字资源在协同创新中的分享和应用效率；另外，中国数字经济发展尚处于初级阶段，数字资源虽然丰富，但数据壁垒、数据垄断等现象仍然广泛存在，数据治理相关的法律法规仍缺乏，因此，需要加强对数字资源的治理，健全数据治理相关的法律法规，并制定相应的标准规范，保障数据的交换、共享和应用，有效挖掘与转化数据资源价值，推动智能制造企业的数字创新效率。

8.4 完善智能制造产业数字创新的政策体系

数字创新是中国制造业高质量发展的需求，也是提升中国制造业全球竞争力的重要举措。数字创新要在当前数字信息技术的应用基础上，借助市场的力量推动实现智能制造企业的协同数字创新，为此，需要政府制定和出台促进数字创新的政策，完善当前智能制造数字化转型的政策覆盖面，创新智能制造产业数字创新的政策体系，增强数字创新政策的支撑与保障功能。

第一，完善智能制造发展的扶持政策，赋能新制造、催生新服务，加快制造业数字化、智能化创新转型，释放出传统制造业新活力。通过能力扶持、金融普惠政策、孵化基地入驻政策、搭建生态等多项扶持措施引导和支持制造业企业的数字化、智能化改造与发展。通过政府购买等途径引导智能制造企业接入服务平台，通过云服务提升数字化、智能化水平。打造智能制造数字创新示范中心，加强数字基础设施建设和互联网平台建设，支持大型智能制造企业带动中小企业、民营企业借助云平台实现资源的优势互补和协同创新，推广促进智能制造数字化、智能化创新的多种新模式、新举措。

第二，加强数据标准和法律法规的制定、完善和应用，促进数据信息有序开放与共享，为智能制造企业营造自由成长的安全环境。引导智能制造行业组织、企业和科研团体共同研究制定工业数据标准体系，并加强对标准体系的持续完善和多效利用。研究制定数字治理规范体系，完善数字信息资源的相关法律法规，加速公共数据的共享开放以及对行业数据信息数据的保护，通过数字确权认定、数据价值评估和交易体系完善，明确数据的权属和应用范围，避免数字信息资源应用带来的安全问题和违法行为，保障数字信息采集、应用和交易的合法性、合规性。

第三，加强智能制造关键核心技术研发，夯实智能制造技术实力。通过增加技术研发资助等形式，加强数字通信技术、人工智能等技术的研发。以企业为牵头，带动关键核心技术科研项目开展，加强智能操作系统、工业大数据、工业机器人等关键核心技术的攻关。同时，政府也要通过完善的服务购买制度，拉动智能制造技术研发的需求，扶持和帮助新产品、新服务、新技术的开发。

第四，加大数字基础设施建设，促进智能制造数字创新提质增效。紧跟数字经济发展步伐，加快数字基础设施部署，夯实制造业智能化和数字化转型与创新的网络"基石"。一方面，提高大数据、5G、人工智能、智慧城市、工业互联网、区块链等应用型数字基础设施的普惠服务能力，推动无人化、协同化、公用化、智能化数字基础设施的统筹规划和共建共用，尤其是加强偏远落后地区数字基础设施建设，为智能制造产业拓展下沉市场铺就信息高速公路。另一方面，积极推进智能制造企业数字化转型与创新的云服务支持政策，推进数字信息技术在制造业中的深入融合与应用，引导智能制造在行业之间、上下游企业之间和产供销之间形成协同创新。

第五，加快中国智能制造的国际合作，提升中国制造价值链高度，为智能制造国际化标准贡献中国智慧。一方面，数字信息技术的发展使制造业的产业模式、创新边界、企业形态、管理理念等发生了深刻的变革，协同创新不仅要突破产业链上下游限制，还要突破区域和国家限制，在保障安全的前提下，进行跨企业、跨地区、跨国家的智能制造资源协同。另一方面，积极参与智能制造国际标准化合作，提升中国智能制造的国际影响力，这既是推动中国智能制造发展的抓手，也是推动实现国内国际双循环的重要保障。

8.5 发挥智能制造产业数字创新的人才支撑

人才是智能制造产业发展的核心竞争力，也是数字经济时代创新的核心力量，推进"智造型"和"数字型"人才队伍建设，可以为智能制造产业的发展不断蓄力。当前，中国智能制造和数字经济发展人才队伍都难以适应智能制造数字化创新和高质量发展的目标与要求，智能制造领域和数字领域的人才存在着巨大缺口，区域发展不平衡问题比较突出，人才缺乏成为制约智能制造数字创新的重要瓶颈。为此，亟需制定出台智能制造和数字经济发展的人才支撑发展计划。

第一，加强"智造型"和"数字型"人才的培育、引进、集聚和应用，形成一批掌握智能制造和数字信息技术专业知识且具有全球视野的复合型高端人才。着力激发数字人才和智能制造人才的创新精神、科学精神，选树智能制造和数字创新领域的人才典范，推动形成创新文化氛围，为科技人才的培育和发展营造良好的环境。

第二，深化智造人才和数字人才的培养方式。人才引进是打造中国智能制造与数字创新人才队伍的重要方式，但内部培育才是推动智能制造数字创新的长效机制。为此，要通过打造专业的人才培育基地、建立专业人才交流平台、推广职业教育、鼓励企业与高校联合培育等多种方式，造就一批以一线实践能力为导向、掌握先进智能制造技术和数字信息技术的应用型人才和产业专业人才，为中国智能制造产业和数字经济的发展持续输送人才。

第三，完善智造人才和数字人才的顶层设计，健全人才保障机制。建立和完善智能制造人才和数字人才的培育、应用和管理机制，提升专业技术人才的经济待遇、社会地位，根据中国人才发展和需求的实际，建立梯度化的人才支撑结构体系，推动中国智能制造和数字经济人才的平衡发展。

智能制造企业数字创新生态系统研究

研究结论与研究展望

9

9.1 研究结论

本书立足于创新生态系统理论、数字创新理论和价值共创理论等基本理论和方法，定性研究与定量研究相结合，从规范分析到，从静态分析和动态分析，厘清了中国智能制造企业数字创新的现状和存在的问题瓶颈，构建了智能制造企业数字创新生态系统的基本理论框架，系统研究了智能制造企业数字创新生态系统的构建、价值共创机制和治理等问题。通过研究，得出以下相关结论和启示：

数字创新生态系统是围绕数字化创新主体而形成的一种复杂的开放式数字平台架构，表现出收敛性、内在生成性、可扩展性和模块化等特征。在数字创新生态系统中，围绕着用户的需求，在数字信息技术的赋能下，各类创新主体和数字要素在复杂的虚拟环境中进行优势互补和资源整合共享，通过互动和共生推动实现系统的价值共创。

中国智能制造企业的数字化创新经历了初级数字化阶段、内部垂直整合数字化阶段、外部水平整合数字化阶段、全流程数字化阶段（智能制造领军企业产生）、数字化网络数据平台构建（数字创新平台系统产生）5个发展阶段；智能制造企业通过优化现有业务、发展数字化产品和服务、发展数字化业务、成为数字创新生态系统提供者等模式提高创新效率；中国智能制造数字化转型存在着较大的区域差异，数字化创新通过降低企业的创新成本、提高管理效率、打破时间和空间界限优化资源配置、帮助做出正确的市场决策、带来商业模式的创新、推动产生新的政策制度等途径影响智能制造企业的创新效率；中国智能制造企业在数字化创新发展过程中存在着数字化政策有效性不足、数字化创新乏力、数字化创新发展水平不均衡、多元利益主体协同程度不高、缺乏对中国情境下数字赋能智能制造创新生态系统的思考等问题和制约瓶颈。

　　智能制造企业数字创新生态系统的形成需要经过数字创新平台的搭建、核心创新单元的确定、平台终端的广泛布局才能最终形成企业数字创新生态系统；智能制造企业数字创新生态系统的构成要素分包括创新基础种群（企业技术人员、大学生、科研人员、其他智慧创新源等）、创新主体种群（核心企业、外部创新企业和团队、供应商、销售商、竞争企业、虚拟组织等）、创新应用种群（用户和使用者等）、知识协同种群（高校、科研机构、开放型实验室、智能制造创新试点等）、服务支撑种群（政府、金融机构、中介机构、风投机构等）、技术支持种群（智能制造技术、数字信息技术、数字基础设施等）和创新环境种群（创新载体和创新生境）7大创新核心要素种群，这其中包含了区别于一般创新生态系统的用户、数字基础设施、虚拟主体等特殊的创新核心要素；根据系统内部创新要素不同功能相互作用的结果表现形式，智能制造企业的数字创新生态系统分为创新主体子系统、创新核心子系统和创新支持子系统三个子系统，三个子系统既独立又不断交互和协同，体现出数字创新生态系统要素集聚和功能再造功能、顺利实现各个创新主体之间交互的功能和维护系统动态平衡和应对环境变迁的调节功能；中国市场体现出大市场、强政府、弱技术的独特中国情境，这也决定了企业要在一种非对称性环境下寻找具有中国特色的自主创新前行路径，利用不对称的市场、制度和技术，充分发挥中国智能制造业自己的独特优势，实现中国智能制造企业的全面赶超。

　　数字创新生态系统价值创造过程中强调数字资源的共享和优势互补，且用户、虚拟创新主体以及数字基础设施等平台也是价值创造中不可缺少的一部分，表现出高度的复杂性；智能制造企业的数字创新生态系统的价值共创过程可以分为价值共创主体与技术子模块、价值投入子模块和价值产出子模块3个子模块，由此确定了影响价值共创主体和过程的25个具体指标；借助系统动力学仿真模型，梳理出系统价值共创过程中创新主体种群、创新应用种群、知识协同种群和服务支撑种群4个类型驱动下的静态反馈回路，同时，以智能新产品和服务的生产和研发周期的长短代表智能制造企业数字创新生态系统的价值共创水平，通过对4种创新种群驱动吓智能制造企业数字创新生态系统的价值共创水平变化趋势和对价值共创影响的灵敏度分析，得出系统的价值共创水平呈现出"创新支持子系统驱动—创新核心子系统驱动"的变动规律的结论。

智能制造企业在数字创新过程中面临着异质性虚拟主体的参与增加了创新主体之间协调的困难、动态网状的主体间关系让创新过程面临着更多不确定因素以及数字资源监控和管理的挑战等治理的难题和困境；智能制造企业数字创新生态系统治理的关键构成因子包括多中心的治理主体（以创新主体种群、创新应用种群、创新支持种群为主的核心治理主体以及以知识协同种群、服务支撑种群为主的支持治理主体）、多元治理利基（资数字配置与共享、智能制造市场形成、协同创新活动、安全合法性）和综合协同治理机制（模块化关系机制、智能数字契约机制、政策激励机制）；根据智能制造企业数字创新生态系统治理的目标和重点，通过对数字信息资源的治理、多目标的均衡和全方位协调的动态治理过程，保证智能制造企业的数字创新生态系统的有序运转。

要构建数字创新生态系统推动企业的数字创新，需要明确系统各个创新层次的相关任务，对模型构架进行多次的模拟检验和试点，以增强系统的应用性；在数字创新生态系统的协同和治理上，要增强创新主体的自创能力与协作基础，实现协作与共生的合力；另外，还要通过构建智能制造完整产业链、加强智能制造数字创新的顶层设计、完善智能制造数字创新的政策体系，发挥智能制造人才和数字人才的支撑作用。

9.2　研究展望

本书研究了智能制造企业数字创新生态系统的构建与价值共创机制，但是受作者能力和时间精力的限制，对于数字创新生态系统的研究尚有诸多不足之处，有待于通过进一步的深入研究加以完善。

第一，本书在对智能制造企业数字化创新效率、数字创新生态系统构建的研究中，对智能制造企业的研究范围界定为经过数字化转型的传统制造业。一方面，中国智能制造企业的数据披露并不完整，本书研究的数字创新指标多通过推算而来，存在着一定程度上的误差；另一方面，智能制造企业的范围除了包含了制造业，还包含其他多种行业，并且不同地区的同一智能制造行业也会有不同的政策和产业发展水平，因此本书构建的数字创新生态系统框架在实用性和具体的实践中还要结合具体智能制造行业的特点。将来仍需进一步完善提出更具针对性的数字创新生态系统架构并进行实践的验证。

第二，本书研究的智能制造企业数字创新生态系统的价值共创机制是在系统处于连续稳定运转状态、系统内部创新要素之间进行充分不间断的互动、排除不可抗力因素、外界环境因素对系统无影响的假设条件下研究的，而实际上数字创新生态系统是一个动态的、复杂的系统，因此，其价值共创机制及其治理不能忽略情境因素的影响，在具体的实践应用中，要根据企业创新要素水平、情境趋势，确定相应的治理边界和目标、选择相应的治理机制，实现治理机制与企业具体价值共创需求的匹配。在以后的研究中，要持续跟踪智能制造企业数字创新系统的运转状态，进一步深入探究数字创新生态系统的价值共创过程和动态的治理机制。

参考文献

［1］Yoo, Y., Henfridsson, O., Lyytinen, K. Research Commentary—the New Organizing Logic of Digital Innovation: An Agenda for Information Systems Research［J］. Information Systems Research, 2010, 21（4）: 724-735.

［2］Nambisan, S., K. Lyytinen, A. Majchrzak and M. Song. Digital innovation management: reinventing innovation management research in a digital world［J］. MIS Quarterly, 2017, 41（1）: 223-238.

［3］刘洋, 董久钰, 魏江. 数字创新管理: 理论框架与未来研究［J］. 管理世界, 2020（7）: 198-218.

［4］张越, 刘萱. 制造业数字化转型模式与创新生态发展机制研究［J］. 创新科技, 2020（7）: 17-25.

［5］孙勇, 张思慧. 数字信息技术创新对产业结构升级的影响及其空间效应——以长江经济带为例［J］. 软科学, 2022（7）: 1-17.

［6］约瑟夫·熊彼特. 经济发展理论［M］. 北京: 商务印书馆, 2000.

［7］Moore J F. The death of competition: leadership and strategy in the age of business ecosystems［J］. Harper Business, 1996.42-46.

［8］Iansiti M, Levien R. The keystone advantage: what the new dynamics of business ecosystems mean for strategy, innovation, and sustainability［M］. Boston: Harvard Business Press, 2004.

［9］Adner R. Match your innovation strategy to your innovation ecosystem［J］. Harvard Business Review, 2006（4）: 98-107.

［10］黄鲁成. 区域技术创新系统研究：生态学的思考［J］. 科学学研究，2003（2）：215-219.

［11］曾国屏，苟尤钊，刘磊. 从"创新系统"到"创新生态系统"［J］. 科学学研究，2013（1）：4-12.

［12］陈劲. 创新管理及未来展望［J］. 技术经济，2013（6）：3-11.

［13］Dahlander L，Gann D M. How open is innovation［J］. Research Policy，2010，39（6）：699-709.

［14］Iwanna A，Konsynski B，Bush A A. Platform evolution：convolution of platform architecture，governance，andenvironmental dynamics［J］. Information Systems Research，2010，21（4）：675-687.

［15］Boudreau K. Open platform strategies and innovation：Granting access vs. devolving control［J］. Management Science，2010，56（10）：1849-1872.

［16］Gawer A，Cusumano M A. Industry platforms and ecosystem innovation［J］. Journal of Product Innovation Management，2014，31（3）：417-433.

［17］Ceccagnoli M，Forman C，Huang P，et al. Co-creation of value in a platform ecosystem：the case of enterprise software［J］. Mis Quarterly，2012，36（1）：263-290.

［18］Nambisan S，Baron R A. Entrepreneurship in innovation ecosystems：Entrepreneurs self-regulatory processes and theirimplications for new venture success［J］. Entrepreneurship Theory and Practice，2013，37（5）：1071-1097.

［19］Kapoor R，Lee J M. Coordinating and competing in ecosystems：How organizational forms shape new technology investments［J］. Strategic Management Journal，2010（1）：274-296.

［20］Wareham J，Fox P B，Cano J L. Technology ecosystem governance

［J］. Organization Science，2014，25（4）：1195-1215.

［21］Gomes L A，Facin A L，Salerno M S，et ai. Unpacking the innovation ecosystem construct：Evolution，graps and trends［J］. Technological Forecasting and Social Change，2018，136（1）：30-48.

［22］Gawer A，Henderson M. Platform owner entry and innovation in complementary markets：Evidence from intel［J］. Journal of Economics & Management Strategy，2007，16（1）：1-34.

［23］李万，常静等. 创新3.0与创新生态系统［J］. 科学学研究，2014（12）：1761-1770.

［24］赵放. 多重视角下的创新生态系统［J］. 科学学研究，2014（12）：1781-1788.

［25］张运生. 高科技企业创新生态系统边界与结构解析［J］. 软科学，2008（11）：95-97.

［26］李晓华，刘峰. 产业生态系统与战略性新兴产业发展［J］. 中国工业经济，2013（3）：20-32.

［27］吴绍波，顾新. 战略性新兴产业创新生态系统协同创新的治理模式选择研究［J］. 研究与发展管理，2014（1）：19-27.

［28］张利飞. 高科技企业创新生态系统运行机制研究［J］. 中国科技论坛，2009（4）：57-61.

［29］吕一博，蓝清，韩少杰. 开放式创新生态系统的成长基因——基于 iOS、Android 和 Symbian的多案例研究［J］. 中国工业经济，2015（5）：148-160.

［30］Metcalfe S，Ramlogam R. Innovation systems and the competitive process in developing economies［J］. QuarterlyReview of Economics & Finance，2005，48（2）：433-446.

［31］Suresh J，Ramraj R. Entrepreneurial ecosystem：Case study on the influence of environmental factors on entrepreneurial success［J］. European

Journal of Business & Management，2012，4（16）：95-101.

［32］Vargo S L，Lusch R F. Service-dominant logic：continuing the evolution ［J］. Journal of the Academy of MarketingScience，2008，36（1）：1-10.

［33］Lusch R F，Vargo S L. Service-dominant logic：the service-dominant mindset［J］. Service Science Research &Innovations in the Service Economy，2014，3（137）：89-96.

［34］Wareham J，Fox P B，Cano J L. Technology ecosystem governance ［J］. Organization Science，2014，25（4）1：195-1215.

［35］陈斯琴，顾力刚. 企业技术创新系统生态性分析［J］. 标准科学，2008（4）：21-24.

［36］梁强，邹立凯，宋丽红等. 组织印记、生态位与新创企业成长——基于组织生态学视角的质性研究［J］. 管理世界，2017（6）：141-154.

［37］Hagel J，Brown J S，Davison L. Shaping strategy in a world of constant disruption［J］. Harvard Business Review，2008（10）：80-89.

［38］Kapoor R，Furr N R. Complement arities and competition：unpacking the drivers of entrants' technology choices in the solar photovoltaic industry［J］. Strategic Management Journal，2015（3）：416-436.

［39］白璐. 缝隙型企业选择基于商业生态系统的核心企业平台的策略 ［J］. 市场周刊，2013（1）：12-15.

［40］狄子良. 商业生态系统中核心型企业经营策略探讨［J］. 价值工程，2013（10）：141-143.

［41］曹武军，闫梦娜，薛朝改. 物流企业主导型跨境电商生态系统的构建［J］. 科技管理研究，2019（16）：212-233.

［42］孙卫东. 科技型中小企业创新生态系统构建、价值共创与治理——以科技园区为例［J］. 当代经济管理，2021（1）：1-9.

［43］唐雯，科技型中小企业创新生态系统构建机制研究［J］. 技术经济与管理研究，2021（3）：35-40.

［44］Chesbrough H W. Open innovation［M］. Boston，MA：Harvard Business School Press，2003.

［45］陈劲，阳银娟. 协同创新的理论基础与内涵［J］. 科学学研究，2012，30（2）：161-164.

［46］陈劲，黄海霞，梅亮. 基于嵌入性网络视角的创新生态系统运行机制研究：以美国DARPA创新生态系统为例［J］. 吉林大学社会科学学报，2017a，57（2）：89-99.

［47］黄海霞，陈劲. 创新生态系统的协同创新网络模式［J］. 技术经济. 2016，35（8）：31-39.

［48］孙聪，魏江. 企业层创新生态系统结构与协同机制研究［J］. 科学学研究，2019，37（7）：1316-1325.

［49］葛安茹，唐方成. 合法性、匹配效应与创新生态系统构建［J］. 科学学研究，2019，37（11）：2064-2081.

［50］陈奕延，李晔，李存金，等. 基于数字孪生驱动的全面智慧创新管理新范式研究［J］. 科技管理研究，2020（23）：230-239.

［51］刘海兵，许庆瑞. 引领性创新：一种创新管理新范式——基于海尔集团洗衣机产业线的案例研究（2013—2020年）［J］. 中国科技论坛，2020（9）：39-49.

［52］资武成. 创新生态系统的数据治理范式：基于区块链的治理研究［J］. 社会科学，2021（6）：80-88.

［53］武建龙，郝蒙晓，黄静. "互联网+"环境下企业创新生态系统的构建研究——以蔚来新能源汽车为例［J］. 软科学，2021（1）：1-12.

［54］杨升曦，魏江. 企业创新生态系统参与者创新研究［J］. 科学学研究，2021（2）：330-347.

［55］李志刚，杜鑫，张敬伟. 裂变创业视角下核心企业商业生态系统重塑机理——基于"蒙牛系"创业活动的嵌入式单案例研究［J］. 管理世界，2020（11）：80-97.

［56］解学梅，王宏伟. 开放式创新生态系统价值共创模式与机制研究［J］. 科学学研究，2020（5）：912-925.

［57］杜丹丽，付益鹏，高琨. 创新生态系统视角下价值共创如何影响企业创新绩效——一个有调节的中介模型. 科技进步与对策，2020（7）：1-9.

［58］王宏起，王卓，李玥. 创新生态系统价值创造与获取演化路径研究［J］. 科学学研究，2021（1）：1-16.

［59］郑帅，王海军. 模块化下企业创新生态系统结构与演化机制——海尔集团2005—2019年的纵向案例研究［J］. 科研管理，2021（1）：33-47.

［60］杨伟，刘健，武健. "种群-流量"组态对核心企业绩效的影响——人工智能数字创新生态系统的实证研究［J］. 科学学研究，2020（11）：2077-2087.

［61］魏江，赵雨菡. 数字创新生态系统的治理机制［J］. 科学学研究，2021（6）：965-960.

［62］钱雨，孙新波，苏钟海，董凌云. 传统企业动态能力与数字平台商业模式创新机制的案例研究［J］. 研究与发展管理，2021（1）：175-189.

［63］王海军，金姝彤. 如何驱动企业颠覆性创新：模块化数字平台视角的探讨. 中国科技论坛，2020（10）：14-16.

［64］王海军，金姝彤，束超慧，战睿. 为什么硅谷能够持续产生颠覆性创新——基于企业创新生态系统视角的分析［J］. 科学学研究，2021（6）：1-15.

［65］王海军，金姝彤，郑帅，束超慧. 全球价值链下的企业颠覆性创新生态系统研究［J］. 科学学研究，2021（3）：530-544.

［66］Nambisan, S., K. Lyytinen, A. Majchrzak and M. Song. Digital innovation management: reinventing innovation management research in a digital world［J］. MIS Quarterly, 2017, 41（1）: 223-238.

［67］Henfridsson, O., L. Mathiassen and F. Svahn. Managing technological change in the digital age: the role of architectural frames［J］.

Journal of Information Technology，2014，29（1）：27-43.

［68］Henfridson，O.，J. Nandhakumar，H. Scarbrough and N. Panourgias. Recombination in the open-ended value landscape of digital innovation［J］. Information & Organization，2018，28（2）：89-100.

［69］Abrell，T.，J. vom Brocke，M. Pihlajam，F. Uebernickel and L. Kanto. The role of users and customers in digital innovation：insights from B2B manufacturing firms［J］. Information & Management，2016，53，（3）：324-335.

［70］Austin，R. D.，L. Devin and E. E. Sullivan. Accidental innovation：supporting valuable unpredictability in the creative process［J］. Organization Science，2012，23（5）：1505-1522.

［71］Bailey，D. E.，P. M. Leonard and S. R. Barley. The lure of the virtual ［J］. Organization Science，2012，23（5）：1485-1504.

［72］张超，陈凯华，穆荣平. 数字创新生态系统：理论构建与未来研究［J］. 科研管理，2021（3）：1-11.

［73］胡海波，卢海涛. 企业商业生态系统演化中价值共创研究——数字化赋能视角［J］. 经济管理，2018（8）：55-72.

［74］孟方琳，田增瑞，姚歆. 基于Lotka-Volterra模型的数字经济生态系统运行机理与演化发展研究［J］. 河海大学学报（哲学社会科学版），2020，22（2）：63-71.

［75］杨伟，刘健，武健."种群-流量"组态对核心企业绩效的影响——人工智能数字创新生态系统的实证研究［J］. 科学学研究，2020（11）：2077-2087.

［76］梅景瑶，郑刚，朱凌. 数字平台如何赋能互补者创新——基于架构设计视角［J］. 科技进步与对策，2021（6）：1-8.

［77］廖民超，蒋玉石. 创新生态系统下的企业数字创新能力：内涵重构与量表开发［J］. 软科学，2022（7）：1-18.

［78］郭爱芳，周梦楠等. 企业创新生态系统数字化转型的概念、维度

及测量研究［J］.科学与管理，2022（6）：1-9.

［79］诸葛凯，袁勇志.基于创新驱动的企业数字创新生态及其逻辑路径研究［J］.工业技术经济，2022（5）：22-29.

［80］Gawer, A. and Cusumano, M. A., Industry platforms and ecosystem innovation［J］. Journal of Product Innovation Management, 2014（3）：417-433.

［81］Ozalp, H., Cennamo, C. and Gawer, A., Disruption in platform-based ecosystems［J］. Journal of Management Studies, 2018（7）：1203-1241.

［82］Helfat, C. E. and Raubitschek, R. S., Dynamic and integrative capabilities for profiting from innovation in digital platform-based ecosystems［J］. Research Policy, 2018（8）：1391-1399.

［83］Täuscher, K. and Laudien, S. M., Understanding platform business models：amixed methods study of marketplaces［J］. European Management Journal, 2018（3）：319-329.

［84］Parker, G., Alstyne, M. V. and Jiang, X., Platform ecosystems：how developers invert the firm［J］. MIS Quarterly, 2017（1）：255-266.

［85］Marion, T. J., Meyer, M. H., and Barczak, G. −The influence of digital design and it on modular product architecture［J］. Journal of Product Innovation Management, 2015（1）：98-110.

［86］Faraj, S., von Krogh, G., Monteiro, E. and Lakhani, K. R., Special section introduction—online community as space for knowledge flows［J］. Information Systems Research, 2016（4）：668-684.

［87］Nambisan, S., Wright, M., and Feldman, M., The digital transformation of innovation and entrepreneurship：progress, challenges and key themes［J］. Research Policy, 2019a（8）：1037-1073.

［88］Kumar, N., Qiu, L. and Kumar, S., Exit, Voice, and response on digital platforms：an empirical investigation of online management response strategies [J]. Information Systems Research, 2018 (4): 849-870.

[89] Rolland K H, Mathiassen L, Rai A. Managing digital platforms in user organizations: The interactions between digital options and digital debt [J]. Information Systems Research, 2018, 29 (2): 419-443.

[90] Amit R, Zoot C. Crafting business architecture: the antecedents of business model design [J]. Strategic Entrepreneurship Journal, 2015, 9 (4): 331-350.

[91] Brunswicker, S. and Schecter, A., Coherence or Flexibility? The paradox of change for developers' digital innovation trajectory on open platforms [J]. Research Policy, 2019 (8): 1-16.

[92] Boudreau, K. J. and Jeppesen, L. B., Protecting their digital assets: the use of formal &informal appropriability strategies by app developers [J]. Research Policy, 2019 (8): 1-13.

[93] Woodard J, Ramasubbu N, Tschang F T, et al. Design capital and design moves: The logic of digital business strategy [J]. Mis Quarterly, 2013, 37 (2): 537-64.

[94] Tanniru M, Khuntia J, Weiner J. Hospital Leadership in Support of Digital Transformation [J]. Pacific Asia Journal Of the Association for Information Systems, 2018, 10 (3): 1-24.

[95] Lusch R F, Nambisan S. Service innovation: A service-dominant logic perspective [J]. MIS quarterly, 2015, 39 (1): 43.

[96] Senyo P K, Liu K, Effan J. Digital business ecosystem: Literature review and a framework for future research [J]. International Journal of Information Management, 2019 (47): 13.

[97] Immonen A, Ovaska E, Kalaoja J, et al. A service requirements engineering method for a digital service ecosystem [J]. Service Oriented Computing and Applications, 2016, 10 (2): 151-172.

［98］Cui Z Y，Ouyang T H，Chen J，et al. From peripheral to core：a case study of a 3D printing firm on business ecosystems reconstruction［J］. Technology Analysis & Strategic Management，2020（6）：132-179.

［99］Helcat C E，Raubitschek R S. Dynamic and integrative capabilities for profiting from innovation in digital platform-based ecosystems［J］. Research Policy，2018，47（8）：1391.

［100］Kim J. Market entry strategy for a digital platform provider［J］. Baltic Journal of Management，2018，13（3）：390-406.

［101］Parker G，Vanalstyne M W，Jiang X. Platform ecosystems：How developers invert the firm［J］. Boston University Questrom School of Business Research Paper，2016，（2）：86-157.

［102］Kang J，Shilton K，Estrin D，et al. Self-Surveillance Privacy［J］. Iowa Law Review，2012，97（3）：809-47.

［103］Wember S，Cooper B. Moving slowly，not breaking enough：Trump's cybersecurity accomplishments［J］. Bulletin of the Atomic Scientists，2017，73（6）：388-94.

［104］Beltagui，A.，A. Rosli and M. Candi. Exaptation in a Digital Innovation Ecosystem：The Disruptive Impacts of 3D Printing［J］. Research Policy，2020，49，（1）：103-833.

［105］梁正，李佳钰. 商业价值导向还是公共价值导向——对数字创新生态系统的思考［J］.科学学研究，2021（6）：986-90.

［106］朱秀梅，杨姗. 数字创业生态系统多主体协同机制研究［J］.管理学报.2022（7）：1-10.

［107］Chae B. A General framework for studying the evolution of the digital innovation ecosystem：the case of big data［J］. International Journal of Information Management，2019，45（1）：83-94.

［108］Nambisan，S.，S. A. Zahra andY. Luo. Global Platforms and

Ecosystems: Implications for International Business Theories [J]. Journal of International Business Studies, 2019, 50, (9): 1464-1486.

[109] Suseno, Y., C. Laurell and N. Sick. Assessing Value Creation in Digital Innovation Ecosystems: A Social Media Analytics Approach [J]. Journal of Strategic Information Systems, 2018, 27, (4): 335-349.

[110] Oztemel E. Intelligent manufacturing systems [J]. Robot Comput Integr Manuf, 2010, 3: 49-51.

[111] Lasi H, Kemper H G, Fettke P, et al. Industry 4.0 [J]. Business Inf Syst Eng, 2014, 6: 239-242.

[112] 赵宸宇. 数字化发展与服务化转型——来自制造业上市公司的经验证据 [J]. 南开管理评论, 2021 (2): 149-161.

[113] 万伦, 王顺强, 陈希, 杜林明. 制造业数字化转型评价指标体系构建与应用研究 [J]. 科技管理研究, 2020 (13): 142-150.

[114] 郑季良, 谷隆迪. 装备制造业数字化转型、服务化水平与企业效益——基于2445家企业数据的实证研究 [J]. 科技和产业, 2021 (5): 1-10.

[115] 汤临佳, 郑伟伟, 池仁勇. 智能制造创新生态系统的功能评价体系及治理机制 [J]. 科研管理, 2019 (7): 97-106.

[116] 吕文晶, 陈劲, 刘进. 智能制造与全球价值链升级——海尔COSMOPlat案例研究 [J]. 科研管理, 2019 (4): 145-157.

[117] 温湖炜, 钟启明. 智能化发展对企业全要素生产率的影响——来自制造业上市公司的证据 [J]. 中国科技论坛, 2021 (1): 85-96.

[118] 尹华, 余昊, 谢庆. 基于价值链优化的制造企业智能化转型升级研究 [J]. 中国科技论坛, 2021 (3): 113-123.

[119] 纪慧生, 姚树香. 制造企业技术创新与商业模式创新协同演化: 一个多案例研究 [J]. 科技进步与对策, 2019 (2): 90-98.

[120] 陈一华, 张振刚, 黄璐. 制造企业数字赋能商业模式创新的机制与路径 [J]. 管理学报, 2021 (5): 731-741.

［121］池仁勇，郑瑞钰，阮鸿鹏. 企业制造过程与商业模式双重数字化转型研究［J］. 科学学研究，2021（4）：1-21.

［122］焦勇. 数字经济赋能制造业转型：从价值重塑到价值创造［J］. 经济研究参考，2020（14）：113-119.

［123］胡中峰. 智能制造创新生态系统中服务资源的动态自组织研究. ［D］. 合肥：合肥工业大学，2017.

［124］杜晶晶，胡登峰. 制造业"隐形冠军"培育与区域创新生态系统构建［J］. 中国高校社会科学，2020（1）：54-63.

［125］Prahalad C K，Ramaswamy V. Co-opting customer competence［J］. Harvard Business Review，2000，78（1）：79-87.

［126］Vargo S L，Lusch R F. Evolving to a new dominant logic for marketing［J］. Journal of Marketing，2004，68（1）：1-17.

［127］Pinho N，Beirão G，Patrício L，et al. Understanding value co-creation in complex services with many actors［J］. Journal of Service Management，2014，25（4）：470-493.

［128］Grönroos C. Adopting a service logic for marketing［J］. Marketing Theory，2006，6（3）：317-333.

［129］武文珍，陈启杰. 价值共创理论形成路径探析与未来研究展望［J］. 外国经济与管理，2012，（6）：66-73.

［130］钟振东，唐守廉，Vialle P. 基于服务主导逻辑的价值共创研究［J］. 软科学，2014，（1）：31-35.

［131］郑凯，王新新. 互联网条件下顾客独立创造价值理论研究综述［J］. 外国经济与管理，2015，（5）：14-24.

［132］Matarazzo，M.，Penco，L.，Profumo，G. and Quaglia，R. Digital Transformation and Customer Value Creation in Made in Italy SMEs：A Dynamic Capabilities Perspective［J］. Journal of Business Research，2021（123）：642-656.

［133］李树文，罗瑾琏，胡文安.从价值交易走向价值共创：创新型企业的价值转型过程研究［J］.管理世界，2022（3）：125-146.

［134］张悦，沈蕾，王圣君.多主体价值共创、创造性过程投入与数字化创新［J］.企业经济，2022（3）：57-70.

［135］Kazadi K.，Lievens A.，Mahr D..Stakeholder Co-creation During the Innovation Process：Identifying Capabilities for Knowledge Creation Among Multiple Stakeholders［J］.Journal of Business Research，2016，69（2）：525-540.

［136］孙静林，穆荣平，张超.创新生态系统价值共创：概念内涵、行为模式与动力机制［J］.科技进步与对策，2022（7）：1-10.

［137］冯蛟，董雪艳，罗文豪，等.平台型企业的协同赋能与价值共创案例研究［J］.管理学报，2022（7）：965-976.

［138］赵艺璇，成琼文.知识网络嵌入、知识重组与企业中心型创新生态系统价值共创［J］.经济与管理研究，2021（10）：88-108.

［139］辛冲，李明洋，吴怡雯.企业知识基础与创新生态系统价值共创［J］.研究与发展管理，2022（4）：79-82.

［140］Wright P K，Bourne D A.Manufacturing intelligence［M］.Boston.Addison Wesley，1988.

［141］Andrew K.Intelligent Manufacturing Systems［M］.Upper Saddle River：Prentice-Hall，1990.

［142］李廉水，石喜爱，刘军.中国制造业40年：智能化进程与展望［J］.中国软科学，2019（1）：1-9.

［143］国家制造强国建设战略咨询委员会.智能制造［M］.北京：电子工业出版社，2016.

［144］制造强国战略研究项目组.制造强国战略研究·智能制造专题卷［M］.北京：中国工信出版集团，电子工业出版社，2015.

［145］刘强.智能制造理论体系架构研究［J］.中国机械工程，2020

（1）：24-36.

［146］郭进. 全球智能制造业发展现状、趋势与启示［J］.经济研究参考，2020（5）：31-43.

［147］王永中. 如何应对百年未有之大变局和疫情的叠加冲击［J］.人民论坛，2020，15：12-15.

［148］Tilson D，Lyytinen K. Digital Infrastructures：The Missing Is Research Agenda［J］. Information Systems Research，2010（5）：1-12.

［149］Constantinides P，Henfridsson O. Platforms and Infrastructures in the Digital Age［J］. Information Systems Research，2018，29（2）：381-400.

［150］韦柳融. 关于加快构建中国数字基础设施建设体系的思考［J］.信息通信技术与政策，2020（6）：63-67.

［151］钞小静. 新型数字基础设施促进中国高质量发展的路径［J］.西安财经大学学报，2020（2）：15-20.

［152］杨伟，刘健. 基于生态流量的数字创新生态系统演化模式——人工智能行业的探索性研究［J］.技术经济，2021，40（9）：34-45.

［153］Hanelt A，Bohnsack R，Marz D，et al. A systematic review of the literature on digital transformation：Insights and implications for strategy and organizational change［J］. Journal of Management Studies，2020.

［154］Thierry I，Reuver D，Lescop D. Digital innovation in platform-based ecosystems：an evolutionary framework［C］. MEDES2018-10th international conference on management of digital ecosystems，2018：87.

［155］柳卸林，董彩婷，丁雪辰. 数字创新时代：中国的机遇与挑战［J］.科学学与科学管理技术，2020，41（6）：3-13.

［156］Song A K. The digital entrepreneurial ecosystem-a critique and reconfiguration［J］. Small Business Economics，2019，53（5）：569-590.

［157］Cenamor J，SJ Din，Parida V. Adopting a platform approach in servitization：leveraging the value of digitalization［J］. International journal of production economics，2017（12）：54-65.

［158］郑帅，王海军. 模块化下企业创新生态系统结构与演化机制——海尔集团2005-2019年的纵向案例研究［J］. 科研管理，2021（1）：34-48.

［159］Owstreicher G，Zalmanson K. Content or community? A digital business strategy for content providers in the social age［J］. MIS Quarterly，2013，37（1）：591-616.

［160］Leten B，Vanhaverbeke W，Rojakkers N，et al. Orchestrating innovation ecosystems through an IP-based business model：the case of IMEC，a world-class research institute in nano-electronics［C］. Special Issue Workshop on Strategic IP for California Management Review，European Patent Office Location：Munich，Germany，2012.

［161］陆玲. 略论企业生态学原理［J］. 世界科学，1996（3）：44-46.

［162］钱燕云，刘思思. 商业生态系统企业演化博弈分析——基于生态位理论［J］. 上海理工大学学报，2013（6）：615-617.

［163］Lewin R，Regine B. On the edge in the world of business［D］. Universtity of Chicago，1999.

［164］Peltoniemi M，Vupri E，Business ecosystem as the new approach to complex adaptive business environments［J］. Proceedings of eBusiness Research Forum，2004：267-281.

［165］Den Hartihg E，Van Asseldonk T. Business ecosystems：a research framework for investigating the relation between networks structure，firm strategy，and the pattern of innovation diffusion［C］. ECCON 2004 Annual Meeting，2004.

［166］程大涛. 基于共生理论的企业集群组织研究［D］. 杭州：浙江大学，2003.

［167］钟耕深. 商业生态系统理论及其发展方向［J］. 东岳论丛，2009（6）：27-34.

［168］Thomas power，George Jerjian. Ecosystem：living the 12 principles of networked business［M］. London：Pearson Education Ltd，2001.

［169］冯芷艳，郭迅华，曾大军. 大数据背景下商务管理研究若干前沿课题［J］.管理科学学报，2013（1）：1-9.

［170］陈健聪，杨旭. 互联网商业生态系统及其内涵研究［J］.北京邮电大学学报（社会科学版），2016（2）：45-53.

［171］James H. Brown. Foundation of Ecology［M］. Chicago：University of Chicago Press. 1993.

［172］Nambisan S，Sawhney M. Orchestration processes in network-centric innovation：evidence from the field［J］. The Academy of Management Perspectives，2001（3）：40-57.

［173］Tina C H，Ray B K，Lee J，et al. BEAM：a framework for business ecosystem analysis and modeling［J］. IBM systems Journal，2008（1）：101.

［174］Gainesy E，Leong Y Y. Combining resource-based and evolutionary theory to explain the genesis of bionetworks［J］. Industry and Innovation，2008（6）：669-686.

［175］李志坚，颜爱民，徐晓飞. 商业生态系统的复杂适应性研究［J］.矿冶工程，2008（3）：124-128.

［176］何郁冰. 企业技术创新的系统观及启示［J］.系统科学学报，2008（2）：75-80.

［177］J. West. Does Appropribility Enable or Retrard Open Innovation. Oxford：Oxford University Press，2006.

［178］H. Chesbrough. Why Companies should Have Open Business Models［J］. MIT Sloan Management Review，2007（2）：22-28.

［179］H. Moskowitz，I. Saguy. Reinventing the Role of Consumer Research in Today's Open Innovation Ecosystem［J］. Critical Reviews in Food

Science & Nutrition，2013（7）：682-693.

［180］Li Y R. The technological roadmap of Cisco's business ecosystem ［J］. Technovation，2009（5）：379-386.

［181］胡斌，李旭芳. 复杂多变环境下企业生态系统的动态演化及运作研究［M］. 上海：同济大学出版社，2013.

［182］B. Aulet. How to Build a Successful Innovation Ecosystem：Educate，Network，and Celebrate［J］. Journal of Strategic Management，2008（2）：56.

［183］丁彩霞. 建立健全锻造工匠精神的制度体系［J］. 山西大学学报（哲学社会科学版），2017（1）：115-120.

［184］王娜，王毅. 产业创新生态系统组成要素及内部一致模型研究［J］. 中国科技论坛，2013（5）：24-29.

［185］郑志，冯益. 文化创意产业协同创新生态系统构建对策研究［J］. 科技进步与对策，2014（23）：62-65.

［186］［美］朱迪·埃斯特琳. 美国创新在衰退［M］. 阎佳，翁翼飞，译. 北京：机械工业出版社，2010.

［187］何向武、周文泳，等. 产业创新生态系统的内涵、结构与功能［J］. 科技与经济，2015（4）：31-35.

［188］孙源. 共生视角下产业创新生态系统研究［J］. 河南师范大学学报（哲学社会科学版），2017（1）：127-134.

［189］R. Bendies. Science&Innovation-based Trends in the U S［R］. 36th Annual AAAs Forum on Science and Technology Policy，2011.

［190］刘志峰. 区域创新生态系统的结构模式与功能机制研究［J］. 科技管理研究，2010（21）：9-13.

［191］覃荔荔. 高科技企业创新生态系统可持续发展机理与评价研究［D］. 长沙：湖南大学，2012.

［192］Singhal，K.，Feng，Q.，Ganeshan，R.，Sanders，N. R. and

Shanthikumar, J. G., Introduction to the Special Issue on Perspectives on Big Data [J]. Production and Operations Management, 2018, 27 (9): 1639-1641.

[193] 李晓华. 数字经济新特征与数字经济新动能的形成机制 [J]. 改革, 2019 (11): 40-51.

[194] Tapscott, D., The Digital Economy: Promise and Peril in the Age of Networked Intelligence [M]. New York: McGrawHill, 1996.

[195] 陈晓红, 李杨扬, 宋丽洁, 等. 数字经济理论体系与研究展望 [J]. 管理世界, 2022 (2): 208-224.

[196] 王如玉, 梁琦, 李广乾. 虚拟集聚: 新一代信息技术与实体经济深度融合的空间组织新形态 [J]. 管理世界, 2018 (2): 13-21.

[197] Yoo Y., Boland Jr R. J, Lyytinen K. and Majchrzak A. Organizing for innovation in the digitized world [J]. Organization Science. 2012, 23 (5): 1398-1408.

[198] 余江, 孟庆时, 张越, 等. 数字创新: 创新研究新视角的探索及启示 [J]. 科学学研究, 2017 (7): 1103-1111.

[199] 余江, 孟庆时, 张越, 等. 数字创业: 数字化时代创业理论和实践的新趋势 [J]. 科学学研究, 2018 (10): 1801-1810.

[200] Bharadwaj A., El Sawy O. A., Pavlou P. A. and Venkatraman N. Digital business strategy: toward a next generation of insights [J]. MIS Quarterly, 2013, 37 (2): 471-482.

[201] Vial G. Understanding digital transformation: a review and a research agenda [J]. The Journal of Strategic Information Systems, 2019, 28 (2): 118-144.

[202] Ciriello R. F., Richter A. and Schwabe G. Digital innovation [J]. Business & Information Systems Engineering, 2018, 60 (6): 563-569.

[203] Tilson D., Lyytinen K. and Sørensen C. Digital infrastructures: the missing is research agenda [J]. Information Systems Research, 2010, 21

（5）：1-12.

［204］Raghuram S., Tuertscher P. and Garud R. Research note-mapping the field of virtual work：a cocitation analysis［J］. Information System Research, 2010, 21（4）：983-999.

［205］Zaki M. Digital transformation：harnessing digital technologies for the next generation of services［J］. Journal of Services Marketing, 2019, 33（4）：29-435.

［206］Desouza K. C., Dombrowski C., Awazu Y., Baloh P., Papagari, S. Crafting organizational innovation processes［J］. Innovation, 2009, 11（1）：6-33.

［207］Mithas S., Tafti A., and Mitchell W. How a firm's competitive environment and digital strategic posture influence digital business strategy［J］. MIS Quarterly, 2013, 37（2）：511-536.

［208］Melville N. P. Information systems innovation for environmental sustainability［J］. MIS Quarterly2010, 34（1）：1-21.

［209］O'Reilly C. A., Tushman M. L. Organizational ambidexterity：past, present, and future［J］. Academy of Management Perspectives, 2013, 27（4）：324-338.

［210］Kornberger M. The visible hand and the crowd：analyzing organization design in distributed innovation systems［J］. Strategic Organization, 2017, 15（2）：174-193.

［211］Bogers M., West J. Managing distributed innovation：strategic utilization of open and user innovation［J］. Creativity and innovation management, 2012, 21（1）：61-75.

［212］Prahalad C K, Ramaswamy V. Coopting customer competence［J］. Harvard Business Review, 2000, 78（1）：79-87.

［213］Vargo S. L., Lusch R. F. Evolving to a New Dominant Logic for

Marketing [J]. Journal of Marketing, 2004, 68（1）: 1-17.

［214］Pinho N, Beirao G, Patricio L, et al. Understanding value co-creation in complex services with many actors [J]. Journal of Service Management, 2014, 25（4）: 470-493.

［215］Fuller J, Hutter K, Hautz J, et al. User roles and contributions in innovation contest communities [J]. Journal of Management Information Systems, 2014, 31（1）: 273-308.

［216］Beverland M B. Unpacking value creation and delivery: Orientation, capabilities, practices, and outcomes [J]. Industrial Marketing Management, 2012, 41（1）: 8-10.

［217］Seetoe W K, Ho K W. Value co-creation and purchase intention in social network sites: The role of electronic word-of-mouth and trust: A theoretical analysis [J]. Computers in Human Behavior, 2014, 31（1）: 182-189.

［218］Saldanha T, Mithas S, Krishnan M S. Leveraging customer involvement for fueling innovation: The role of relational and analytical information processing capabilities [J]. MIS Quarterly, 2017, 41（1）: 267-286.

［219］李靖华, 林莉, 闫威涛. 制造业服务化的价值共创机制: 基于价值网络的探索性案例研究 [J]. 科学学与科学技术管理, 2017（5）: 85-91.

［220］吴瑶, 肖静华等. 从价值提供到价值共创的营销转型——企业与消费者协同演化视角的双案例研究 [J]. 管理世界, 2017,（4）: 138-157.

［221］戴亦舒, 叶丽莎, 董小英. 创新生态系统的价值共创机制——基于腾讯众创空间的案例研究 [J]. 研究与发展管理, 2018（8）: 24-37.

［222］蔡继荣, 韦晓泽. 价值共创还是价值共毁——顾企价值创造互动行为协调机制研究 [J]. 重庆工商大学学报（社会科学版）, 2021（6）: 60-73.

［223］董华, 陈蕾. 大数据驱动下服务型制造超网络的价值共创——以小米为例 [J]. 财会月刊, 2021（20）: 111-120.

［224］杜宝贵, 陈磊. 智能制造产业政策工具优化路径研究——基于中

国31部国家政策的文本分析［J］.科学与管理，2020（2）：1-7.

［225］陶飞，张萌，程江峰，等.数字孪生车间：一种未来车间运行新模式［J］.计算机集成制造系统，2017，23（1）：1-9.

［226］张越，刘萱，等.制造业数字化转型模式与创新生态发展机制研究［J］.创新科技，2020（7）：17-25.

［227］裴莹，赵忠秀，林曦.中国智能制造企业的价值链分析：微观治理结构、演进路径与制度保障［J］.中国经贸，2021（5）：22-32.

［228］吴画斌.数字化背景下制造业企业转型升级路径及保障机制研究［J］.改革与战略，2021（3）：58-66.

［229］李春发，李冬冬，周驰.数字经济驱动制造业转型升级的作用机理——基于产业链视角的分析［J］.商业研究，2020（2）：73-83.

［230］荆浩，尹薇.数字经济下制造企业数字化创新模式分析［J］.辽宁工业大学学报（社会科学版），2019（6）：51-54.

［231］殷群，田玉秀.数字化转型影响高技术产业创新效率的机制［J］.中国科技论坛，2021（3）：103-111.

［232］戚聿东，蔡呈伟.数字化对制造业企业绩效的多重影响及其机理研究［J］.学习与探索，2020（7）：108-120.

［233］郭星光，陈曦.数据赋能与中国制造企业创新：前沿探析与未来展望［J］.科技进步与对策，2021（15）：151-160.

［234］温湖炜，钟启明.智能化发展对企业全要素生产率的影响——来自制造业上市公司的证据［J］.中国科技论坛，2021（1）：84-94.

［235］贾臻，万芸，黄荣斌.科技金融对高技术产业科技创新的影响研究［J］.科技和产业，2020，20（3）：57-62.

［236］赖永剑，贺祥民.资本市场扭曲对地区创新两阶段效率的异质性影响——基于工具变量分位数模型［J］.软科学，2020（6）：97-101.

［237］Kim D H, Suen Y, Lin S. Carbon dioxide emissions and trade: evidence from disaggregate trade data［J］. Energy economics, 2019（2）：13-28.

［238］梅清晨，贾禄冰，王玺.智能制造转型升级，因何效果不佳［J］.企业管理，2011（11）：45-47.

［239］温湖炜，王圣云.数字信息技术应用对企业创新的影响研究［J］.科研管理，2021（9）：1-13.

［240］刘骏，刘媛媛，俞立平.高技术企业间数字鸿沟对协同创新的影响［J］.科技进步与对策，2017（1）：75-82.

［241］王鹏辉，王志强，刘伯凡.政府研发资助与企业创新效率：基于倾向得分匹配法的实证检验［J］.经济问题，2021（4）：87-95.

［242］杨明海，魏玉婷，庄玉梅.企业技术创新范式演化及中国情境下研究展望［J］.山东财经大学学报，2021，33（6）：77-86.

［243］朴庆秀，等.制造企业智能制造平台化转型过程机理研究［J］.管理学报，2020（6）：814-824.

［244］Shubbak，M. H. The technological system of production and innovation：the case of photovoltaic technology in China［J］. Research Policy，2019，48（4）：993-1015.

［245］姜李丹，等.人工智能赋能下产业创新生态系系统的双重转型［J］.科学学研究，2021（8）：1-16.

［246］Botha，A. P. A mind model for intelligent machine innovation using future thinking principles［J］. Journal of Manufacturing Technology Management，2019，30（8）：1250-1264.

［247］Davey，J.，Gronroos，C. Health service literacy：complementary actor roles for transformative value co-creation［J］. Journal of Services Marketing，2019，33（6）：687-701.

［248］张贵.创新生态系统：理论与实践［M］.北京：经济管理出版社，2018.

［249］中共中央马克思恩格斯列宁斯大林著作编译局.马克思恩格斯文集：第1卷［M］.北京：人民出版社，2009：320.

［250］浦东时报.2018-05-11

［251］魏江，刘洋.中国企业的非对称创新战略［J］.清华管理评论，2017（10）：20-26.

［252］刘飒，万寿义，黄诗华，等.中国中小型高新技术企业创新投入效率实证研究：基于三阶段DEA模型［J］.宏观经济研究，2020（3）：120-131.

［253］万兴，邵菲菲.数字平台生态系统的价值共创研究进展［J］.首都经贸大学学报，2017（5）：89-98.

［254］Suseno Y，Laurell C，Sick N. Assessing value creation in digital innovation ecosystems：A social media analytics approach［J］. The Journal of Strategic Information Systems，2018，27（4）：335-349.

［255］王莉，游竹君.基于知识流动的创新生态系统价值演化仿真研究［J］.中国科技论坛，2019（6）：48-56.

［256］冯军政，王海军，等.数字平台架构与整合能力的价值创造机制研究［J］.科学学研究，2021（7）：1-14.

［257］宁连举，刘经涛，等.数字创新生态系统共生模式研究［J］.科学学研究，2021（12）：1-23.

［258］孙静林，穆荣平，张超.创新生态系统价值共创：概念内涵、行为模式与动力机制［J］.科技进步与对策，2022（7）：1-10.

［259］韩洪灵，陈帅弟.数字商业生态系统研究：本质构成、技术支持与价值创造［J］.湖北大学学报（哲学社会科学版），2021（4）：119-129.

［260］刘鸿宇.数字共享经济平台价值共创的伦理探析［J］.科学学研究，2021（11）：1-14.

［261］杨伟，刘健，武健."种群—流量"组态对核心企业绩效的影响——人工智能数字创新生态系统的实证研究［J］.科学学研究，2020（11）：2077-2086.

［262］谢卫红，林培望等.数字化创新：内涵贴着、价值创造与展望［J］.外国经济与管理，2020（9）：19-31.

［263］Storbacka K，Brodie R J，Böhmann T，et al. Actor engagement as a microfoundation for value co-creation［J］. Journal of Business Research，2016，69（8）：3008-3017.

［264］费方域，闫自信等. 数字经济时代数据性质、产权和竞争［J］.财经问题研究，2018（2）：3-21.

［265］王俐英等. 基于系统动力学的能源大数据生态系统演化发展研究［J］.华北电力大学学报（自然科学版），2022（3）：37-46.

［266］刘凤朝，冯婷婷. 国家创新能力形成的系统动力学模型——以发明专利为能力表征要素［J］.管理评论，2011，23（05）：30-38.

［267］谷斌，李润宜. 基于系统动力学的数字创新生态系统价值创造路径研究［J］.系统工程，2021（12）：17-32.

［268］李腾，创新生态系统对非核心企业反向知识溢出的影响研究［D］.沈阳：辽宁大学，2020.

［269］张光宇，欧春尧，刘贻新，等. 人工智能企业何以实现颠覆性创新——基于扎根理论的探索［J］.科学学研究，2021，39（04）：738-748.

［270］王新新，张佳佳. 价值涌现：平台生态系统价值创造的新逻辑［J］.经济管理，2021（2）：188-208.

［271］Peters B G. Is governance for everybody［J］. Policy and Society，2014（4）：301-306.

［272］杨伟，周青，方刚. 产业创新生态系统数字转型的试探性治理［J］.研究与发展管理，2020（6）：13-26.

［273］余维新，熊文明. 知识生态系统稳定性及其关系治理机制研究［J］.技术经济与管理研究，2020（6）：31-36.

［274］魏江，赵雨菡. 数字创新生态系统的治理机制［J］.科学学研究，2021（6）：965-970.

［275］杨伟，劳晓云，周青，张璐. 区域数字创新生态系统韧性的治理利基组态［J］.科学学研究，2021（7）：1-28.

［276］资武成. 创新生态系统的数据治理范式：基于区块链的治理研究［J］. 社会科学，2021（6）：80-88.

［277］李宇，刘乐乐. 创新生态系统的知识治理机制与知识共创研究［J］. 科学学研究，2022（5）：1-16.

［278］孟小峰. 破解数据垄断的几种治理模式研究［J］. 人民论坛，2020（9）：3-16.

［279］Jacobides M G，Cennamo C，Gawer A. Towards a theory of ecosystems［J］. Strategic Management Journal，2018，39（8）：2255-2276.

［280］Ritala P，Agouridas V，Assimakopoulos D，et al. Value creation and capture mechanisms in innovation ecosystems：A comparative case study［J］. International Journal of Technology Management，2013，63（3）：244-267.

［281］郁俊莉，姚清晨. 多中心治理研究进展与理论启示：基于2002-2018年国内文献［J］. 重庆社会科学，2018（11）：36-46.

［282］杨伟，刘健，周青. 传统产业数字生态系统的形成机制：多中心治理的视角［J］. 电子科技大学学报（社会科学版），2020，22（2）：11-17.

［283］Hekkert M P，Suurs R A A，et al. Functions of innovation systems：a new approach for analyzing technological change［J］. Technological Forecasting and Social Change，2007，74（4）：413-432.

［284］Hopkins M M，Crane P，et al. Moving from non-interventionism to industrial strategy：the roles of tentative and definitive governance in support of the UK biotech sector［J］. Research Policy，2019，48（5）：1113-1127.

［285］Wareham J，Fox P B，Technology Ecosystem Governance［J］. Organization Science，2014，25（4）：1195-1215.

［286］Pereira J，Tavalaei M M，Ozalp H. Blockchain-based platforms：Decentralized infrastructures and its boundary conditions［J］. Technological Forecasting and Social Change，2019，146：94-102.